祭りを前に、母親らしい大人から髪飾りをつけてもらうミャオ族の少女。中国・貴州省凱里県舟渓郷で

▲貴州省のトン族の輪踊・踩歌堂。左右の足を交互に動かすだけの単純な足さばきで踊り歌う

声高らかにうたい踊る

▲雲南省のイ族の祭り「打歌節」（旧暦２月８日）。イ族の若い男女が山上の草原で手をつなぎ肩を組み合って踊りながら歌う

◀シベリア・ハンティ族の「熊祭り」で歌われる「熊の歌」。四夜にわたって行われる祭りで毎夜、演目の初めのほうで数番うたわれる。歌詞はすべて一人称語りで、誕生から捕えられ殺されるまでのクマの一生が朗々と歌われる

▲チベット族の輪踊・グオッジョ。シッコーンと呼ばれる公堂の床を力いっぱい踏み鳴らして踊る

▲北西ロシア・ノヴゴロド市近郊農村でのクリスマス（1月7日）。「カゴメカゴメ」と同じように、大人も子供も手をつなぎ輪をつくって歌い踊る

輪になって手をつなぐ

▶お堂の中で、手をつなぎあって踊る日本の輪踊、岐阜県荘川村・一色惣則白山神社「踊り殿」での「エッサッサ」。9月2日の祭りの夜に、大勢が二重・三重の輪になって踊る。吹き抜けの「踊り殿」は江戸時代後期の建造

▲「種子取り祭」（タナドゥイ）。沖縄県の竹富島で毎年秋に９日間にわたって行われる。写真は数ある「庭の芸能」のうちの「マミドー」（「働き者の女性」）

伝え遺す 村の踊り

▶新潟県岩船郡荒川町大津の「三匹獅子踊」。廻村して各戸で獅子舞を奉納する古来の伝統を継承している。写真は廻村の途中で

世界遺産時代の村の踊り

無形の文化財を伝え遺す

For Safeguarding of Intangible Cultural Heritage

星野　紘

雄山閣

序　其一

ユネスコ本部文化局顧問　愛川－フォール　紀子

本書は、著者が一九六〇年代から手がけてこられた民俗芸能の調査研究と日本とユーラシア（主として中国・ロシア・中央アジアの少数民族）との民俗芸能の比較研究の集大成である。多数のフィールドワークに基づく情報の量が膨大なため本筋をたどるのが困難な面はあるが、どの情報も貴重で興味深いものばかりなので、著者とともに脱線する楽しみが味わえる。

日本の無形文化遺産の保護制度は一九五〇年に遡り、世界の草分けと言える。それにも拘わらず一九六〇―七〇年代の高度経済成長期に多数の無形文化遺産が危機に瀕し、辛うじて救われたものもあるが失われたものも多い。著者は、この過程を民俗芸能の分野のフィールドワークで得た豊富な経験を基に検証し、将来に向けた無形文化遺産保護政策への提言をしている。その提言がいずれもユネスコが二〇〇三年に採択した「無形文化遺産の保護に関する条約」の方向性と合致するのは、著者の視野が日本に止《とど》まることなくユーラシア大陸にも及んでいるからであろう。

例えば、無形遺産の主な特質の一つとして著者が挙げる「不易流行」（本文二〇頁）は日本人以外にはなかなか理解されない概念であるが、国際社会に紹介する価値のあるものであろう。ユネスコ条約は「流行」に重点を置いているものの、この概念が次のように反映されていると言えよう。「無形文化遺産は、世代から世代へと伝承され（「不易」）、社会及び集団が自己の環境、自然との相互作用及び歴史に対応して絶えず再現し（「流行」）……」（第二条　定義）。

また、「村の踊りは……地域の祖先たちとつながっているものであり、それこそが村人のアイデンティティの絆なのだ」（二八頁）との指摘は、条約の定義の条文「（無形文化遺産は）当該社会及び集団にアイデンティティ（条約の日本語公式訳では「同一性」）及び継続性の認識を与える」に該当する。従って保存対策としては「積極的に継承保存していこうという気運を一般に醸成することである」（三六頁）との提言は、条約の定義にある「社会、集団及び場合によっては個人が自己の文化遺産の一部として認めるもの」に呼応する。

更に著者の無形遺産の価値評価（優劣の別）に強く反対する姿勢（五四頁、八八頁）は、ユネスコの条約草稿委員会や政府間委員会が条約を貫く根本精神として極力強調した見解と一致する。

また著者は民俗芸能に関して、「踊りは、村の生活にとってかけがえのない存在」（二二〇頁）であることを実証し、「踊りの伝承者である地域住民が自ら選び、決定していくという……姿勢を尊重す」（二二〇頁）る必要性を説き、「村人の視点に立っての研究」（二二一頁）の重要性を強調しているが、まさに下記の第十五条に代表される条約で繰り返し主張されているコミュニティー（日本語公式訳では「社会」と訳されている）の参加やその役割の重要性の指摘に該当する。

第十五条　社会、集団及び個人の参加

締約国は、無形文化遺産の保護に関する活動の枠組みの中で、無形文化遺産を創出し、維持し及び伝承する社会、集団及び適当な場合には個人のできる限り広範な参加を確保するよう努め並びにこれらのものをその管理に積極的に参加させるよう努める。

民俗芸能を保存するための文化財保護政策に関しては、著者の造詣の深さが特に感じられるご自身の故郷である越後の獅子踊を例に、「(民俗と芸能は)もとより……不即不離な関係にある。……やれ民俗だ、やれ芸能だといったような(日本の)狭いセクト主義は少なくとも排除されなければならない」(二一三頁)とし、無形遺産と民俗遺産の区別をしないユネスコの国際条約と国内法のすり合わせの必要性を訴え、既存の国内の無形文化遺産の概念の抜本的改革を提言している(八六頁)ことに興味を引かれる。

更に、著者が「(文化財の指定は)単に伝承者達に指定文化財のレッテル(名誉)を付与する……ことにあるのではなく、存続継承が困難になっている今日の現状に鑑み、将来に伝え遺してゆくための方策を考えることであろう」(五五、五六頁)と説き、日本に定着している「文化財の優品主義の観念」の見直しを提唱しているのは、ユネスコが世界遺産リストや無形遺産リストに関して世界に発信しているメッセージの趣旨に合致する。

星野氏が一九六〇―七〇年代に日本で無形文化遺産を衰退させた要因であると指摘する、人口の過疎化・少子化による後継者不足、労働作業の機械化、第一次産業従事者のサラリーマン化、生活様式の都市化や画一化等は、いずれも日本のみならず広く世界各国が抱えている共通の課題である。従って、星野氏の提示する対策案は世界各国にとっても大いに参考となる提言であろう。

星野氏のお人柄とご業績を知る者として、時宜を得た本書の公刊を心から喜びたいと思う。

(元ユネスコ本部文化局無形文化遺産保護部長)

序　其二

成城大学教授　田中　宣一

南北に細長く四季の変化に富む日本列島各地には、地域の生活に密着したじつに豊かな芸能が伝承されている。都市部に発達した舞台芸能、座敷芸能と対比させ、それらは民俗芸術、郷土芸能などと呼ばれ、現在では民俗芸能と呼ばれることが多い。近年、地域伝統芸能などという呼び方もされている。

民俗芸能は、人びとがさまざまな思いをこめて参加し享受してきた、わが国の重要な文化である。思い起せば誰でも、幼いころからこれにかかわらなかった者はいないといってもよいのではないだろうか。現在、民俗芸能学会が組織されていて、日本の文化を、このような生活に根ざした芸能の面から探究しようと活発に取り組んでいることは心強いし、また、これらが激変する社会の影響を受けて安易に変容することを懼《おそ》れ、文化庁や自治体の教育委員会を中心に保護継承がはかられていることは、すばらしいことだと言えよう。

著者の星野紘氏は民俗芸能の研究者であるとともに、四十年の長きにわたり、文化庁において民俗芸能保護行政の第一線で活躍してこられた方である。わが国現代の民俗芸能の実態を、もっともよくご存知のおひとりだと言ってよいであろう。本書において星野氏は、民俗芸能を「村の踊り」としてとらえ、その性格・特徴、研究史、現状、保護行政のあり方、将来への展望などを縦横に論じておられる。あわせて、国内外での豊富な調査研究をもとに、「村の踊り」を広くユーラシア大陸のそれらと比較し、民俗芸能の本質を明らかにしようとしている。

保護に寄せる熱意と識見、精力的な実地調査と芸能への深い洞察には頭のさがる思いがする。

著者にはとうていおよばないが、私も民俗採訪をするなかでいくらかは「村の踊り」にふれてきた。細かく調査したということはないが、神楽にしろ獅子舞にしろ厳重な潔斎をして演じる場に出会ったり、踊る人見る人びとの高揚した雰囲気を実感したり、過疎化でやや形骸化しているとはいえとにかくこれだけは継続させようとして必死な人びとの思いを知ると、伝承されてきた芸能を抜きにしては、地域の民俗の本当のところを理解するのは難しいのではないかと考えるようになった。

本書を拝読しながら、いろいろなことを思い出した。

昭和六十年前後に、何度か紀伊半島東南沿岸部を歩いたことがある。そのうちのひとつ尾鷲《おわせ》市の九鬼《くき》では、一週間ほど盆を過ごしたり、正月には迎春の諸行事をじっくり拝見したりして、漁村の盆・正月の賑やかさを実感することができた。

背後に山の迫る九鬼では魚市場が唯一の広場といってよく、ここで盆踊りが行われていた。声のよい人が出て太鼓にあわせ鈴木主水《もんど》などを口説《くど》くと、それに合わせて多くの人が輪になって踊るというものである。まさに著者のいう「村の踊り」であった。盆踊りには初盆の家が重要な役割を担う。口説《くどき》には子供たちがハヤシ（合いの手）を入れるのだが、初盆の家いえではその子供たちにお礼の金品を出すのが決まりだったし、初盆家の人びとが踊るとその家の仏の足が軽くなるのだなどと伝えていて、家族総出で踊るべきだとされていたのである。参加する若い男女が減って、かつてほどの雰囲気ではないということだったが、私には地域の生活に充分融けこみ継承されていると思われた。

九鬼の正月には、青壮年の獅子舞が大活躍する。漁船を祓い、一軒ずつ廻って家いえや人びとを祓って正月を盛り上げるのだが、その前に神社に奉納し、元日早暁の身を切るような寒さのなか、獅子は九鬼共有の鰤大敷網《おおしきあみ》の船に乗って湾外に出る。そして、太平洋上熊野灘はるか水平線に大きく真っ赤な初日がいま顔を見せようとする神秘なその瞬間、大敷網の代表によって網のミトグチ（魚の入り口）に神酒《みき》が注がれると、船上では囃子《はやし》も賑やかに二匹の獅子が豊漁祈願の舞いをはじめるのだった。つき随う多くの漁船からはいっせいに歓声があがり、豊漁への期待感が伝わってきた。船ばたを叩く波の音を聞きながら、私は漁村の正月の活気と清々しさを味わうことができたのである。ただ、ここにも現代は確実にしのび寄っていて、元来は、単に「船で獅子舞をする」とだけ呼んでいたのが、あるテレビ局での放映のさい、テレビ関係者がこの獅子舞に「船上神楽《かぐら》」と名づけた名称を、そのまま踏襲するようになっていたのである。なお獅子舞を含む九鬼の正月行事は、平成九年、国から「記録作成等の措置を講ずべき無形の民俗文化財」に指定された。

私の貧しい経験を記してみたが、著者が調査見学され本書にも記された多くの事例には、芸態や詞章におよぶ専門家としてのコメントがつけられている。と同時に、芸能だけを取りだして検討するのではなく、地域の生活に生きる「村の踊り」として考えようとしていることが本書の大きな特徴かと思われ、私などが大いに共感する点である。

このような「村の踊り」の継承がいま大きな困難に直面している、と感じている方は多いことだろう。怒濤のような近代化や農業の機械化、昭和三十年・四十年代の高度経済成長などによって、伝承地の生業や生活のあり方が激変したからである。人口の過疎化は、担い手に深刻な打撃となった。そのため、「村の踊り」には変容を余儀なくされてしまったものが少なくない。変容どころか、大田植・田植歌のようにほとんど実生活からは姿を消してしまったものもあるであろう。本書にも過疎化や町村合併によって消滅した残念な例など、いくつかの実例が示されている。著者は保護行政に携わってきた方だけに、このような変容や廃絶を慨嘆しておられる。しかし、憂えるだけではなく現状を冷静に直視もし、多くの「村の踊り」には、地域の人びとの信仰と愛情に支えられて、変容はしながらもまだまだその特性が継承されていることに、明るい望みもつなげている。そして現代にも生きるその価値を訴え、本書において保護継承への道を提唱しているのである。

文化財保護法が制定されたのは昭和二十五年であるが、初めは歴史的に古く技術的にも芸術的にも秀れたものが、価値ある文化財とされた。これに異存はない。しかし、歴史性の高さは証明できなくても、たとい芸術的には洗練されていなくても、長年にわたって多くの人の心を育み、地域を支え生活に潤いを与えてきた文化への認識はいかがであろうか。これら豊かな文化が衰滅することに危機感を覚え、昭和五十年以降、民俗文化財として保護の対象に定められるようになるのは当然であった。民俗芸能は、その重要なひとつである。近年ではユネスコによる無形文化遺産条約の制定、それを契機とする東アジア各国との共同研究、連携など、民俗芸能の保護継承をめぐる動きは、いま、めまぐるしい。私も十年余、およばずながら文化庁の文化審議会専門委員をつとめたので、保護の施策や諸事情はいくらかわかっているつもりでいたが甘かった。本書によって新たに多くのことを教えられ、感謝している次第である。

このような「村の踊り」は、本来は地域の人びとのためだけにあればよいはずだが、近代に入って伝達手段が発達すると、感動的なものはおのずから広く知られるようになる。こうして大正時代以降、その文化的豊穣さが研究者によって解明されはじめた。同時に、都市部に招かれて多くの観客を集めるようになったのである。東京の日本青年館主催の現在の全国民俗芸能大会は、前身が大正十四年まで遡る伝統ある大会だが、いま各地には、○○民俗芸能大会ふうのイベントが花ざかりである。テレビでもさかんに取りあげられる。町おこし・村おこしの主役に祀り上げられているものも少なくない。新たな役割を担って継承発展につながっているものもあって、それはそれでけっこうなのだが、民俗芸能が特定の演者と不特定多数の観客のものとなると、「村の踊り」としての意味が薄れる。なかなか難しい問題である。本書ではこのような「村の踊り」公開の歩みをたどり、現状が整理され、問題点が指摘されていて、考えさせられることが多い。公開が進むことを歓迎しながら、著者も悩んでおられるのである。

第三章以下は、『歌垣と反閇《へんばい》の民族誌』以来の数々の著書の内容に最新の成果を盛りこんだ、日本とユーラシア大陸との「村の踊り」の比較、実例にそくした著者の「村の踊り」論であって、わかりやすく説かれていて教えられた。

星野紘氏には日ごろ大いなる学恩を頂戴している上、私の勤務する成城大学にご出講をお願いし、ご指導を忝《かたじけの》うしていることもあり、僭越ながら小文を記させていただいた次第である。

平成十九年八月七日

世界遺産時代の村の踊り——無形の文化財を伝え遺す／目次

はじめに

書名解題

当著の書名『世界遺産時代の村の踊り――無形の文化財を伝え遺す』について、最初に説明しておきたい。

まず、「村の踊り」とは、筆者流の言い方である。従来、「民俗芸能」「郷土芸能」「地域伝統芸能」などと呼び慣わされてきたものを一語で言い換えてみたものである。「都会の踊り」、すなわち古典芸能とか都会地の劇場・舞台等で上演されている芸能とかと対比させたものである。つまり、各地の祭りや年中行事の折等に、村社会で演じられているものを指す。具体的には、盆踊、獅子舞といったポピュラーなものから、神楽《かぐら》、田楽《でんがく》などといったやや一般には専門的すぎるものまで、様々な種類のものがある。

周知のように、この「村の踊り」に関する出版物は、これまで種々刊行されてきたが、これを日本のものに限定せず、国際的な視点で言及したものは、従来、稀であった。本書は、それをあえて試みてみたものであり、それで、「村の踊り」に「世界遺産時代の」という形容表現を添えたのである。もうひとつ、「無形の文化財を伝え遺す」と副題を添えたのは、一九五〇年代から、日本では、この「村の踊り」に対して、無形（民俗）文化財として文化財保護施策を講じてきたのであるが、ユネスコもまた、「無形文化遺産（の保護に関する）条約」（二〇〇六年に発効）のもとで、今やその保存の取り組みに動き出している。そういったことに関わる文章のいくつかを本書に収載しているからである。これを所掌する行政部署で仕事をしてきた筆者の三、四十年の体験を綴ってみたのである。

それでは、今なぜ、「村の踊り」を世界的視点で語らなければならないのかを説明したい。

どこかで、〝地球村〟なるキャッチコピーを耳にしたことがあるが、確かに今や世界は狭くなり、さまざまな場面で国際化が進んでいることを、人々は肌で感じ取っている。テレビ番組しかりで、外国取材ものが増えているし、外国旅行はどんどん日常化している。また、インターネット情報は、時々刻々、世界を駆けめぐっている。だから、日本の「村の踊り」と同時に、世界の「村の踊り」のことを云々しても、奇異には感じられない時代を迎えたのである。

しかしながら、世界はやはり広く、「村の踊り」に関する国際情報は、確かに飛び交ってはいるものの、それらを一望のもとに視野に収めることは、なお至難のわざである。もとよりこれらの伝承は、地域ごと、民族ごとの、また国ごとの多様な相違を持ち味としているものであり、そう簡単に語り尽くせるものではない。

ところが、ここへ来て、これらに対して世界中が、一つテーマで議論する時代が到来したのである。それは、ユネスコの「無形文化遺産条約」にもとづく保護施策の執行が始まろうとしているからである。これは、今日、人口に膾炙している世界遺産登録の無形文化遺産版である。世界遺産登録の選考過程が、色々とマスコミに取り上げられたり、登録された世界遺産所在地に、観光客増加による経済的潤いがもたらされたりしている。無形文化遺産の登録においても、あるいは、それに類した話題を呼ぶことになるかもしれない。

一般的には、そのような格付けに関わる話題の方に人々の目が集まるのだが、筆者は、今日、無形文化遺産が存続の危機にあるという当条約誕生の契機となった点にこそ、語られねばならない問題があると認識している。この点においては、日本の事情も、世界の他の地域の状況も、まさに共通している。

経済発展にともなう、都会への人口集中と農山漁村地域の過疎化、労働作業の機械化その他を背景とした第一次産業従事者のサラリーマン化、車社会化ほか、現代文明の浸透にともなう生活様式の都市化、商品経済化、地域共同体の伝統的連帯意識の喪失などなど、時代諸相の変貌の中で、従来の慣習が崩壊して、「村の踊り」は衰滅・変容を余儀なくされているのである。世界中の「村の踊り」が、なんらかこのような変化に当面し、地域住民達は、一種の目眩《めまい》に似たものを感じている。いったい、このことにどう対処したらよいのか、どこに新たな娯《たの》しみ、幸せの塒《ねぐら》を見出したらよいのかと。人々は今、体験しているそういったことに真剣に目を向け始めたのである。ユネスコの無形文化遺産保存の動向は、こうした人々の気持ちを代弁しているものと受け取るべきではないだろうか。

先述のように筆者は、この三、四十年来、「村の踊り」を保存する行政施策遂行の職場に身を置きながら、日本におけるそれの変貌ぶりに接してきた。また、ここ二十年余りは、日本に近い外国、中国や韓国、ロシア、あるいは中央アジアなどの地へ赴き、それぞれの地の「村の踊り」を探訪し、日本におけるのと類似の変化が起こっていることを見聞してきた。

例えば、ロシアのクリスマスの〝男女の恋の遊び踊り〟(踊りながら男女がキスをしたり、抱擁したりする)という珍しい伝承が存在することを記録映像で瞥見し、二〇〇三年一月に、その踊りの現場(コミ共和国のプロコピエフカ村)へ出向いてみた。人口が急激に過疎化しており、高齢化した村の中に、ボロボロになった廃屋が建っているのを目にして、まるで日本の山村を訪れたような気分になった。かつては夜通し、村中の男女がこの踊りに興じていたが、今は形ばかり、一、二時間、当方の要望に応じて踊ってくれたのだった。

二〇〇四年九月、ヨルダン訪問中に、道路脇の砂地に砂漠の民ベドウィンのテント住居が建っているのを目にした。興味を覚え、帰国後、アラブ・中東の民族に詳しい片倉もとこ女史の著書に目を通した。ベドウィンの民の生活振りについての記述によると、伝統的にラクダを交通運搬手段としてきた彼らの社会に、今や自動車が進出して、ラクダは車に取って代わられつつあるという。かてて加えて若者達は、先祖代々居住してきた砂漠での露営地を離れ、都会地に移住し、そこでの生活で、例えば風邪をひいた時には、父母の居住する砂漠の地に帰省し、清浄な空気の中で身体を癒し、また都会に戻って行くのだという。まるで日本の、村出身都会住民の姿を見るようなのだ。

それから、世界的に共通して、村の歌や踊りの中で最もダメになっているのが、耳で聴く文芸、語り物伝承である。映画やテレビといった視覚に訴える文芸（娯楽）が隆盛となった一方で、音声だけの世界はどこか窮屈に感じられるものとなった。このことは、ラジオ番組がマイナー化している現状から解るのだが、専門的になるが、奥浄瑠璃《おくじょうるり》、瞽女唄《ごぜうた》、盲僧琵琶《もうそうびわ》、平曲《へいきょく》等々の目の見えない専業語り手達が、次々と姿を消していったこの半世紀に、我々は立ち会ってきたのである。

耳で聴く文芸の、このような日本におけるのと同様の衰退状況は、他国においても見聞できる。チベット族やモンゴル族の長編の英雄叙事詩、ケサル王物語やゲゼル・ハーン物語、キルギス族の長編叙事詩、マナスの衰滅状況に対して、中国やモンゴル、キルギス共和国（旧ソ連）の政府が、かねてより録音記録作成事業や後継者養成事業に力を入れているとの情報は、夙《つと》に聞こえていた。近年、身近に見聞した同様の事例もある。于暁飛女史は、中国黒龍江省の赫哲《ホジョ》（ホジェン）族の英雄叙事詩、イマカンの、国際音標文字による記録化を精力的に進めてこられたのだが、先年、同女史の口から、最後の伝承者が鬼籍に入られたことを聞いた。

二〇〇五年二月、モンゴル西部のアルタイ山中に、英雄叙事詩の語り手を訪ね、その語りと演奏に耳を傾けたが、数年前、ユネスコの事業として緊急に録音記録が作成されたという。

しからば、こうした「村の踊り」の衰退・変容状況に対して、何かブレーキをかけることのできる、有効な手立てはあるのだろうか。

前述のように、日本では半世紀有余にわたって、文化財保護行政の中でこれを、無形の文化財として後世に伝え遺す取り組みを展開してきた。こういった行政的取り組みには、一体どのような効用があるのだろうか。

二〇〇一年、中国で開催された無形文化遺産保護の国際シンポジウムに参加した折、中国政府の担当官から、「日本はこの方面では、長期にわたって保護施策を展開してきたのだから、今は何も心配する必要はないんでしょうね」と問いかけられて、ドキッとしたことがある。その時、どう答えたらよいのか、とっさに言葉が出なかったのだが、その後、その時の思いを考え続けてきたが、それを記しておこう。

まず前提として、「村の踊り」の存続の問題は、ひとり文化財保護行政だけで解決しうる問題ではないのに、それが可能であるかのように理解されている発言であったので、びっくりしたのがひとつだった。日本では、文化財保護行政だけでは伝承の衰滅・変容の防ぎようがない場合のあることは、行政サイドにおいて当初から認識されていた。それらに対しては、消滅もやむなしとして、文化財保護法の規定により、「記録作成等の措置を講ずべきものとしての選択」という行為で対応することとなっている。他方、存続が見込まれる伝承に対しては、重要無形民俗文化財指定措置を行い、それらの維持継承のために、助成などを行っている。

問いかけられてドキッとしたことの二つ目は、その行政効果は、即効的に目に見える形で現れる性格のものではないのに、新幹線や高速道路敷設によって人々の往来がスピードアップされる建設行政などと同じような捉え方をしているようだったからだ。無形の文化財の保護行政の効果は、人々の伝承に関わる施策であるから、ともかく時間がかかる。例えば、重要無形文化財の文楽の場合であるが、一九七〇年より、国立劇場において後継者養成の研修事業が始められ、三十七年後の今日、ようやく文楽技芸員総勢八、九十名のうちの半数程度が当研修事業修了生で占められることとなった。

また今日、重要無形民俗文化財の対象となっている民俗芸能（村の踊り）において、一九六〇年代よりそれぞれの伝承地域で、「○○踊り保存会」といった保存会組織が形成され出した。これは、従前にはなかった名称の組織である。なんら組織名もなく集落ごとに継承してきたとか、あるいは○○神社氏子会、○○講、○○青年会などと呼称していたものが、その後、徐々に「○○踊り保存会」に改称され、四十有余年を経た今日では、この「保存会」の用語が、青年団や消防団といった村組織に近似するくらいに、普及することとなった。兎のようなわけにはいかないが、亀の歩みで、影響は徐々に広がっていくものなのである。

とっさに返答できなかった三つ目の理由は、無形文化財伝承は生きて存在するものであって、世代交代や環境の変化に伴う変容など、絶えず移り変わっていくものなのに、まるで物か何かを扱っているように聞こえたからである。行政的施策でさえ伝承者側の変容をうながす要因となるのである。だから、行政施策側は、法律の一部改正や方策の転換などを時代の推移に応じて行わなければならないのである。日本では、この半世紀余りの間に、大きく四段階の改変の道を歩んできた。

問いかけにドギマギさせられたことの四つ目は、一つ目のことに関連している。「村の踊り」存続のファクターには、文化財保護行政が関与し得ない側面が当然あるのに、そんなことは眼中にないと言わんばかりの言い方だったからだ。「村の踊り」は、地域住民の心の問題、信仰上の執り行いでもあるのであって、単にその芸術性(面白さ)だとか、歴史性(古さ)だとかの、文化財的価値概念だけでは割り切れない側面をもった存在なのである。また、信仰儀礼には、村共同体で執り行うもののほかに、同族の人だけで、あるいは家単位で行われるものもあって、中には一般に公開されることを拒む伝承も多いのである。つまり、公共性を前提とした文化財保護行政にはなじまない伝承も存在するのだ。

「村の踊り」を含めた無形の文化財伝承には、人々の考え方や何を幸せと思うかといった人生観も大いに関わっているのである。柳田國男は、「日本の祭」の中で、かつては祭りに参加しないことは宥《ゆる》しがたい怠慢と考えられていたと言い、また、祭りとは最大の消費（行為）であるといった言い方もしていた。当然に、そこに含まれる「村の踊り」も、そのように、村社会の人々の参加しなければならない一種の義務のようなものであり、かつ、経済効率優先の今日の風潮とは、一線を画したものであったというのである。

伝統的伝承の存続に固執する、そのような精神的側面を考えさせる新聞記事を最近目にした（二〇〇七年七月一二日付け朝日新聞）。それは、ブラジルのアマゾン奥地に住むインディオのカイアボ族の一部族メチキチレ族に関するニュースである。彼らは、アマゾン川流域の開拓者と敵対関係にあって、トラブルにより彼らの十人以上が殺されたという。開拓者の持ち込んだ文明を受け入れた他のカイアボ族とは意見を異にし、奥地に隠れ住んでいる彼らの五、六家族八十七人が、最近、カイアボ族の村カボに現れ、そして二曲の歌を残して、忽然と立ち去って行ったというのだ。彼らは、Tシャツにジーパン姿などの洋服姿の文明を受け入れたカイアボ族とは一緒に生活できないと言い、また、開拓者側から殺害されるのを恐れていたという。下唇に皿状のものをはめこんだり、ほとんど真裸に近く、顔や体に赤や黒の化粧をほどこしたりの伝統的習俗を固守しているという。

無形の文化伝承を守り伝えるということは、極端に言えば、このメチキチレ族のように、文明の浸透、自然への乱開発などに徹底抗戦をするということである。地球上にはなお、このような民族も存在していることに衝撃を覚える。今日、日本でも、〝スローライフ〟なる言葉が飛び交い始めているが、メチキチレ族の考え方などにどれほど近づけるものであろうか。ともあれ、無形の文化財伝承の保存とは、文化財保護行政の枠などを超えた、極めて大きな問題を抱えていると思わざるをえないのである。

村の踊りの昔―日本・中国・ロシア・中央アジアなど

書名を『世界遺産時代の村の踊り』と題したもう一つの動機は、日本の伝承に軸足を置きながらも、外国のものと比較しつつ、国際的視点から、「村の踊り」の各種芸態の特徴と、それぞれの古層、昔の姿を探り出そうと努めた文章で構成した章（第三章）を設けたからである。「村の踊り」もまた、文献や金石資料に劣らず、世界各地の人々の生活の営み、その集積としての歴史の歩み、とりわけその奥底にひそむ根っこのところを探り得る因子を有していることを示したかったのである。考察内容は、なにぶん、日本をはじめ、中国やロシア、中央アジアなどの限られたエリア（ユーラシア大陸）の伝承だけを対象にしたものである。また、今後おそらく、全面的に展開されていく筋合いの研究テーマの、ほんの端緒に位置するものにすぎないことを断っておきたい。

それはともあれ、読者の便宜のために、筆者の展開した小論のアウトラインを事前に要約しておきたい。まず「村の踊り」の種類・芸態の分類を、日本のこれまでの概念規定からは離れ、口頭伝承、身体伝承、祭り行事伝承の三つに大分けして、国際的に比較し易い方法を試みた（もっともその小分けにおいては、日本的分類も一部綯い交ぜになっている）。

最初の口頭（表現）伝承においては、「歌の掛け合い」と「語り物」に小分けしてみた。前者は「歌」としたかったところであるが、日本や大陸の近隣の国々（アジア域）では、独唱や斉唱形式の「歌」のほかに、掛け合い歌形式のものが特徴を有しており、ここでは、これのみの言及にとどめた。この種の問答形式の掛け合い歌は、日本では歌垣（嬥歌《かがい》）と称され、恋歌が有名であり、一般的には、これはそのような性格の歌であると限定的に理解されている。しかしながら、筆者は、掛け合い歌形式の歌は恋歌以外にも存在しており、もっと広義のものとして理解すべきではないかと指摘してみた。

結婚式や葬儀、あるいは地域共同体の祭りの折に、宇宙の始まり、天地創世のこと、人間の始まりのこと、村立てのことなど、神話的世界に思いを馳せた歌を、問答形式で行っている伝承が、中国西南域の少数民族には今日まで命脈を保っている（「神話史詩」と呼称されている）。日本でも、大田植え（囃子田《はやしだ》）の折の、サンバイと早乙女《さおとめ》の掛け合い歌があり、南西諸島の神歌《かみうた》にもこの種のものが見られる。また、神奈川、埼玉、東京、千葉、茨城各都県の祝い歌の、はつせ、これさま、五反田、花見もこの形式のものである。あるいはまた、子供の遊び歌の中にも、「花いちもんめ」はじめ、掛け合い形式のものが存在している。

ちなみに、ここで付け加えておくと、中国雲南省のイ族の「梅葛《メーガ》」というのは、当該地域イ族の一系統の部族の、歌謡全体の調子を示す概念のことであり、老人の歌（祝言や葬儀の折の神話的な歌）、青年の歌（恋歌）、子供の歌を包括している。しかも、いずれも問答形式でうたわれ、かつ、旋律も似かよっているが、老人の歌のそれが単調なのに対して、青年の歌の方は情感のこもったものとなっている。少なくともここでは、恋歌だけが掛け合い歌というわけではないこと、問答形式が歌の宇宙全体を支配していることが解る。

口頭（表現）伝承としてのもうひとつの「語り物」については、アイヌのユカㇻ（英雄叙事詩）と、中央アジアなどの地で伝承されている英雄叙事詩との異同を比較検討し、さらにまた、それらのルーツについていささか論じてみた。もともとの姿を「一人称語り」と考えるのが一般的であり、しかもシャーマンの託宣にその祖形が求められている。筆者は、熊祭り（霊送《たまおく》り儀礼）における「熊の歌」も一人称語りであり、こちらの方がシャーマニズムのものより古いのではないかと、仮説を立ててみた。というのも、神霊界（彼岸）とこの世（此岸）との往来において、シャーマニズムの場合、特殊技能が要求されるのに対して、熊祭り（霊送り儀礼）においては、熊の霊は参加者一同が目にしうるものとなっており、概して彼岸と此岸のへだたりは、人々にとって融通無碍なものという感覚で受けとめられているようだからである。

二つ目の種類・芸態の身体（表現）伝承は、「踊り」「舞」「ものまね」といったものである。「踊り」では、日本の盆踊とチベット族の輪踊ほか外国の集団舞踊を見比べつつ、手の振りよりも、足を踏むことに力点を置く点に、共通した本質が見られるのではないかと強調してみた。

盆踊の身近な例として、下駄の歯が擦り切れるまで踊りぬけと各地で言い慣わしている点がそれである。また、チベット族やロシアのコミ族にも事例があるのだが、日本の盆踊の中の、大宮踊《おおみや》（岡山県）、白鳥踊《しろとり》（岐阜県）をはじめとした四国・中国地方から中部地方にかけての、お堂や拝殿上での踊りにも、そのような特徴が現れていることを指摘した。下駄履きや靴を履いたままで、床板を踏み鳴らして踊っているのである。

「舞」と「踊り」との違いについて、日本ではいろいろと取り沙汰されており、その差を明言しえないところもあるが、「舞」を一応別立てのものとして捉え、ここではやや日本的な種類概念を援用し、「神事舞」と「獅子舞」について言及した。まず、「神事舞」としては、日本の神楽を基点に置き、中国の農村祭祀の舞など、アジア域に多く見られる神事（あるいは宗教）儀礼の中の、一人、二人、三人、あるいは四人といった少人数による舞の特徴について、二つのことを論じた。

一つ目は、前記「踊り」の項で述べたことに共通する、足の踏み方に力点を置く特徴を指摘したものである。すなわち、日本の神楽や、かつての呪師《しゅし》の芸などに見られる反閇《へんばい》の足運びであり、これは、中国、台湾の道教的祭祀の中では、禹歩《うほ》などと称されてきた。三の倍数の踏み数による足踏みの所作である。ここには、北斗七星や八卦の方位を踏み歩くという、星宿信仰、陰陽道といった哲学的理解が付与されていたりする。

二つ目の特徴は、この種神事儀礼の舞にはつきものの、神懸りに関わる議論となるところについての言及である。神懸りというのは、全く偶然的なことなのか、あるいはそこにはなんらかの意識的操作がほどこされているのか、といった議論である。筆者とても、これに判定をくだせる問題ではないのだが、芸の領域（「村の踊り」の場合も含む）において、いささか誤解がまかり通っているようなので、ここのところをいささか掘り下げてみた。つまり、技芸の世界は、定められた型や様式、手順にがんじがらめとなっていて、即興性、偶然性が入り込む余地が全くなさそうに見えるのだが、そんなことはないのである。かつての能シテ方名手と小鼓方の名手同士のやりとりの中で、演奏中に予想を裏切るような時間展開がなされていた事例を紹介してみた。

「獅子舞」は、日本では盆踊に次いでポピュラーな身体（表現）伝承である。もっともこれは、日本、中国、韓国ほかのアジア域にしか類似伝承を探し出せないものであり、世界的エリアの分類項目として書き出すには躊躇されるものである。しかしながら、これとマレビト的な伝承との類似性に視点を置いてみると、その広がりは、ユーラシア大陸域に及ぶものであろうと提示してみた。

獅子舞の、恐ろしい威嚇的な表情・姿態と悪霊退散の所為は、ナマハゲ、アカマタ、クロマタなどのマレビト（来訪神）に通じており、従来、ニューギニアあたりの南洋上の類似伝承が指摘されていたが、近年は、中国西南域の少数民族居住地域や、ヨーロッパ、ロシア方面の伝承との共通性も云々され始めている。これらマレビト的なものの異形の態は、ライオンとか聖獣とかを象った獅子舞の外観とは異なっているが、廻村して各戸巡りを行い、祝福と悪霊退散を呪《まじな》うという、主旨目的においては共通するところがあり、双方ともにユーラシア大陸の農耕地帯（温帯気候区）に分布する伝承である。この両者の同一性を浮き彫りにしてくれるものとして、逆に筆者は、マレビトとは対照的な伝承を取り上げた。熊祭りなど亜寒帯気候区の、動物の霊送りの儀礼（熊以外にも、シカ、フクロウ、クジラ、アザラシなどのものがある）の神観念と、マレビト、獅子舞などとの、双方の神観念の相違について言及してみた。つまり、あぶり出し式方法とでも言うべきやり方だ。

簡単に言うと、獅子舞やマレビト的なものにおいては、神霊が彼岸から此の世に来臨し、人々の祭りを受けるのに対して、動物の霊送り儀礼においては、此の世の動物を神霊化させる（霊送り）、その儀礼のプロセスが祭りである。つまり、此岸と彼岸の間の神霊の去来方向が百八十度逆になっている。しかも霊魂観としては、後者の方が、前者よりもプリミティブ（原初的）なものであることを指摘してみた。また、日本の獅子舞の概念には、東北の鹿踊《ししおどり》、東日本一帯に分布する、鹿、猪、熊、カモシカなどの動物頭を多く含む三匹獅子舞も含めて考えられていることは、柳田國男の「獅子舞考」以来の一般的な見方である。これは、中国などその他の国の獅子舞には見られない要素である。筆者は、この種のものは、右に述べた二種の神観念の、ちょうど狭間《はざま》に位置する性格を帯びたものではないかと思っている。

身体（表現）伝承には、もうひとつ、「ものまね」が存在する。〝人間のものまね〟は演劇をいうことになるのだろうが、動物のものまね、鳥のものまね、海の生物のものまね、田畑の耕作や漁撈のものまね、あるいは精霊のものまねなど様々な形態が存在している。ここでは、「田遊び」「御田《おんだ》」「御田植え」などと呼称される、稲作農耕過程を模擬する伝承が日本各地に見られるので、その来歴について言及した。従来これらについては、類感呪術、感染呪術の予祝儀礼に端を発するものであると説くのが一般的であった。筆者は、そういった理解からは漏れている、幼い子のママゴト遊びにも共通する、単純かつユーモラスな側面に注目してみた。一種の〝ごっこ遊び〟にも似たその芸態は、時代を昔に遡ってみると、口頭伝承のところでも言及した、問答形式の「掛け合い歌」に脈を通じているところがあるのではないかと推察してみた。

三つ目の種類・芸態であるが、ここでは、「祭り行事伝承」を括りの概念として掲げてみた。これは、確かに芸態とは言えないものだが、口頭（表現）伝承や身体（表現）伝承の個体の肉体表現は、祭りや年中行事といった機会や場が密接に関わっているものである。実際に日本の「村の踊り」においては、例えばアイヌのイオマンテ〈熊の霊送り儀礼〉〈北海道〉、花祭〈愛知県〉、懐山《ふところやま》のおこない〈静岡県〉、竹富《たけとみ》島の種子取《タナドゥイ》り〈沖縄県〉などなど、祭りや行事の名称をもって、肉体表現としての芸態をも指示している事例がかなり多いのである。盆踊とか獅子舞とか神楽とか、一種類の「村の踊り」しか執り行われない場合は別として、各種の芸能が複合的に演じられている場合には、比較的に、祭り行事名称が代表して用いられているのである。こういった状況は、「春節《しゅんせつ》」とか、「カーニバル」とか、「クリスマス」とかいったように、外国においてもあてはまるものではないかと思う。

この種の伝承では何よりも、年があらたまっての正月、あるいは季節の変わり目（日本の四季のように明確な区分がない所でも、冬と夏二季の変化は認められる）の行事に力がそそがれるのは、地球上に共通することであろう。本書では、日本の正月とシベリア（ロシア）の熊祭り（霊送り儀礼）の「村の踊り」二件を紹介・検討してみた。

日本の正月では、万歳《まんざい》、春駒《はるこま》などといった祝福の門付《かどづ》け芸が各地に広く出現し、由緒ある寺院などでは、修正会《しゅしょうえ》や「おこない」と称される儀礼において、田楽、猿楽、延年《えんねん》等々の、わが国古代・中世に盛んだったという専業者の手により洗練をみたものの、今日、村社会においてかつかつ保存されてきたものが演じられる。これらは、いずれも本来、技芸が高度化した芸能であって、その基盤となっている、行事の主旨目的や信仰が見えにくくなっている。しかしながら、門付け芸にはそういった要素がなお付随しており、それは先述の「獅子舞」のところで言及したマレビトから脈を引いたものであることが察せられる。

すでに述べたように、獅子舞やマレビトと対照的な存在が、シベリアなど亜寒帯・寒帯気候区の熊などの、動物の霊送り儀礼である。その事例として、西シベリアのオビ川中流域のハンティ族の、熊の霊送り儀礼の探訪録を記し、若干の考察を加えた一文を掲載した。この行事における神観念の原初性については、「獅子舞」の項で指摘したところであるが、ここでの歌や踊りの芸能もかなり古そうである。折口信夫が「日本藝能史六講」で論じた、芸能は常世《とこよ》からの訪れ神を迎えての饗宴に始まるという説の、そのことにつながりはしないかと思われる類似感覚がここに見られるのである。酷寒の地のハンティ族の人々の心には、今日の我々が言う、目に見えないはずの神霊が、かなり親近感のある、目に見えるものとして存在している。飲み食いの饗宴の中で、そういう神霊と彼らとが興じている様が色々に展開されていた。例えば、ここでは「熊の歌」を最も重要なレパートリーとしているが、人間が演ずる熊は、先刻撲殺した熊の霊であり、その霊を象徴する祭壇上の熊の頭を、熊祭り（霊送り儀礼）の数夜、あたかも生きている赤ん坊のように見なして世話をやいている人々の姿が印象的であった。

このように、見えないはずのものを見えるとする幻想は、折口信夫の芸能発生説の根幹にあったものと推察される。

中国・雲南省イ族の「虎踊り」

東日本の各地に伝承される「三匹獅子舞」

第一章　日本の村の踊りと暮らし

一　日本の村の踊りを訪ねて

和合の念仏踊（長野県）

昭和四八年（一九七三）のことである。

まつり、村の踊りは、いまや旅や観光の対象である。駅のポスターも雑誌のグラビアも、その場に足を運ぶよう誘っている。それだけ広く知られるようになったわけで、シャッターの切られぬ村の踊りはないと言ってもいいくらいだ。そんな群がりの中に首突っこんで、ピンボケばかりためこんでいる筆者ではあるが。

帰省客でごったがえした盛夏。八月の月遅れの盆に慣れた者には、七月に行う東京のそれなぞは気が抜けているとしか思えない。夏休みを指折り数えながらも、まだ授業を受けている七月は盆とは言えぬと子供心にも思ったものだった。学校から解放され、かてて加えて線香、ろうそく、切り花、人々の雑踏の墓参りの一夜は、親類縁者一同集うて、にぎやかに、夜の更けゆくのを、咎める者はいなかったのである。国鉄飯田線温田《ぬくた》駅で降り、めざす念仏踊の地、長野県下伊那《しもいな》郡阿南《あなん》町和合《わごう》へ急ぐ道の心ときめく連想であった。

和合は、四方、山ばかりの、擂鉢《すりばち》の底のような渓谷沿いの集落である。まだ七月なのに、カナカナ蟬が昼下がりのけだるい時間を刻み、ナスやカボチャが崖ぶちの畑に色づいている。山は季節の進み具合が早いのかもしれない。
夜八時頃、石段百段ほど登った所の林松寺《りんしょうじ》の前庭は、踊りの開始待ち顔に、裸電球の下、小学生がふざけあっていた。学校の音楽の時間に特別に練習を重ねたという笛を、彼らも奏するのである。「おじさん、ここは東京に比べて空気がいいだろう」などと、大人びたことを口走る子がいる。晴れの出演、東京の人に見られることの嬉しさそのものと解すべきであるが、これが初体験だとすれば、彼らが気の毒なほど、村人の楽しみである各地の村の踊りが、いま世の注目を浴びているのである。

林松寺の前庭で打ち込む太鼓の撥さばき

店といえば、よろず屋一軒しかないとのこと。そんな集落の人のみ三三五五の見物。裸電球のさえる踊り場である。一三日から毎夜踊り続けてきたとのことで、四日目の最終日の今宵は、踊り衆も疲労を口にしていた。すでに昨一五日、盆の精霊《しょうりょう》を送り帰しており、昼間、川ぶちの草むらに、お供えのキュウリやナスが放り出してあるのに出くわした。だらだらしていたのはその所為《せい》だろう。

深く身を沈め、エイッとばかりに打ち込む太鼓（締め胴）の撥《ばち》さばきはここの踊りの華である。一打ちごとに、あたかも一体の彫像を見るごとくである。ことに、切子灯籠、南無阿弥陀仏の旗を先頭に、後方に、鉦《かね》打ち、奴《やっこ》、先端が放射したヤシの木状の極彩色の紙花などを従えて、庭へ練り込んで来た時の太鼓の一団には、目を見張った。五、六人の打ち手各々、一抱えもある太鼓を左腕一本で宙で支え、身を反り、打ち込み、のめり込みながらも、うまく太鼓を地につけないように回転して前進する。まさに練り歩くとはこのことで、時計の短針のごとく、進んでいるとは思えないほどだった。

昼間、踊り道具の整備に、あるいは昨夜の疲れにごろ寝の踊り衆のたむろする所へ顔を出した。「おれ達の踊りに似ているのは、他に全国のどこにあるか」と問われ戸惑った。勉強不足を悔いたのはともかく、単におらが村のが一番さ、と言いたいための質問ではない。「テレビを見てると、同じようなのがあちこちにあるようだ」とも言う。各地を見歩いているらしい者（筆者）の闖入に、彼らが話の糸口をそこに見出したのかもしれぬ。テレビの村の踊り紹介番組は、昨今、確かに人々に人気がある。都会人の心をなごませているだけでなく、村々によっては、気が気でない関心事なのである。私達とても、初めて接する振りや音楽に、目を見張ってばかりもいられない。珍しさは、倦《う》みと裏腹なのである。同じようなものに接して、新鮮味がなくなるなどと言うのは、我々の勝手である。どこそこのが一番いいなどと品定めしても、他は駄目だとは断定できない煮え切らなさがのこるのである。

林松寺境内を降り、街灯もない畑道をたどって、元《もと》庄屋の家へ。庭の物干し竿や縁側に、触れんばかりに一踊り。さらに山寺の暗がりへ。杉木立の中、昼間来てもイタチやタヌキでも跳び出して来そうな、めったに人の寄りつかない熊野社の境内。明かり一つなく、ただ人のうごめきだけしか解らぬ、打ち止めの一踊り。おしまいに、老人達の、悲しげな念仏の声が闇に和した。

（採訪当時は七月盆で実施していたが、後に、月遅れの八月に行うよう変更された）

花祭の一夜（愛知県）

昭和四九年（一九七四）のことである。

夜通し踊り跳ねくっている、他に例の少ない祭りである。とろとろする自分が癪にさわってきたり、朝日が昇った大地のきらめきにおっくうがったりするわが身であった。

叫騒。人気の流行歌手のステージにしても、あるいは災害事故の現場にしても、想像に難くないことであるが、これはまた、見学などと悠長に構えてはいられないものであった。きれい好きには、舞い上がる土埃に顔をそむけさせるものであり、カメラぶらさげた都会者は「下手くそ！」などと一喝されるものであった。

拝をしてみたり、ひとには聞こえなくてもいいといった神歌《かみうた》を唱したり、湯気立つ竈《かま》の熱湯をかもしたり、古老達（花太夫《はなたゆう》、宮太夫《みやだゆう》）の前行事は丁寧にひとしきり続く。「そこの爺《じじい》！　まだそんなことをやっているのか！」と、それをのろまぶりと罵倒した土地の者が、「お父さんやめて」と言う娘に袖を引かれて退いた。例えばこのように、我が子の手前をはばかるなどということをしないほど、人の変わる土地の人である。芝居見物やテレビ等、せいぜい数時間が娯楽の常であってみれば、夕方から翌日の昼まで、まる一昼夜も続く芸能、なにやら我慢大会にでも参加しているような気分になる。

舞処《まいと》（踊り場）は時の経過に無頓着である。明け方、たとえ見物が無人となっても粛粛と古老達は楽《がく》（太鼓）を打つ手を休めない。佳境に入った頃、ぎっしりの見物の中から舞処へ紛れ込んだ連中は、電車ストップにいらだつ客の中からは必ず駅員に喰ってかかる者が現れるように、あるいは団体旅行の酒席には必ず座を引きまわす輩がいるように、歯止めがきかない。踊り手の前に群がり、一緒に手をあげ足を跳ねて、最初は舞いぶりの高揚

見物衆をかわしながら廻り舞う二人舞の「地固め」

をいやがうえにもうながしたのだが、まだ形をなさぬ稚児たちの舞（花の舞）では、足の踏み場もないくらいの人垣で閉じ込め、その歓声たるや激励というには怒号で、子供たちはいまにも泣き出しそうであった。次第も重なり、見物が歯の抜けたようになってもなお固執する連中は、くたくたの体をますます跳ねあげ、かすれた声でますます大きく叫んだ。

踊り（舞）といっても、背伸びするバレエでも、しなつくる日本舞踊でも、裸の原住民のそれでもない。若い衆はもちろん、土地の大人、子供が手軽に振りする様はいかにも得意気に映る。かの「こぶとり爺さん」の話での踊り好きの爺さんを誘い出した鬼の踊りとはどんな手だったか。思い浮かばぬが興味深い。そのように語り難いのである。都会人が気のつかぬ所で、営々と楽しんでいる姿。まるで人が悪いみたいに感じられるところが、旅してみたり写真撮ってみたりする郷土芸能愛好者の関心の的というものでもあるだろう。

ここで紹介した写真は、たえず前進してくる見物衆をうまく身をかわしながら、竈の周囲を廻り舞っている一コマである（地固めの舞。これは二人舞であるが、三人の三ツ舞、四人の四ツ舞など同態の演目も別にある）。振りしつつ旋回している今しも、膝を前に曲げ出して、上体を駆使している自在さを読みとっていただければ幸いである。ここの舞振りは、少なくとも片足の膝は、いつも前に曲げ出されている。そういう片足立ちで跳ねあがった姿は、流れる蜂の足の如く華奢であり、両手を腰にとり間をはかっている様などは、目にも止まらぬ蠅の回転（飛び回り）を、軽く片足跳びであしらっている体操選手の如く見事である。

祭りの一夜を更に語り多いものにしたのは、鬼をはじめとした面の舞とその所作のいくつかの次第である。もとより一般に仮面をかぶるなどというと、その者の真意が気になるように、尋常ならざる表情や態に心疼くのが人の常である。かぶると、目の位置が鼻の穴か口のあたりにくるという大型の鬼の面、凹凸《おうとつ》の深いこわ面、それで表情してみせるというには、まずそれを着けた自分の顔をうろつかせぬようにするのが精一杯かと思う。また、関取役の歌舞伎役者のように着ぶくれている。鉞《まさかり》を右に左に∞字を描くように振りまわして竃を廻り続ける振りは、一見単調である。ところが人気のこの鬼、土地の人たちは振りの上手下手《じょうずへた》をちゃんと見分けていた。とすれば、演者の心労は目に見えないものの、技巧が駆使されている力わざなのである。

どこの祭りにも登場し、下卑た笑いを誘う例のひょっとこ（しおふき面）、ここのは、手にした御幣餅《ごへいもち》を塗りたくらんと、見物の女、子供を追って舞処の外、街路の相当遠くまでかけずり回る。また、土足ものかは、座敷へ上がり込んでまでして強引である。まったく本気である。面の下の顔がいぶかしいのである。

（一月二日、三日、愛知県北設楽《きたしたら》郡東栄《とうえい》町古戸《ふっと》にて。なお、花祭は北設楽郡を中心に、同郡に接した長野県、静岡県の山間に二〇ヶ所ほど伝承されている）

小国神社の田遊び祭（静岡県）

昭和五〇年（一九七五）一月三日、静岡県周智《しゅうち》郡森《もり》町にて。

正月の町や村の角々は静かである。新年、年始参りに往き交う人々であっても、仕事から解放されている。商店の戸が閉ざされていて、二、三日は普段のような買い物も思うにまかせぬ。交通の足だけは確保されているから、駅か駅前に行けば用を足せるだろうと知恵をめぐらせるのは、正月にじっとしていない（遠出している）者の感かと思う。言祝《ことほ》ぐかのように真青な空、それでも、ふりそそぐ陽が遠慮しがちなのは、肌さす冷気の所為《せい》であり、冬という季節を確認するのである。常緑の葉がキラキラ輝き、夏みかんの黄色が、日本列島には二様の冬が存在することを知らせてくれる。

ここは東海地方、雪国の人だったらどんなにか心がはずむことだろう。遠州袋井からバスで四〇分ばかり、終点の森町に降り立っていた。「ちっとも正月らしくないねえ」駄菓子屋のおばさんのあいそ言葉である。天気が良すぎるということなのか、何を指して言っているのか、よく理解できなかったが、気になる一言であった。なかなかやって来ないタクシーに苛立っている私に「田舎はこんなもんだよぉ」と、ひょうひょうとしてみせたおばさんだったが、先刻電話口に出たタクシー会社の支配人の荒げた応対は、どうにも都会人風の忙しさであった。

遠州一宮小国《おくに》神社の田遊び祭を、わざわざ見物しに来ているのは私一人くらいである。近郷近在から自家用車を駆って初詣に来た家族連れが往き交い、石畳を踏む下駄の響きぐあいから大社の年の始めの風格を感ずるのだが、田遊びに気づく人はいないかのようである。行事が執行されているお堂（舞殿）の脇を通りすがった若い女性達はケラケラ笑っただけだった。

これと逆なのかどうか、アンテナをちょっと付けているだけのカブト虫のような小型自動車が、いつの間にか、お堂の下に寄せ付けられていて、真っ赤なジャンパー姿の女性アナウンサーが飛び出して来て、田遊びを演ずるおじいさん達をつかまえインタビューを始めた。そのやりとりがカブト虫の中のラジオから聞えている。つまり、地元放送局の中継放送というわけであった。

放送のシステムに疎いものだから、あっけにとられた。神主さんから、お土産に破魔矢《はまや》を頂戴したくだんのアナウンサーと、運転主兼ディレクターの女性の二人、ちょこんと頭を下げて、カブト虫を駆って去っていったのである。ともあれ伝統の行事ということで、放送を通して話題を提供していたらしいのだが、辺鄙なところとか、昔の忘れられかけた伝統とか、情報の稀少な所に巧みに分け入って行く、そういうマスコミの活躍を見せられたというわけである。

いたってあっさりとした芸能次第の当田遊び、見落としがちである。耳の遠い年寄りはどこか滑稽なものである。一人合点したり、馬耳東風といった態で話を勝手に進めたり、企《たくら》んだことではないのだから憎めない。のろのろとして、家の片隅がふさわしい彼らというわけで、魅力のありどころをなかなか探せないのである。拍子ぬけするだろうけれども、そういった間合いの中に、紹介すべき言葉が見つかるというような田遊びである。

田打とか、代掻き、種蒔、田植、稲刈といった稲作過程を順に演じてゆくのであるが、ちょうど子供のままごと遊びのようなもので、いい大人がてれくさそうに次第書きをなぞってゆくのである。葉っぱを皿に見立て、砂を盛ってごはんだよ、などとする幼児のやりとりの見立ての稚拙さに感心するのであるが、そのように田遊びの趣向も、ごくあり合わせのものから空想を広げる。田圃《たんぼ》とは径一メートルもない太鼓の鼓面である（胴の中ほどが膨れた例の宮太鼓を縦に置く）。それに大勢が寄ってたかって、棒と餅でつくった鍬《くわ》で叩いて廻ってみせて田打の様だという。一人が腰をかがめて太鼓の周囲を徘徊すれば、牛が田を掻《か》いたのだという。

打《うち》たる田はくれくれ、かいたる田はとろとろとろ

狂言のやりとりに出てくる、こういう擬音語が物言いのはしばしにアクセントをつけている。ごろごろ！　などと言って、それを雷と信じてくれるのは、今はほんの幼児ぐらいなものなのであるが。

ここ小国神社にはないが、孕女《はらみおんな》が登場したり、媼《おうな》と翁《おきな》が抱擁してみせたり、人の子の成るのを稲穂の実りに喩えている、そういった次第を持つところが多い。これは譬《たと》えがつきすぎているというか、よく、田遊びには農民の豊作への願いがこめられているなどとの解説があるのだが、それほど物欲しそうなところがあるのではないし、またかなり文芸化もしているのだ。

腰をかがめて太鼓の周りを徘徊する「代掻き」

あら楽し今日の楽しさよ、古《いにし》へもかくや楽しさよ。田を作れ田を作らば、門田《かどた》を作れ……

収穫以前、まだ田仕事も始まらぬ一月、二月の季のことであるが、豊作の実際より心がはずんでいるみたいである。模擬の農耕過程終結部の豊穣の喜び（模擬）ではなく、模擬するこの日、そのこと自体に浮き立っている。実際の田仕事への不安とか、そういったことが後《あと》に控えている、ということなど忘れているみたいなのである。楽しむ心はまばゆいばかりである。

長浜の曳山祭（滋賀県）

昭和五〇年（一九七五）の四月一三日、滋賀県長浜市にて。
曇天で雨になりそうな気配である。はや色褪《あ》せて、緑葉などの混ざった花の終わりであるが、なお浮き立った春は、香をとどめている。雨がパラつき始めても琵琶湖畔の町長浜は平和な日曜日の昼下がりを迎えていた。
よく調べずにやってきた怠慢のために、撮影すべき曳山《ひきやま》上の子供歌舞伎は、夜七時まで待たねばならなかった。一五日が一番賑わいを見せる日で、その前後一週間余りにわたる祭りである。きょうはせいぜい曳山を出す町内の辻で狂言が行われる程度だったのだ。

六時間ばかりの間、映画館に入るしかなかった。画面シーンの一つで、ヤクザが刑務所から出てきて「俺のふるさとはそこさ、娑婆は仮住まいだ」といったセリフがあったが、何やら真実味を帯びてきたものである。知己のいない土地で暇をもてあますとは、何と面倒なことか。きわどくて深刻なストーリーの、名作とは言い難いこの種の作品を上映する映画館が、パチンコ店とともに、もっとも手っ取り早い娯楽の場であった。全国どこの町の風景でもあるのだ。憩いの場とは言うが、喫茶店は、いつも何時追い出されるか気兼ねしなければならない場所であった。

八幡神社に参集する四台の曳山の神前奉納を決める「くじ取神事」をのぞいた。各町内に合計十二台もあるのだが、今は経費等の都合で四台ずつ毎年交代で出ている。境内は、すでに観覧席（一五日のための桟敷《さじき》）が仕組まれ、紋付羽織の曳山の人達二、三〇人が、拝殿に群がり、「ヨイサ、ヨイサ」と興奮していた。平生と変わらぬ町筋だが、ここにいささか祭りの賑わいを嗅いだ。たむろしていた当事者の一人が誇らしげに言った。「昔は十二台の山が揃い出て、チャンチキチャンチキのお囃子《はやし》（笛、太鼓にスリガネ）が遠く瀬田の大橋まで聞こえたものだ」と。実際はともかく、郷土の祭りへの愛着というものがにじみ出ていてほほえましかった。

どこでも、三大祭りの一つに自分の所のものを数え上げる性癖は、根拠のあるものだろうか？　山車の出る祭りは華美を競うことに支えられている。かつての城下町に、時の藩主何某の庇護があって始まった、との由来をたずさえている所が多いのであるが、私の故郷のそれなども、中央には一向に名の聞こえて来ぬものだが、田舎町界隈では確かな年中行事として熱っぽく取り沙汰されている。氏神様への往き還りの各町の山々、狭い小路をへしぎあって先を競う。時に屋根の瓦が飛び交い、何町の何某はめっぽう腕が強かったと異名を馳せ、声をひそめる不祥事もあったとかと、きまって母の記憶は紡がれていたものである。

山車巡行見物の群衆の中で、心躍らせることといえば様々に飾りたてたその威容なのだが、中に何が入っている（乗っている）のか、というのも当然の興味である。賑わいを添えるべく、お囃子連中や踊り子が乗り込むのはともかく、歌舞伎（子供）を載せるというのは、祭礼芸術（文化）の花の咲き方のひとつとして心そそるものである。長浜のほかに、岐阜県の垂井《たるい》町、揖斐川《いびがわ》町にもあり、石川県の小松市、埼玉県の秩父市、小鹿野《おがの》町などのも聞こえている。

芝居へは向ふのめりてむすめゆき

今でこそ、歌舞伎は伝統芸能などと、都会の劇場で高い金払わねば接し得ぬが、全国津々浦々に旅役者が廻って来たり、土地土地に役者グループがあったり、農民が片手間に芝居を仕組んだりというふうに、いわゆる地芝居の痕跡が数多く数え上げられている。サーカス小屋や轆轤首《ろくろくび》が、子供心に少々妖しく祭礼を彩っていたように、流行歌舞伎がかつて祭礼の場には流行ったらしい。

子供歌舞伎である。年端のゆかぬ者が、むずかしいこと（大人の世界というか、手の込んだ芝居というか）を器用にやりとげてみせるのが華なのである。少年が艶《つや》っぽい女形《おんながた》のこなしをして見せたり、しわくちゃな老け役に扮したり、けなげにも思案深げに切腹してみせたり……。先年、揖斐川町のある洋服仕立屋さんで感じたことがある。ちょうど結婚式が生涯の記念すべき日であるように、ここでは我が子がこの舞台に立つことが、生活の重要な一ページなのである。通りすがりの私であるのに、今は成長した子供さんの昔日の役者ぶりのアルバムを紐解いてみせてくれた。いかにも大切にしている風であった。たかが子供芝居と思うかもしれないが、衣裳やかつら代はじめ、かけつける親類縁者へのお祝い返し等、並のサラリーマンには荷の重い祭りの経済があるのである。

子供歌舞伎の少年が艶っぽい女形をこなす

曳山が舞台に供されるためには様々な工夫があって、狂言が始まるというと、組の若者が、ヨイショヨイショと高欄《こうらん》の抽出《ひきだ》しの中から、幅一尺三寸の板面を抽き出して（舞台前面と左右三方それぞれに）、役者の出入りの際の通路（橋掛《はしが》かり）に仕立てるなど、ここならではの光景を見る。

二　この半世紀の日本の村の踊りと暮らし

一　村の踊りと暮らしの空間的・時間的構造

今日、郷土芸能、民俗芸能、地域伝統芸能などと呼称される村の踊りへの関心が高まったのは、明治時代も終わりの頃からである。明治四四年（一九一一）、『人類学雑誌』に発表された柳田國男の「踊りの今と昔」あたりが最初だったように思われる。その後、大正一四年（一九二五）、東京・明治神宮外苑に日本青年館が竣工したことを記念して「郷土舞踊と民謡の会」が、折口信夫、柳田國男も関係者に加わって開催され、全国各地から七件のこの種伝承が東京に招聘され、国の中央の知識人たちの前に公開された。以来、昭和一一年（一九三六）まで、ほぼ一年に一度のペースで継続開催され、また、この催しを追いかけるかのように、昭和三年（一九二八）に『民俗藝術』という月刊雑誌が発刊され、昭和七年（一九三二）まで継続刊行された。当誌の名称の「民俗藝術」は、本論で使用した「村の踊り」に重なるものだった。「郷土舞踊と民謡の会」は第二次大戦後の昭和二五年（一九五〇）に、文部省芸術祭の中に位置づけられ、「全国郷土芸能大会」の名称で復活開催された。その後、「全国民俗芸能大会」に名称変更となり今日まで続いている。ここで「郷土芸能」から「民俗芸能」への呼び換えがなされたのであるが、この頃から徐々に後者の方が研究者間で一般的となり、「郷土芸能」の方は徐々に下火となった。この「民俗芸能」の呼称が昭和五〇年（一九七五）の文化財保護法の一部改正時に同法に記載されることとなり、また昭和五九年（一九八四）に民俗芸能学会が設立されて、当概念が文化財保護行政サイドや学術研究界の正式用語として定着してきたのである。

ところが平成四年（一九九二）、当時の運輸省サイドが主体となって、略称「お祭り法案」（地域伝統芸能を活用した行事の実施による観光及び特定地域商工業の振興に関する法律）が成立し、それ以後「地域伝統芸能」の概念も、本論での「村の踊り」の呼称の一つとなり今日に至っているのである。厳密に言えば、各々の呼称間に小異がたてられているのだが、各々が指示している対象はほぼ同一と言ってよい。このように異称が並立したのは、「村の踊り」の役割機能の多面性に起因しているものと私は考える。「郷土芸能」は、学校における現行の学習指導要領において「村の踊り」に相当するものを「郷土の歌」とか「郷土の舞踊」など「郷土の何々」と表記していることに近似しており、また「郷土教育」という概念も存在しているなど、教育界では第二次大戦前よりこういった用語が多用されていた。つまり教育的効用が、「村の踊り」には従前より認識されていたのである。一方「民俗芸能」の方は、文化財としての価値認識のうえで採用された民俗学研究の成果、その枠組みのなかに位置付けられた概念である。つまり学術研究や文化財保護行政サイドからの「村の踊り」観に対応しているのである。他方、「地域伝統芸能」の方は「村の踊り」を観光や地域商工業振興のための資源として、その活用を図ろうとする視点からの名称である。さらに当概念は、農山村振興

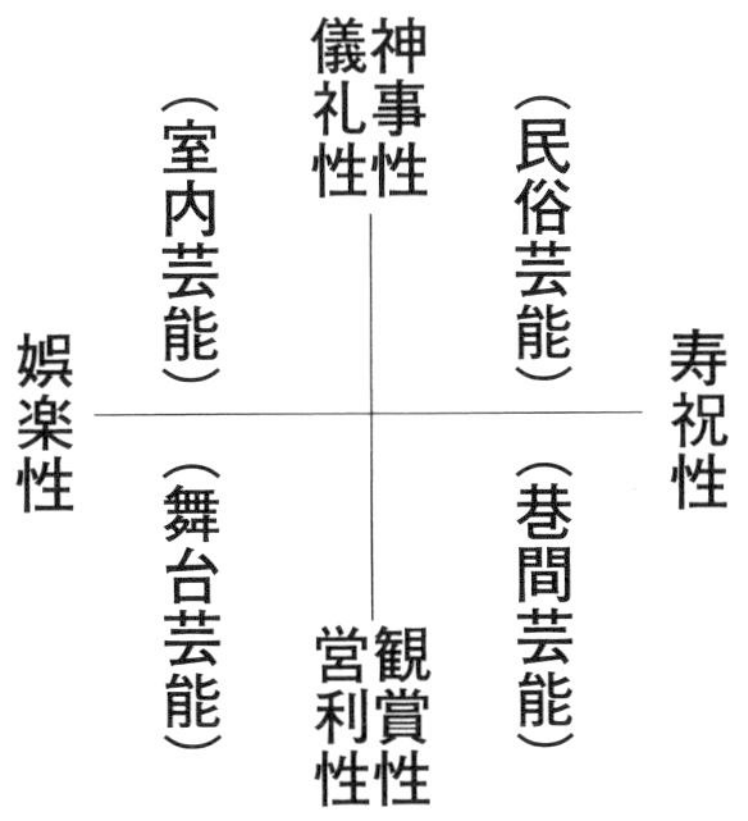

図１　『日本芸能史１』（法政大学出版局 1981年）より　守屋毅作図

や村おこし、町おこしなどの行政サイドにおいても援用されているようだ。

ところで私が「村の踊り」と呼称しているのは、図1に表記されている民俗芸能に相当し、他方に舞台芸能、室内芸能、巷間芸能のいわゆる「都会の踊り」が存在していることが視野にあって、双方いずれも歴史のある伝統芸能ではあるけれども、その存在のあり方はだいぶ異なっているように思うからである。その違いを一口で言えば、それが演ぜられるT・P・O（時・場所・機会）の異なりにあると考えた方がよい。もちろん百パーセント別ということではないのだが、色合い・様相はかなり異なっている。具体的に言うと、「村の踊り」は神社の祭礼や寺院の法会《ほうえ》、盆・正月といった年中行事、あるいは祝い事や死者儀礼などの折に、神社や寺院、民家の屋内や庭、仮設舞台、山車《だし》や屋台などの上、あるいは特定の山や川、海辺、墓地、辻などなど定められた場所において演じられる。その機会は祭礼法会、年中行事などの限られた日の執り行いであって、参加者の地域も限定されている。都会の劇場や商店街、あるいは公園などにて、いつでも、不特定多数の人々を相手に演じられるようなものとはもともとは異なっている。つまり「村の踊り」の方が、どちらかというと人々の暮らしに密着している。もちろん都会の神社の祭礼などにおいても、町内会の活動が象徴しているように住民の生

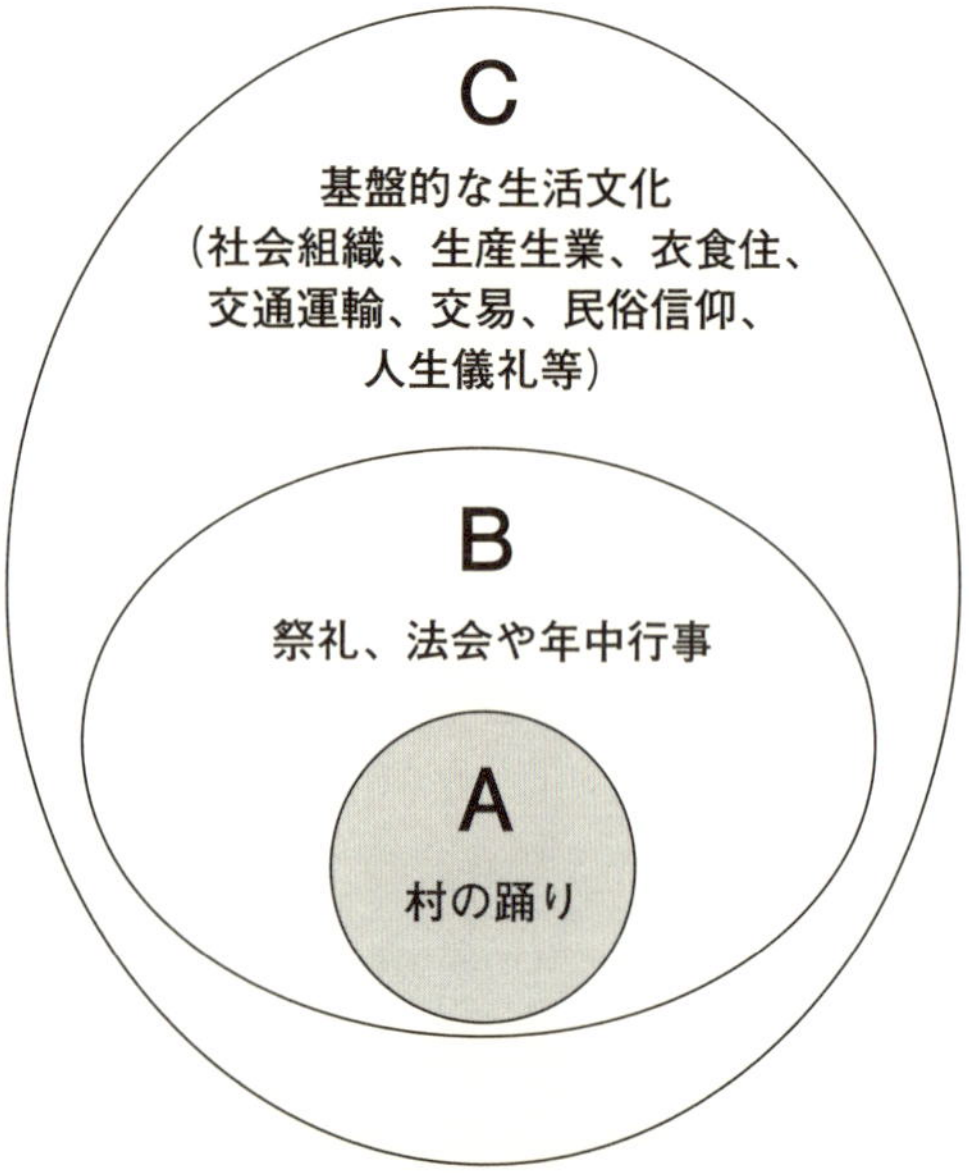

図２　村の踊りの位置付け

活と、そこでの伝統の踊りは関わりが深いが。

このことを抽象的に表記してみると図2のようになる。なおこの図の作成にあたっては、「民俗芸能」を含む文化財保護法の民俗文化財に関する規定（重要有形民俗文化財指定基準、重要無形民俗文化財指定基準）の文脈を参照した。図の内容を説明する。右に述べた「村の踊り」が祭礼法会や年中行事等の折に行われるという両者の関係を、A円「村の踊り」を、B円「祭礼、法会や年中行事」の円内に包含する形で表記した。そしてこのA円もB円も、村人にとっての様々な基盤的な生活文化の暮らしの諸事項の中の一コマに過ぎないので、C円「基盤的な生活文化」の内円となるように表記した。これは図式的な表記であって、実際はA・B・C三円の各事項は相互に不即不離な関係にあるのである。このことについて、A円とB円内の関係は右に述べたが、B円とC円の関係、あるいはA円とC円の関係を以下に見てみたい。B円（A円）は、C円の社会組織、例えば○○神社氏子会《うじこかい》、○○講、宮座《みやざ》、当屋《とうや》（組織）、若者組、子供組、町内会などの運営組織が人的調達や財政負担などを取り仕切ることがあればこそ執行できるのである。またお供物や直会《なおらい》の酒肴といった食べ物、Aが使用する衣裳、神楽殿《かぐらでん》や舞堂《まいどう》、仮設舞台などといった建物は、村人の衣食住の一種である。さらに村人の生業形態も密接に関わっているのである。小正月の予祝儀礼や田遊びは農耕に関するものであり、山の神関係行事は山仕事や狩猟に関わっており、大漁祈願の行事や芸能は漁業と結びついている。さらに、高度経済成長期以後の村人のサラリーマン化は、近年、祭日の休日・祝日への変更、踊り等の稽古の時間が十分に確保できなくなったなどといった現象を引き起こしているように、生業との密着性を示している。またA円の村の踊り（芸能）は、C円の事項の年齢階梯制の節目の折に執り行われたり、C円に分類されるなんらかの信仰事項の目的をもって演ぜられるケースが多い。

ところで村の踊りの伝承者について、今は村人の誰でもが携われるようになっているが、近年までは特定の家筋の者が携わっていたことを柳田の「踊りの今と昔」は強調していた。念仏踊りの金鼓《きんこ》打ちのカネウチ、田楽躍《おど》りのササラスリ、舞々《まいまい》、万歳（師）、神事舞太夫《しんじまいたゆう》などを例示していたが、今やこれらの専業者はほとんど姿を消した。万歳、春駒《はるこま》などの門付《かどづ》け芸は、今日、保存会会員などの一般の人々によって形だけ命脈が保たれている。

二、三十年前には九州に何名か残っていた盲僧琵琶《もうそうびわ》の語り手が、今日では宮崎県延岡在の盲僧一人となってしまった。私の生まれ故郷越後の盲目女性門付け芸人の瞽女《ごぜ》も、数年前に最後の老婆が養老院で亡くなり、当伝承は完全に途絶えてしまった。今から六十年ほど前、私の少年時代の、その瞽女の道行く姿が記憶に残っている。祭礼の日、余興として大人たちが彼女たちを家に招じ入れていたのであるが、彼女たちが軒先を通ると子供たちが石つぶてをぶっつけていた。定住農耕民生活者からすると、彼女らはどこか疎ましい存在であることを子供たちは直感していたのである。このような現状からすると、柳田が指摘していた、「村の踊りは特定の家筋の者によって担われていた」というセリフはもはや遠い過去のことのようになったと思われるが、だからといって今日の村の踊りが、「田舎人の素人芸である」などという見方には私は疑問を持っている。以前の特定家筋の者は、一般定住民にはできない特技を持ち合わせていた。つまり常人とは異なる技芸の境地を体得していたのである。今日、不特定多数の者が携わっているその技芸は、つまらんものに堕落してしまったという見方は違うのではないかと思う。

確かに今日の伝承者は、かつての特定家筋の者のようには特化されてはいないのだろうが、踊り（芸能）に取り組むその姿には尋常ならざるものがあり、その点においては昔も今も変わりがないのではないか。例えば、大分県の庄内《しょうない》神楽の子供組の稽古が極めて厳しく、泣きながら師匠の指導に食いついている少年たちの姿に、県教育委員会の担当官が驚いていたが、村の芸とはいえそんなに生やさしいものではないということである。また東京都小金井市の貫井囃子《ぬくいばやし》の師匠が、子供たちへの指導の仕方について次のように述べていた。「郷土の民俗芸能というものは、変な平等性とか民主主義を主張していたら絶対に保存活動は成されないと思います」（『文化財愛護活動推進方策研究委嘱報告書』　文化庁文化財保護部　一九八七年刊）と。相手が子供だからとか、絶えそうな文化財伝承を遺すための善意溢れる活動だからなどといって、手心を加えるのはもってのほかだという言いぐさである。さらに村の踊りに携わるような人は、生活のことなどほっぽらかしてしまうものであり、ともかく常識的ではない。長野県の大鹿《おおしか》歌舞伎の明治三七年生まれの役者、小島彦司の奥さんは夫への不満を次のように述べていた。「このおじいさんの歌舞伎ずきにゃ、ほとほと困らされたものだ。わしの来たときは、祭りっちゃ芝居っていってやってたもんで、これじゃ農業の方もだめだ、食べていけねえって思ってな（中略）昼間っから夜遅くまで芝居ばっかで、夜遅くまで起きてりゃ、あくる日は仕事だっていってもいくらでもできなんだ。（笑）」（『信州大歌舞伎』　銀河書房刊　一九八七年刊）。つまり、いま例示したように、確かに特定の家筋の者ではなくなったのだけれども、村の踊り伝承者たちは一般の住民とは技芸の上で一線を画しており、彼らの芸は村人の誰でもができる代物ではないのだ。

この点に限れば、時代の変化は村の踊りの本来の性格までは変えなかったと言えるのかもしれない。また、能や歌舞伎などの古典芸能に比して村の踊りを一段レベルの低いもののように見なす傾向があるが、実は村の踊りにしかない特性も有していることを忘れてはならない。村の踊りには、我が国の古代、中世、近世に一世を風靡した芸能であって、今日の中央の舞台ではもはや見ることのできないものが多様な姿で残存している。さらにまた、それぞれの地域において、年季の入った手振りしなやかな振りを見せる故老などが存在しており、他所者《よそもの》には真似のできない型や演技の境地もあり、中には名人の誉れを得ている者もいるのだ。確かにそれぞれの名人は、一村内であるとか非常に狭いエリアの中での名人であって、能や歌舞伎、邦楽邦舞などの世界の人間国宝のような全国区の名人と比較すれば卑小な存在であろう。ところが考えようによっては、それぞれの地域の伝承は、全国区的存在の古典芸能とはまた異なるジャンルのものであって、小たりとはいえ、それぞれの地域の名人は日本国内で唯一の存在ということになるのである。要するに、従来の伝統的な家筋の者が消失した今日とはいえ、村の踊りの従事者は、依然として村社会においては特別な存在であると考えるべきであろう。外見は変わってしまったけれども、村の踊り従事者の特殊性という点においては、かたちこそ変われ、旧来の伝統を襲っているようなのだ。

ここで仮に、先に図2をもって説明したことを村の踊りの空間的構造と名付けるとすれば、このことは、さしづめ村の踊りの時間的構造の一面ということになるであろう。向井去来や服部土芳《とほう》ら芭蕉門下の俳人たちが、師が説いたものとしている「不易流行」は、俳句の時間的構造を示した概念である。いま述べた点は、「村の踊り」における不易的な、不変的な側面の時間的構造に相当すると言えよう。以下にその流行的な、絶えず変化して止まない側面の時間的構造のところ、つまり「村の踊り」の、この半世紀間における変貌ぶりについて言及してみよう。

二　人口の過疎化、少子化、高齢化と村の踊りの問題

ここ四、五十年の村の暮らしの激変を物語るのは、よく指摘されているように昭和三〇年代、四〇年代の高度経済成長期を境としての、国の中央から僻遠の地にある農山漁村や島嶼《とうしょ》部での人口の急速な減少状況である。この人口動態の急変が村の踊りを疲弊させてきた各地での様子の一端を、採訪の折ごとに私も目のあたりにしている。

四国各県には茶堂《ちゃどう》、辻堂《つじどう》、氏堂《うじどう》などと称される村の民俗仏教的信仰の拠点が、ほとんど字《あざ》単位ごとに存在していた。地域住民が、当番制で小祠の中の大日如来や阿弥陀様、観音様などにお茶や花をお供えして拝し、お日待ち、お盆や虫送り、彼岸の折などに集落の住民一同ここに参集して祈祷をしたり、踊ったりしてきたのである。高度経済成長期以後、ここでの活動・行事はもちろん、建物自体が大幅に衰退したのであるが、その様子を『阿波のお堂――氏堂・辻堂・茶堂・四ツ足堂』（阿波のお堂の習俗研究会　一九八八年刊）にうかがうことができる。昭和五三年（一九七八）に調査した時点で、この種お堂を県内全体で六〇六ヶ所数え上げているが、すでに、右に記したような信仰行事以外の用途として使用している例も多かった。例えば、公民館や作業場として転用しているケース、あるいは物置場にしてしまっているケースなどが多々あったという。一方、そこで行われていた盆踊が、故老などからの聞き込み分（戦前から昭和三〇年頃までの）を含めて、五〇ヶ所程度あったというし、しかも、岡山県や岐阜県などで見られる堂の床板の上を下駄履きのままドタドタと踊る珍しい形式のものが、五ヶ所程確認できると記してあったが、平成一三年（二〇〇一）、私が現地採訪した時には、すでに一ヶ所もそれが踊られていない状態だった。

ちなみにその折、『徳島県民俗芸能緊急調査報告書』（徳島県教育委員会　一九九八年刊）に、昭和三五年（一九六〇）まで下駄履きのまま盆踊りが踊られていたと記されていた、旧美馬《みま》郡半田町折坂《おりさか》の折坂堂まで足を運んでみたが、この種お堂を維持してきた過疎の山村の、寂寞とした惨状の一端を目にすることとなった。お堂のある山あいの集落には、人が住んでいる家は高齢者のいる二軒だけだったが、くだんのお堂の近くには、杉を植林したため転倒崩壊した家屋数棟が砂まみれになっていた。話を聞くと元はそこは畑地だったのだが、杉を植林したため地滑りが頻発するようになり、結果として不様《ぶざま》な集落の外貌を呈することとなったのだという。若者が離村して生気を失っているうえの、この山村の荒廃ぶりは何とも言いようがなかった。そういう杉林の小径を分け入ること十五分ほどで折坂堂に到着したのだが、私たちが山道を分け入っているのに気づき、後を追って来た道路脇に住む老人が、ビールとジュースでやさしく接待してくれた。お遍路さん接待で有名な当地方の人々の気持ちだけは変わりなく、物質的変貌ぶりとこれとは極めて対照的であった。

　私の生まれ故郷近くの平野部農村においても、山村部ほどではないにしても様々な変化が現れている。毎年盆、正月には帰省していて村の様子は大体分かっているような気がしていたが、最近、四〇代の若手夫婦で離婚するケースが目立つと、老母が心配しているのを聞いて、そんなことがあるのかと耳を疑った。都会の新傾向の波は確実に田舎にも押し寄せているのだ。故郷の町の北に位置している胎内《たいない》市、荒川町、神林《かみはやし》村あたりには三匹獅子舞が二〇ヶ所ほど伝承をみてきている。その伝承状況が『越後の風流《ふりゅう》獅子踊り』（新潟県教育委員会　一九八一年刊）に記録されており、平成一七年（二〇〇五）八月、岩船郡神林村の現地に赴いてその実体の一端に触れた。字《あざ》福田のものは、七十歳くらいの老人と小中学生だけで執り行っており、青年の姿がほとんどなかった。昭和三二年（一九五七）頃まで青年会会員を中心として行われてきたそれが途絶え、二十一年後の昭和五三年（一九七八）、復活されたものというが、青年層は欠落したままだという。尋ねてみると戸数百軒の集落というのだから、青年層が誰も関わっていないというのはよほど何かの事情があるのだろう。稲穂がたわわに実り垂れている純農村地帯である。若者たちはサラリーマン化して、どこかに働きに出ていて祭りに携われないのであろうか。この推察の正否はともかく、驚くべきことは、参加している子供たちに八千円とか一万円とかの金銭を支給して祭りを執り行っていたことだ。もともとは地域の出演者たちは無料奉仕で携わっていたはずである。いずれにしても、今日の伝承は従来のあり方からすると健全な状態にはないということである。今日、全国的に青年団数が激減していると関係者が嘆いているが、人口の過疎化がそれほど顕在化していない平野部においても、従来の村の踊りが継続し難い状況が襲ってきているのである。

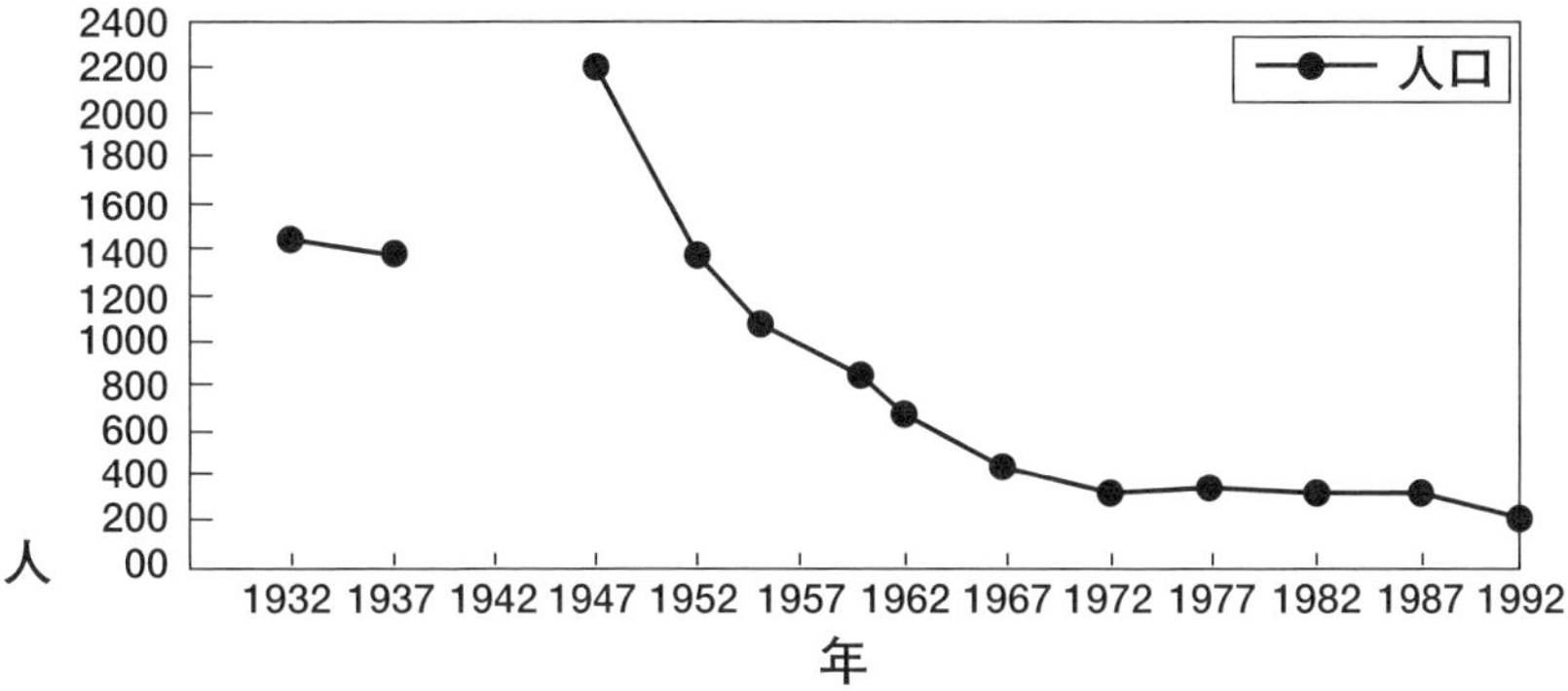

図 3　竹富島人口動態

秋山裕之「祭りにみるアイデンティティの保持と継承」（『沖縄民俗研究』17号 沖縄民俗学会　1997年）より

高度経済成長期を経ての人口過疎化の様子は、当局の統計資料においてすでに報告されているところであるが、人口動態のこの変容がどのように村の踊りに影響を与えたか、その実証的説明にはなかなかお目にかかれない。ここのところをかなり突っ込んでくれたと思う二例を紹介しよう。

一つは沖縄県八重山郡の竹富《たけとみ》島の種取り《タナドゥイ》祭（芸能）についてのものである。秋山裕之の論文「祭りにみるアイデンティティの保持と継承―事例　竹富島の種取り―」（『沖縄民俗研究』第17号　沖縄民俗学会一九九七年刊）は一つの参考となる。図3にみるように、第二次大戦後、台湾などからの引き揚げ者がいて、島は二〇〇〇人を超える人口となったが、それから十年後ぐらいから急激に減少し始め、高度経済成長期後半の沖縄本土復帰時の昭和四七年（一九七二）には、三一六人にまで落ち込んだ。その後も人口は減り続け、少子化などもこれに重なり、平成四年（一九九二）には二五一人にまで下がった。しかし島の行政当局である竹富島公民館の施策により、島をとりまく状況に変化が生じた。本土復帰時に本土の土地ブローカーが買い占めに押し寄せたのだが、当局はそれにストップをかけるとともに、赤瓦屋根の沖縄特有の伝統的建造物群や西表《いりおもて》国立公園の一部としての景勝地、それに星砂などを目玉として農業主体の島から観光立島へと衣替えを図った。その結果『星砂の島』第10号（瑞木書房　二〇〇六年刊）によれば、今日、来島観光客数は年間三五万人に及ぶといい、島出身者のUターン組や島外からの移住者が増加し、平成一七年（二〇〇五）一〇月の統計で、島の人口は三五一人にまで回復したという（喜宝院蒐集館長　上勢頭《うえせど》芳徳氏）。

平成一八年（二〇〇六）一〇月、三十年ぶりにこの祭り（芸能）を見学してきたが、当局が、芸能上演の二日間は島の人全員に観光業に勤《いそ》しむことを禁じて、祭りに集中するよう督励していた。こんなこともあってか、大筋においては外見上三十年前と変化が無いように見えたが、前述の秋山論文によると、やはり島民の祭りへの意識が徐々に変化してきていることが解る。小中学生の祭りに対する気持ちが、かつては生徒数が多かったから、選抜されて祭りの役を務めることに名誉を感じていたが、少子化状況下の現在は役を務める生徒が少ないので、何か義務的にやらされているというふうに変わっているとのこと。また上記『星砂の島』第10号によれば、従来から祭りの時に自費で帰島し重要演目のホンジャーを世襲で務めてきた人が、帰島のための旅費は公的負担とすべきではないかと提案している。また同人の娘夫婦が島の家を守っているのだが、同家が一週間にわたって狂言役の稽古宿になる慣例には苦痛を感じ始めているという。この間、当夫婦家族は、稽古に参集する村人からプライバシーが覗かれているようで落ち着かない気持ちだという。単に人口の過疎化だけの問題ではないのだが、祭りを執り行う人々の気持ちに変化が現れていることを物語るレポートである。

人口の過疎化や少子化現象が、村の踊りの復活再生を図っている善意ある取り組みに、決定的ダメージを与えたプロセスをデータをもって示してくれたのが、静岡県の旧天竜市神沢《かんざわ》の田楽のはかない運命に関する熊《くんま》中学校郷土研究クラブの活動レポートである（『文化財愛護活動推進方策研究委嘱報告書』文化庁文化財保護部　一九九七年刊）。

抗《あらが》いがたい世の移り変わりの重さとでも言うべきか。ここでも、昭和三〇年（一九五五）までは二五〇〇人いた地域の人口は高度経済成長期に入って激減し、昭和四五年（一九七〇）には一八〇二人、平成元年（一九八九）には一二一〇人と急速に過疎化していった様子が解る。しかも当地山村に適合していた茶・椎茸・舞茸栽培などの農林業従事者が、サラリーマン化して平野部の事業所へと職場を替えていったのである。このように人口動態の急変が進む中で、例年の正月五日の万福寺阿弥陀堂での祭りとしての神沢の田楽は、すでに昭和三〇年代より開催されなくなっていた。

ところが昭和五〇年（一九七五）、天竜市教育委員会からのサジェストがあったようなのだが、神沢の田楽地域の子弟が通っている熊中学校の郷土研究クラブが、田楽復活の継承活動に取り組み始めたのである。その当初は、神沢田楽保存会の人たちが中学校に指導に赴いたり、太鼓や仮面などの田楽の必需品を貸し出したり、あるいは支援金を支出したりしてサポートしていた。ところが、人口の過疎化と少子化の進行により、この中学校での伝承活動も平成二〇年（二〇〇八）には立ちゆかなくなるだろうとの予測を平成八年（一九九六）に出していた。つまり少子化のため就学児童が減り続け、平成二〇年には熊中学校の全生徒数が九名となり、田楽上演に必要な最低人数を割ってしまうからである。さらにそのこと以前に、熊中学校は廃校となり町場の学校と併合される恐れもあるということだった。そういう危機的状況にあることを訴えたレポートだったのだが、あにはからんや、それは現実のものとなっていた。平成一九年（二〇〇七）二月、地元の教育委員会関係者に偶然会う機会があったので確かめてみたら、すでに熊中学は統廃合されているとのことだった。まさに予想は裏切られることもなく、確実に悪い方向へと転がっているのである。

三　村の踊りの明日に関わる二、三の動向について

村の踊りへの価値認識の広がりと、他方それが現代から取り残された存在であることへの心配、親切心からと言ってよいのかもしれないが、ここ半世紀ほどの間、これを現代に生かしていくための取り組みがいくつかなされてきているので、それらを紹介しながら、今後のその行方を見据えておきたいと思う。

世間一般的な商業主義的な見方は、往々にして村の踊りの実体を誤解する。盆踊、獅子舞、神楽、田楽といった、いわゆる伝統的な村の踊りは、確かに今日気息奄々の状態に陥っているケースが多い。その芸能的な魅力はもはや現代人の感覚に合わなくなっているのだと、見下したようなもの言いをすることがそういった立場の人たちだ。ところが村の踊りは、まがりなりにも、各地において世代から世代へと受け継がれて存続し続けているのである。そのことを一顧だにしてこなかったというのはどういうことなのか。宝塚歌劇団が一九五八年から二〇年間、村の踊りをステージ化していた活動はその代表的な事例のように思う。最近これを報じた新聞記事があった（二〇〇七年一月二七日付け朝日新聞朝刊）。宝塚のショービジネスとしての海外公演のために、日本らしさをアッピールする舞台演目が必要であった。それで各地の村の踊りに取材して創作的舞台を作り上げたわけである。この作業を同記事は次のように解説していた。

土着的な舞踊をショービジネス向けに洗練していく作業だった。

実はここに、村の踊りに対する不遜とでも言ってよいような態度が窺えるのである。つまり村の踊りは泥臭い

ものだから、それは洗練させなければ現代の観客の感興を引き出すことはできないと断じているのだが、よく考えてみると、それは村の踊りとは全くディメンションの違う舞台芸術界だけの話なのではなかったか。いかにも国民の全てが納得してくれそうなもの言いなのだが、現実にはこの宝塚の活動は、商業的利益が見込まれていたわずか二〇年間しか存在しなかったものだ。他方、村の踊りは営々と存続してきたものであり、村社会ではまがりなりにも今も継続されているのである。同様のことはかつての民謡ブームに関する同記事の解説についても言える。

文化的に一段低く見られた各地の音曲が国民的な文化としての「民謡」に洗練され、レコードや民謡番組がヒットした。

このブームは昭和五〇年代のことであって、これも今は過ぎ去ってしまった。本来の民謡は価値が低く、国民文化として洗練したものに作りなおさなければならないという理解は、現実にはレコードの売り上げや放送番組の視聴率が高かった間だけにしか通用しない論理なのではなかったか（もっとも伝承民謡――作業唄の方は、作業が手仕事から機械依存に変わったため、今はほとんど絶えてしまった）。

つまり、大衆性を獲得できるかどうかといった商業主義的価値判断とは別の所に、村の歌や踊りの存在価値を考えねばならないのである。村の踊りを習得して、その舞踊譜の記述方法を長年にわたって模索してきた日本民俗舞踊研究会（代表　須藤武子）の、そのメンバーの一人の小林正佳は、その著作『踊りと身体の回路』（青弓社　一九九一年刊）の中で彼らの姿勢を明確に表明している。その中で同人は、村の踊りの身体的本質を正確に説明してくれていたのである。まず第一に、その踊る行為の意義についてである。それは作者とかそれを演じ続けてきた先人とかとの生命の共有（小林の表現では、共生感）にこそ核心があるものであり、まさに村の踊りを踊るということはそのことなのだと説く。

動きを感じとりながら、自分も動いてみます。自分の動きを通して、作者その人の生命感に辿り着くことも、時には可能でしょう。

（中略）少なくとも、舞踊といった営みでは、こうした形を通して得られる共生感こそが、踊る体験の核心をなしているように思われます。しかも、抽象的な意味での連帯感とか共感といったものではなく、これは、具体的な誰かとの、具体的な形での生命の共有を指しています。ひとつの踊りを伝え、ひとつの踊りを踊ってゆく土地の人々にとって、個々の踊りを踊ることがどんな体験にもおきかえられない独自な営みとなってゆくという理由も、まさしくこの事実によっているはずです。

そしてその村の踊りは、村人の父や母、祖父や祖母といった地域の祖先たちとつながっているものであり、それこそが村人のアイデンティティの絆なのだと説く。

彼らは、そうやってひとつの踊りを踊ります。それは、彼らの父や祖父が、あるいは、母や祖母がまた、その踊りを踊っていたからです。断ち切れない彼らと彼らの父や祖父、母や祖母の絆こそが、しかも、精神的な絆をこえた、わたしが今ここに「在る」という「事実」としての絆こそが、彼らと「その」踊りとをつないでいます。

この点は、地域を超えた不特定多数の者から受け入れられるものにしか価値を認めぬ商業主義が、一顧だにすることのない視点である。第二には、宝塚舞踊などの性格と村の踊りとの違いについてである。宝塚のものは、おおまかに言って西洋バレエ風な動作が基本にあって、明治の文明開化以来、欧米スタイルのものが優れているという観念の伝統がここにも尾を引いていたのかと思う。かつてのソ連や中国その他の社会主義国でも、自国内の各民族の村々の踊りを、そのようなバレエ風なものに仕立て上げていたのだが、まったく似たようなものであった。小林は、踊りの立ち姿というその基本のところで、両者は異なっていることを次のように説明している。

腰、あるいは下腹部（丹田）に力をこめ、すんなりと大地に立つ。これが民俗舞踊の基本です。ひと呼吸、ふた呼吸。そこから背骨の軸ごとからだを移動する。腰ごと方向を転換する。前後・左右・上下。こうして、さまざまな動きが生まれてきます。この場合、からだを捻るとか、くねらせるとかいった動きは極く稀で、一見そう見えても、腰と背骨の基本的な姿勢はほとんど変化はありません。たとえば回転運動の場合でも、バレーのピルエットやフェッテのように、背骨を固定し手足の反動や遠心力でからだを回転させるというのはほとんど見られません。

第三には、村の踊りや歌の背後にそこはかとなく漂っている村の暮らしぶりである。そこが都会のプロ集団のものとは目に見えて異なっている点である。端的に言うとそれは、村の踊りの泥臭さということである。だからと言ってそれは、必ずしもつまらないものを意味しているわけではない。純粋の村人グループを舞台に載せてその泥臭いものを演じてもらったら、きれいごとで舞台処理しているプロ集団のもの以上に迫力を見せ、観客の感動を引き起こすものも中にはあるのである。ところで小林は、各地の村の踊りの習得活動を通じて了解できたことは、踊りがまさに村の暮らしと密接に関わりあっている点にあると述懐していた。

踊る営みが、単に踊ることではない、生活のさまざまな部分にかかわり合うことを納得した。何より、自分の何かが深いところで変わっているのを発見する。同時に、自分を取り巻く世界が変わっているのを発見する。そのことが、踊りにかかわる行為自体と直接結びついていることをいやでも否定するわけにはゆきませんでした。

以上を整理すると、村の歌や踊りに対して、これまで商業主義や社会主義的芸術理念が、これを洗練させなければとても現代には通用するものではないなどと断じてきたが、どうやら異なる二つのディメンションのことを混同して考えていたらしい。というのも、そういう活動は一時的なものに過ぎなく、今日は下火となっているケースが多い。他方村社会における歌や踊りは、旧来の伝承の消滅変容の危機が問題となっているものの、今なお存続しているのである。とはいえ、今後においても、観光イベントとかオリンピックなどといった大行事の時には、こういった発想がいつも顔をのぞかせるものであり、このことから簡単に目をそらしてよい問題ではないのだが。

村の踊りに起こっている今日の動向の二つ目は、全国各地の小中学生等若年層がこれの習得継承に取り組むケースが増えていることである。平成一四年（二〇〇二）の学校指導要領の改訂において、従来西洋音楽偏重の音楽教科が、「郷土の音楽」、「民謡」などの日本の伝統音楽を積極的に教えるようになり、その他の教科においても同様なことが盛り込まれるようになった。こういった傾向は以前から徐々に進められていたわけで、こういった国の教育行政サイドのリードがあっての傾向といってよい。もっともこのことを通じて、村の踊りの有効性が浮き彫りとなっていることは確かである。岡山県笠岡市白石島《しらいし》の白石踊という、中国地方で名の知られた盆踊りの習得に取り組んだ中学生が次のような感想文を書いていた。その結びの一節を引用してみよう（『民俗芸能で広がる子どもの世界』　社団法人全日本郷土芸能協会　二〇〇三年刊）。

私は、白石踊の練習のおかげで、たくさんの人と話ができるようになりました。また、新しい踊りも踊れるようになりました。なによりも、大きいのが、家族みんなと共通の話題ができたと言うことです。

今日の子どもは、よく一人きりでテレビゲームに興じたりして、家族の者、近所の子どもたちなどとの交流が少ないのが問題だと言われている。それがこの種の村の踊りへの取り組みを通じて周囲の者たちと交流ができたことの喜びを率直に語った中学生である。このような例は多く、極端な話として、こういった活動に参加させていると、いわゆるグレた生徒が出ないという。また子どもたちと、彼らの踊りの指導に当たったお年寄りたちとが心を通わせ合ったり、また上級生と下級生との間で指導する、指導されるという形で、異年代間交流ができるようになったりの効果も強調されている。こういった村の踊りへの学校の取り組みは、今日、全国的に広がりをみせているようだ。

平成一九年（二〇〇七）の二月に沖縄の大学に集中講義に行ってきたが、その折の受講生の一人が岩手県出身の学生で、話を聴くと、偶然にも地元の学校で鹿踊《ししおどり》の習得をやっていたという。この予期せぬ出会いとその話から、村の踊りへの学校を通じての取り組みの各地での浸透ぶりと広がりに目をみはった。しかも驚いたのは、当学生（二〇代の大学院生）が田植えや稲刈りを経験していたことである。この学生の地元が稲作の盛んな田園地帯であること、通学していた学校が特に熱心に生徒への地元の伝統文化教育を進めていたらしいことがその要因のようだったが、ちょっと信じられない気がした。というのも、平成の世になってからは、日本のほとんどの田圃においては田植え機と稲刈り機しか見られないからである。こういった若年層の村の踊りへの取り組みが、その将来にどういう効果を及ぼすものなのか、見つめていきたいものである。

今日の動向の三つ目は、和太鼓とかエイサー、YOSAKOIソーラン踊といった、擬似村の踊りとでも称すべきもの（これを評価する人は、「擬似」という表記を嫌がるだろうが）が、大流行している点である。そして、これが村の踊り伝承にどういう関わりをもってくるのかという予測の問題である。右に紹介した岩手出身の大学院生に聴いてみると、鹿踊に魅力を感じていることは確かではあるが、和太鼓の方が格好がよい！　ということであった。そっちの太鼓は鹿踊のものに比べてうんと大きく、迫力を感じていて、いつかは打ってみたいと憧れていたとのこと。擬似伝統芸能の方が若者の関心を集めるのは、何か時代の趨勢が反映されているのだろうと思う。この種の流行が宝塚などの舞台用にアレンジされた村の踊りと異なっているのは、かなり多くの一般人がスポーツでもするかのような感覚でこれを歌い踊っていることである。その勢いは、柳田が先述の「踊りの今と昔」で紹介していた、江戸末期のエエジャナイカ踊りや御蔭踊りのことを思い出させる。もっともそういった流行の踊りが、当時、既成の伝統の村の踊りに一体どういう影響を与えたものかまではそこには記されていない。これが果たして、一時的な流行現象として過ぎ去ってしまうものなのかどうかである。

話は変わるが、和太鼓が今日隆盛をみているキッカケとなったひとつが、昭和五二年（一九七七）に始まった国立劇場の「日本の太鼓」公演だと言ってよいだろう。三十年を経過した昨今の当公演舞台には、この方面の芸術的才能溢れる人たちによる優れた作品がボチボチ出始めている。このことから察するに、今後もしそのような才能ある個人が、絶大な感動を与えるような舞台を創りあげ、そして多くの人々の共感を呼ぶようなことが起こったならば、それはおそらく都会の舞台界はもちろんのこと、村社会にまで、今日以上に深く普及浸透していくものなのだろうと思われる。過去を振り返ると、例えば、江戸期の町衆の流行であった歌舞伎や文楽（三人遣いの人形浄瑠璃）が、各地の村の踊りの場にまで浸透してゆき、それがいわゆる「地芝居」として定着し、祭礼の山車や屋台の上で子供たちによって演じられたりもしているようにである。

広島県山県郡千代田町の「壬生の花田植」

三　日本の村の踊りのイベントの諸相

一　はじめに

民俗芸能（村の踊り）は明治・大正の頃までは一部例外を除いて、各地域の郷土の人々にしか知られていなかったといってよい。それが今日では文化財保護の対象となり、お国自慢の対象となり、あるいは観光や地域おこしの対象となり、さらには国際的文化交流の対象としてなどなど、様々に各郷土を超えたレベルで公開されている。いわば民俗芸能（村の踊り）の存在価値がすでに全国的・広域的に評価されるに至ったことを示している。また今日では種々の目的のもと、様々な形式の民俗芸能（村の踊り）公開が各所で行われており、遠隔地の各ふるさとの民俗芸能（村の踊り）を、いかにして多くの人々に知らしめるかという意味での公開の意義を超えて、公開形式それ自体が、現代の文化活動の一つであるという様相を呈している。この文化現象としての変遷と今日当面している問題点に関して、その主な点について以下に言及したい。

二　民俗芸能（村の踊り）イベントの変遷

一　民俗芸能（村の踊り）公開の嚆矢

今日民俗芸能と称されている村の踊りが、「郷土舞踊と民謡の会」のタイトルのもとに東京の舞台（ホール）で公開されたのは、大正一四年（一九二五）、明治神宮外苑に建てられた日本青年館の竣工を記念してのことである。それが今日の○○民俗芸能大会とか、○○フェスティバル（イベント）などと称されて各所で執り行われている民俗芸能（村の踊り）のイベントの最初とされている。それ以来今日まで、八十数年、ほぼ五分の四世紀を経過してきたことになる。

その頃、民俗芸能（村の踊り）が全国各地でいったいどのような種類のものが、どのようなかたちで、どこで行われているのか、といった民俗芸能（村の踊り）の全貌がなかなかつかめない状況にあり、ある研究者によれば、各地の社寺の祭礼・縁日をまわって露店を出している香具師《やし》あたりに、いつ、どこで、どういう芸能が行われているのかを聞き合わせるのが最も手っ取り早い方法だったという。各地のいろいろな種類の民俗芸能（村の踊り）を、東京に居ながらにして、この目で確かめることのできる青年館のこの催しは、人々に大いに関心をもたれ、また、各地郷土の人々が伝承してきた歌や踊りの手わざ、歌声のもつその民俗芸術性が、その評価を高めるきっかけとなった。つまり当時の民俗芸能（村の踊り）のイベントは、一般に認知されていなかった民俗芸能（村の踊り）の学術的、芸術的価値を高めるのに一役かったといえよう。この催しは、その後昭和一一年を最後として途絶え、第二次世界大戦後、「全国郷土芸能大会」の名のもとに復活し、のちに名称を「全国民俗芸能大会」に改め、今日では文化庁協力名義のもと、(財)日本青年館の主催事業として回を重ねてきている。

二　文化財保護施策としての村の踊りイベント

上述の日本青年館の催しを契機として、その頃から民俗学、芸能史研究等の研究者達によって、村の踊りの芸能史上の意義などの究明がなされ、また篤志家的研究者たちが、自らの足で全国各地の伝承を詳細に調査して歩いた。その努力と成果によって、どんな種類の民俗芸能（村の踊り）が、各地にどんなふうに分布しているのかといった、その実態が徐々に明らかにされ、それらが、昭和二五年（一九五〇）の文化財保護法成立以後の、民俗芸能（村の踊り）に対する文化財保護行政の推進に援用されてきたのである。

昭和二九年（一九五四）の文化財保護法の一部改正以後、無形文化財の指定制度が設けられ、各都道府県教育委員会では、同趣旨のもと各地で制定された条例の規定に基づき、民俗芸能（村の踊り）を各都道府県の無形文化財として指定し、その保護に乗り出した。それが着実に推進されだした頃の昭和三四年（一九五九）から、全国の都道府県教育委員会は、北海道・東北、関東甲信越、近畿・東海・北陸、中国・四国、九州の五ブロックにわかれてブロック別民俗芸能大会を開催することとなり、今日まで、それは毎年回を重ねてきている。

この大会の第一回目から五回目までの舞台上演の模様が、ＮＨＫでテレビ録画されて放映されたように、当時注目を集めた事業であったようだ。これは、いわば博物館における有形文化財の展示にも相当する、民俗芸能（村の踊り）の普及啓発のための展示といった趣を持っていた。もっともそれは、生身の人間が伝承している無形の文化財にかかわるものであるがゆえに、その役割機能も、それに見あったような目的が三点意図されていた。一つには、各地の各種の民俗芸能（村の踊り）のうち、民俗芸術性豊かなものを一堂に集めて公開することによって、人々にそれらの価値を認識してもらい、あわせて第二次世界大戦後、急激に存続が困難となっていた民俗芸能（村の踊り）を、積極的に継承保存していこうという気運を一般に醸成することである。二つには、多かれ少なかれ、後継者不足等伝承に困難をきたしている民俗芸能伝承団体（保存会等）が、この大会に出演することを通じて、今後の伝承に一つの励みを与えられる機会とすることであった。つまり、大会出演に先立って積まれる稽古によって、萎えかかっているものの蘇生をはかり、また上演の際に、客席から寄せられる応援の拍手によって、大いに鼓舞されるのであった。三つ目は、舞台出演時のものではあるが、その芸態を映像記録や録音記録におさめ、また詳細な書面記録をも作成して、以後の継承保存や普及のための資料として備えた。

このブロック別民俗芸能大会はほかにも影響を与え、同じような趣旨で、各都道府県教育委員会単独主催の○○県民俗芸能大会が開催され、また、○○市町村民俗芸能大会も同様に各地で行われるようになった。

三　大行事のアトラクション、お国ぶり発揚の場としての民俗芸能（村の踊り）イベント

民俗芸能（村の踊り）イベントが、国家的規模の大行事のアトラクションとして位置づけられた最初は、昭和三九年（一九六四）の東京オリンピックの芸術展示として行われた第一五回全国民俗芸能大会だったといえよう。この大会は、例年のものより規模を拡大して、上野の東京文化会館で二日間にわたり実施された。こういったかたちの公開は、その後、昭和四五年（一九七〇）の大阪万博の折に、会場内のお祭り広場で〝日本の祭り〟と題して行われ、また昭和六〇年（一九八五）のつくば科学博においても、同様のスタイルで催された。また、大阪万博の翌年の昭和四六年（一九七一）から同五九年（一九八四）まで、民間放送会社グループの主催により、東京の明治神宮外苑で、八月の三日間、〝日本の祭り〟と題して、野外オープンステージでの民俗芸能（村の踊り）イベントが行われた。この催しは万博のそれを引き継いだものの感があり、青森のねぶた、日立風流物《ふりゅうもの》といった、大がかりな作り物の祭りや芸能が各地から招聘されて上演され、夜間には、綱火《つなび》や手筒花火といった花火類が、夜空を焦がして納涼気分を盛り上げた。

民俗芸能（村の踊り）は、かつて郷土芸能の呼称で通用していた時代があったように、それぞれの伝承地のお

国ぶりを示すものという理解がなされてきた。そのあたりを強調していたのが、ＮＨＫのテレビ番組〝ふるさとの歌まつり〟（宮田輝アナウンサー司会）であった。また、今日まで様々に行われている、都会のデパートなどでの、〇〇県物産展に付随したアトラクションとしての民俗芸能（村の踊り）上演や、東京ドームなどの広大なスペースの施設での、この種の催しなどもこういった事例である。

四　国際的枠組みの中での民俗芸能（村の踊り）イベント

国際化社会を迎え、国際交流事業が様々に展開される中、アジア諸国をはじめ外国の民俗芸能や民謡など（村の踊り）が日本に招聘され、それらが、日本のものと併せて上演される、いわゆる国際フェスティバル的な催しが八〇年代、九〇代には盛んであった。この種催しの先駆けをなしたのが、昭和四三年（一九六八）、明治一〇〇年記念として行われたアジア民族芸能祭（文化庁芸術祭）だったろう。そして、こういった国際的催しが本格化し、各種主催団体によって様々に執り行われるようになったのは、昭和五〇年代以後である。文化庁芸術祭は、昭和五〇年（一九七五）に、その三〇周年記念として二度目のアジア民族芸能祭を執り行い、その後、昭和六〇年（一九八五）、平成七年（一九九五）と、それぞれ芸術祭四〇周年記念、五〇周年記念として同様の芸能祭を開催し、平成七年の時は、アジアの枠を越えて世界各地域の芸能が招聘された。

右に述べたような一〇年に一度という記念行事としてでなく、その後、この種国際的な催しは毎年開催されるようになった。文化庁芸術祭では、昭和五二年（一九七七）より毎年、〝日本民謡まつり〟を開催し、この催しの中に、アジアなど近隣諸国の民謡・民俗芸能（村の踊り）も併せて招聘し上演した。昭和六一年（一九八六）まではアジアのもののみであったが、この催しの中に、同六二年（一九八七）から太平洋地域のものも加えた。これは平成七年で終了した。

エスニックブームと言われ、テレビの海外取材番組は今日も依然として人気がある。このような人々の嗜好が反映されているのだろう。単に日本の民俗芸能（村の踊り）のみの公開では満足せず、諸外国から招聘したものも併せて上演する、こういった催しが様々に官民各種団体により主催されてきた。早い頃のものとしては、国際交流基金が、昭和五一年（一九七六）を第一回目として、昭和六二年（一九八七）の五回目まで、アジア伝統芸能交流公演を行った。地方自治体主催のものでは、沖縄県石垣市主催のアジア民族芸能も回を重ねていた。民音その他民間団体主催の国際的催しも、各地で展開された。

五　観光目的や地域おこし的意味あいの、民俗芸能（村の踊り）イベント

高度経済成長期が過ぎて、都会地へ大量に流入した人々の地方へのUターン現象が新聞で報じられるようになり、地方の時代、ふるさと創生などという言葉が話題となった。そしてその後、経済優先や物質文明の重視から、心の豊かさを求める文化の時代へと移行して、精神文化重視の風潮の中で今日に至ったのだが、この間、観光客誘致を目的とした民俗芸能（村の踊り）のイベントや、地域おこしのイベントの中に民俗芸能（村の踊り）を取り込むかたちも盛んに行われてきた。

各地の祭りや民俗芸能（村の踊り）が観光の対象とされるケースは、たとえば夏の東北四大祭りツアーや阿波踊り、越中おわら風の盆などへの踊り参加旅行、あるいは温泉地のホテルへの民俗芸能（村の踊り）出演など、いろいろに行われてきた。平成四年（一九九二）に成立した「地域伝統芸能等を活用した行事の実施による観光及び特定地域商工業の振興に関する法律」に基づき、「地域伝統芸能全国フェスティバル」が、平成五年（一九九三）、石川県開催を第一回目として今日まで回を重ねてきている。これは観光振興、地域商工業の振興をめざしたものではあるが、その上演芸能や公開の仕方は、従来より様々に行われてきた民俗芸能（村の踊り）の全国

的イベントとほぼ同様のものと言ってよかろう。なお「地域伝統芸能まつり」の名を冠した同種の全国的公開事業は、その後、旧自治省サイドの音頭でも始まり、NHKホールを会場として毎年回を重ねて今日に至っている。岩手県北上市では、「北上・みちのく芸能まつり」の名のもとに、民俗芸能（村の踊り）の観光的フェスティバルが毎年開催されてきた。こちらの方は、鹿踊、剣舞《けんばい》、山伏神楽、田植踊などの岩手県のものを中心とした東北地方の民俗芸能（村の踊り）が主のイベントである。

地域おこしのイベントというかたちのものも、様々に執り行われているが、サミット形式もその一つであった。全国人形芝居サミット、全国地芝居サミット、全国神楽サミット等々が行われてきた。つまり、同種類の民俗芸能（村の踊り）が所在する地域の市町村の首長が、全国各地から一堂に会して、G8よろしく、民俗芸能（村の踊り）の継承発展問題について協議するものであった。この折に、デモンストレーションとして民俗芸能（村の踊り）のイベントもなされている。全国各地を巡回して開催されている全国地芝居サミットや、兵庫県の淡路島を出発点として始まった全国人形芝居サミットは、引き続き開催されている。

三　公開事業から見た村の踊りの問題点

一　忙しすぎる民俗芸能（村の踊り）の出演者たち

上述のブロック別民俗芸能大会主催の教育委員会関係者が、昨今もらす民俗芸能出演者たちへの不満は、上演時間直前に会場に到着し、上演が終わると他の出演団体の上演を鑑賞する余裕もなく、さっと帰ってしまう点である。ともかくリハーサルが不十分にしかできないし、プログラム構成の順序が、出演団体の都合に振り回され、企画の妙を盛り込むことができないがためである。これは、近年の農山漁村の急激な変容、具体的には、人々の生業形態の変化、つまり多くの住民がサラリーマン化したことによる事情を反映したものである。地域の民俗芸能（村の踊り）が、遠隔地へ出かけて上演することができるのは、土曜・日曜・祝日に限られてきている。一方飛行機の便や高速バス網が、全国各地くまなく張り巡らされるようになって、その時間的余裕のなさをカバーしてくれている。このように都合がよくなっている面も多少はあるが、各伝承地における民俗芸能（村の踊り）存続の困難さは、この点からも推察できるのである。

二　公開に伴う芸能の変容の問題

民俗芸能（村の踊り）の公開は、その演じられる場所、期日、上演時間などが、それぞれの伝承地での、本来の祭りや年中行事の中で行われるのとは違うかたちでなされる。したがってこの舞台などでの公開が、現地での伝承に悪影響を与えるのではないかと批判する声もある。

確かにそういうマイナス面もあるが、一般的感覚では、そのプラス面を評価する向きが多いようである。例えば次のような調査結果がある。「質問書の回答を見る限りでは、伝統行事、芸能と観光との関係について、評価は二分されている。沢山の人々の前で演ずることができ、知名度が上がり、地元の伝統文化に対する認識が高まり、後継者が増え、出演依頼も多く、全体的には盛んになったという評価が大多数である」（松平誠「地域文化の再生とテレビ」女子栄養大学紀要　vol.27　一九九六年刊）。もっとも、マンネリ化した画一的な演出が結構見受けられ、そういったことの影響はいかがなものであろうか？

三　国際フェスティバル的催しでの海外招聘芸能に本物が少ない

歌舞団による中国少数民族の歌と踊りとか、ロシアのアンサンブルによる民族舞踊などをはじめとして、舞台用にアレンジされたものが、本物顔して招聘上演されているケースがまだまだ多い。芸能文化に目が肥え、本物のエスニックを志向する昨今の日本人には、今や、この種の上演は、民族的あるいは民俗的色彩の乏しいものとして、目に映っているように思われる。

ともあれ、現地の民俗芸能（村の踊り）を知る窓口的役割をもっており、また現地の民俗芸能（村の踊り）の存続を支援する役割を担っている民俗芸能（村の踊り）のイベントが、経済的景気に左右されることなく、今後とも順調に発展していくことを願っている。とはいえ、バブル崩壊後の景気停滞や、地方公共団体の財政状況の悪化などの中で、この種イベント事業は、年々減少している今日である。

四　日本の村の踊りへの文化財(無形)保護施策の変遷

村の踊りへの文化財保護のあり方をめぐって
——民俗芸能学会第一〇七回研究例会における金賢貞女史発表のコメンテーターとして

一　金賢貞論文について

金《キム》賢貞《ヒョンジョン》女史の発表が民俗芸能（村の踊り）に対する文化財保護施策に言及していることに鑑み、三十年余りこれに関わる部署で仕事をしてきた者として、その来歴、変遷などについていささか体験してきた事例を紹介し、その今後のあり方を検討するうえでの参考に供したい。

金女史は次のように主張している。民俗芸能（村の踊り）研究は従前のやり方を反省すべきで、文化財保護行政が執り行われている今日の社会的文脈の中で進められなければならず、また過去の歴史を探ることにのめり込むのではなく、現在それが置かれている今日的状況にもちゃんと視点を据えて行うべきである、と。この論点に私は賛成である。民俗芸能（村の踊り）の歴史的研究や芸態研究などをまったく否定する必要はないのだが、ややもすればこれまでは、民俗芸能（村の踊り）を、まるで現代社会や自分たちの生活から超越して存在するものであるかのごとくに見なして、そういった研究を行う習性が我々には身についていた嫌いがある（私自身を含めて)。その点を同女史は批判しているのである。

同女史がここで問題としている、茨城県の「石岡囃子《いしおかばやし》」の無形民俗文化財県指定に至るプロセスや、その現地の祭りの実際の様子については、私はまったく知らなかったもので、女史の話を聞いてはじめてその事情を理解した。同女史の指摘する肝心の点を要約すると次のようになる。

常陸国総社宮《ひたちのくにそうしゃぐう》大祭の折の、石岡市内の町々の祭り屋台上でのお囃子が、「石岡囃子」の名称で、昭和五七年(一九八二)、茨城県無形民俗文化財に指定されるにあたって、様々な権謀術数がなされたことを丹念に洗い出している。この点に関して、ここで描出されている当事者達の見解が、どの程度確認されたものかまでは十分には解らない。あるいは反論する向きがあるかもしれない。ともあれ記されていることは、堅気ではなかったという過去を有するらしい某人が、八つのグループが存在していた囃子連中《はやしれんちゅう》を統合して、連合保存会を結成することに奔走したこと、また政治力のある地元の某県会議員氏が、県指定の推進を当局に働きかけたらしいとも。さらにまた、史料の上では、実際は明治以降に始まった形跡が大きい当該石岡囃子を、中世から近世へと展開した常陸総社大祭の来歴と結びつけて、いかにも古い時代から伝わっている芸能であるかのごとくに指定申請理由の中で説明していること(茨城県教育委員会報告)等である。このように無形民俗文化財県指定のプロセスの背後で、種々の権謀術数が働いていただろうというのが、同女史の見解である。

もっとも同女史は、この論文の終わりの所で、これらのことを批判するために当論文を執筆したのではなく、民俗芸能(村の踊り)に対する文化財保護のあり方を問題にしたかったというのである。

本稿は石岡囃子の文化財としての正当性不当性を論じようとしたのではない。文化財政策の現状や落とし穴、文化財政策の民俗芸能及びその担い手への影響について考えようとした。正当云々との議論よりも、当事者の実態に基づく文化財政策と民俗芸能との関係に対する見直しの方が求められよう。

文化財保護施策の欠点を認識し、改善すべきだとの主張である。しからば、いかなる施策が求められ、また民俗芸能（村の踊り）伝承者たちが、いま何を必要としているのか、それを明確にせねばならないだろう。そのためには、まず文化財保護施策の実情と民俗芸能（村の踊り）の置かれている状況をより詳細に見てみる必要があるように思う。ここで私が承知していることをレポートし、この課題についての研究者サイドの議論を深める上での参考に供したいと思う。

二　文化財の保護の歴史、パトロネージと権謀術数について

まず、これから紹介する話の〝文化財保護〟について、その意味するところが具体的には解りにくいと思うので、それを最初に説明しておきたい。これは一種のパトロネージであると考えるとよいのではないか。

平成一四年（二〇〇二）、京都の西本願寺の御影堂《みえいどう》の大修理工事現場を見学する機会を得て、私自身、〝文化財保護〟とはこういうことかと自得したことがある。これは、平成一〇年（一九九八）から十年がかりで進められている事業で、総工費が五八億円、そのうちの三分の二が国家予算から支出されているという。屋根瓦を全部剥ぎ取り、その下部の木造構造物を解体し、必要部分を補修して再度建てなおす作業である。この御影堂の建物全体は、地上三、四〇メートルのビルディングほどの高さがあり、いわばビル建築現場のようなものであった。その頂上に登らされて工事関係者の説明を聞いた。江戸時代の幕藩体制下においても、これと同じ事が行われてい

たというのだ。今から約四百年前に再建されたという当御影堂は、棟札《むなふだ》によると、その時からほぼ二百年後の文化年間（一八〇四～一八一八）に、一度、平成の今回のものに匹敵する大がかりな規模の解体修理工事がなされていたとのこと。その折の工事費用がいくらで、それを誰が負担したのかまでは聞かなかったが、近代国家が成立した明治以降の、平成の御世のそれは、いわゆる〝文化財保護〟の施策の一つとして実施され、先述のような経費負担がなされているわけである。つまり、今日の〝文化財保護〟施策と同様のことは、近代国家成立以前にもなされていたというわけである。

ここで思い出すのは、私の故郷の檀家寺（浄土真宗東本願寺派）の、ほぼ五十年間隔でなされてきた屋根瓦の葺き替え工事のことである。最近のそれでは、確か約五百戸の檀家が一戸あたり一〇万円の寄付をするかたちで実施されたように思う。ここでは、国など公的機関からの支援（すなわち〝文化財保護〟）は一切なかったわけで、全て檀徒信者が自前負担で修理工事を成し遂げたわけである。先述の西本願寺の御影堂の場合には、国家がパトロンの大きな一翼を担っているわけだが、我々庶民の檀家寺の場合は、信徒がパトロンとなっているのである。このようにパトロンが異なってはいても、この双方は、信仰の拠点としての建造物の維持保存の事業を代々繰り返してきたという点において、性格を同じくしている。つまりこういうパトロネージのことを〝文化財保護〟と称しているわけである。問題は、国なり地方公共団体なりが、予算を支出してそれを支援するのかどうかの分岐点、すなわち、それに関わる文化財の指定という制度のところにあり、金女史の指摘はそこの点に関わっているのである。

そのことは後で検討することとして、上記建造物のような有形の文化財と、民俗芸能などを含む無形の文化財の場合には、様相を異にしている点があるので、まずここのところに言及したい。

かつて小山内薫は、この双方の違いに関わることについて、おおむね次のように述べていた（『芝居入門』岩

波書店　一九五〇年刊)。つまり、作品が後世にまで遺る絵画や彫刻といった、いわゆる有形の芸術作品に比べ、芸というものはその人一代で消えていくはかないものである。また逆に、その芸に接した観客もいなくなってしまうものだから、ひとたび評判さえ取っておけば、その実際がどうであろうとも、名声は永久に遺るのであると(つまり有形のものより有利であろうということ)。ここでは、造形芸術作品と芸との比較をしているのであって、即《そく》これが、有形の文化財と無形の文化財との比較ということにはならないのだが、ひとつの参考にはなる。無形の方はひとたび創出されると、すぐその場で消えていくはかない存在である。一方、その実際はどうであれ名声というものは永続する。実はここらへんが、物議をかもしやすいところなのである。

ところで、文化財の文化財たる所以《ゆえん》はここで語られていた芸術性と、もうひとつは歴史性、時代の古さにあるというのが、従来の一般的な見方であった。そして有形の場合には、それが物として結実して永続し得るのに対して、無形の場合は、そうではないところにその存在が特徴づけられているのである。ここのところを、具体的に、現状の文化財保護施策に照らして説明してみよう。

重要無形文化財の保持者(いわゆる「人間国宝」)に認定された芸能人は、六十代、七十代の頃には油がのりきった最高の芸を舞台上に演じてみせるが、それが八十代、九十代と齢を重ねていくと、身体の老衰は避けがたく、昔日の名声だけが一人歩きすることになり、もはや舞台に立つことよりも、後進の指導に専念せざるを得なくなり、舞台上での芸の華は次世代の後輩に譲らなければならない。

このことは、重要無形民俗文化財に指定されている民俗芸能(村の踊り)においても、同様なことが言えるのである。実に素晴らしい技芸を見せるものだと評判をとっていた伝承者達(保存会会員)とても、二十年、三十年と経てば、世代交代が行われ、今日においては過疎化などで後継者がうまく育たない事情があるものだから、技芸の質が低下することが間々ある。歴史的(芸能史的)価値はともかく、これの芸術的価値の方は、個人においても、グループにおいても、常に流動しているのであって、ある一時点で下された評価は、正確を期すとすれば、常に変わらざるを得ないのである。全国的に共通の尺度を設けることのできる、能や歌舞伎などの古典芸能の場合はいざ知らず、民俗芸能（村の踊り）の場合は、いわゆる民俗性（信仰性）といったことにウエイトが置かれており、また地域的多様性が複雑かつ豊富であるため、統一的な一つの尺度で優劣を云々するのは至難のわざである。

それはそれとして、有形と無形の文化財の指定の仕方の相違は、前者が一対象につき一回切りの指定行為で済むのに対して、後者の場合は、一対象につき、伝承者の交替のたび毎に永遠に指定（認定）行為を繰り返していかねばならないのである（もっとも、重要無形民俗文化財の指定の場合には、伝承者あるいは伝承団体を特定する措置がなく、重要無形文化財指定の場合とやや異なっている）。

ここで問題にしているパトロネージのことも、有形の文化財の場合と、無形の文化財の場合とでは大きく性格を異にしている。前者が物（文化財）とパトロン（人間）との関係であるのに対して、後者では伝承者（文化財を体現している人間）とパトロン（人間）であり、時に権謀術数的なやりとりが現れやすい。このことを芸能の場合について見てみよう。

江戸時代以前において、この関係を要約すると、〝河原乞食〟と〝カモ〟との関係と言えるのではないかと思う。パトロンが、皇室、公家、貴族、あるいは武家、そして金持ち町人などで、彼らはゴヒイキ、ヒイキスジ、ウシロダテなどと称された。他方、保護される芸能人の側は、時に〝河原乞食〟などという蔑称が付与され、逆に彼らの方ではパトロン側を〝カモにする〟などと称して、ある意味で自在に操り、そのようにして自らの生活を支えていたのである。それが明治以降の近代国家成立後には、皇室、公家、貴族、武家、金持ち町人などのパトロンに替わって、政府、行政官庁がその役割を果たすようになり今日に至っているわけである。

それと同時に、芸能人サイドでも以前と様相が変わった。まず第一に、〝河原乞食〟などという彼らへの蔑称は遠慮されるようになり、反対に芸術家というような尊称すら与えられて、持ち上げられるようになった（ちなみに、現に日本芸術院会員の芸能人も存在している）。他方、パトロンを〝カモにする〟などという言い方も、下品に過ぎるなどと見なされ、そういった言い方は、落語の熊さんや八つぁんの口跡にしか残らなくなった。したがって今日では、金女史論文が描出している、無形民俗文化財県指定のプロセスにおける権謀術数も、それが事実とすれば、公的道徳に反することだと厳しく非難される状況となっているのである。よく新聞の三面記事に登場する、裏口入学や賄賂などはもちろん問題外の話なのだが、小市民的なところで、例えば、就職活動や上位のポストに就くためのといった権謀術数などは、人間が生きてゆく上での知恵のようにも見なされているところがなくはない。ましてや芸能人とパトロンとの関係においてをやである。

過去の〝河原乞食〟と〝カモにする〟といった関係が横行していた頃のことであるが、例の世阿弥の『風姿花伝』には次のようなくだりがある。

貴所、大場などにて、普く能のよからんは名望長久なるべし。さあらんにとりては、上手の達者ほどわが能を知らざらんよりは、少し足らぬ為手なりとも、能を知りたらんは、一座建立の棟梁には勝るべきか。

芸の上手、下手だけでは名望長久というわけにはいかず、能を知ることが必要だと言っているのだ。普段はちょっと芸が下手な人でも、貴所、枢要な人物の来臨を前にしての重要な能会《のうかい》で、巧くやりおおせるならば、普段芸が上手だと評価されていた人よりも出世し得るのだという言い方である。これは権謀術数というよりも、知恵、戦略と称する方が適当なのかも知れない。しかし同じような趣旨を次のように述べている箇所を見ると、あるいは権謀術数と言い換えた方がふさわしい気もする。

さのみに大事になからん時の申楽には…（中略）…勝負に負くるとも心に懸けず、手を貯ひて、少な少なと能をすれば、見物衆も「これはいかようなるぞ」と思ひ醒めたる所に、大事の申楽の日、手だてを変えて、得手の能をして、精励を出せば…（中略）…定めて勝つことあり。

こういった記述の存在は、いわゆる〝河原乞食〟とパトロンとの間の、〝カモにする〟〝カモにされる〟という関係が実在していたこと、芸能人同士の間の熾烈な戦いが交わされていたことを、しのばせるのに十分である。こういったかつてのやりとりが、今日の文化財として指定（認定）されるのかどうかという事象にまで、尾を引いているとは考えられないのだが。しかも、これらの言い回しは、「能を知るべし」ということに言及していたのであり、むしろそれは、芸道論の枠の中で捉えておいた方が穏当だろう。

ここで世阿弥を引っ張り出したのは、「石岡囃子」の茨城県指定のプロセスで露呈されたという、こもごものやりとりを、決して社会的道徳に反したものではないなどと言いたかったためではない。芸能（芸能人）が存続していくための戦術戦略が、いかに熾烈なものであるかを知るとともに、実は、この方面のことにスポットを当てて言及した金女史の論文が、従来の芸能研究や芸態研究にもまして、芸能の論理の本質に迫っていると思ったからである。これは同女史が志向している社会学的な芸能研究、その一例としての文化財保護施策に焦点を置いたものであるが、芸能の本質的な問題に迫っていると思うのである。

三　衰滅変容する伝統芸能の実態

芸能が新時代のものにとって替わられ、旧来のものが衰滅変容の道を歩むのは当然のことであり、何で伝統を保存しようとめくじらを立てて問題にするのかと、これらに対する文化財保護行政施策などには、はなから胡散臭いもののように感じとっている向きもあろうかと思う。しかしながら、『風姿花伝』のような芸道論の類いが種々ものされ、剣術などの武芸の類い、あるいは忍術などに巻物秘伝書が存在するのは、一流一派を創始した者、名人の位を極めた者などが、自分の技芸の末長い継続をどんなに望んだものだろうかという、その証拠であろう。「死ぬまで芸」と老骨にムチ打っている某老芸人が、「死んでからも芸ですよ」と語っていたように記憶している。そのように、永続へのベクトルが働いているのが芸能、技芸であり、それをサポートするパトロネージ（文化財保護）は、理に適っていないわけではないというべきであろう。なぜなら、今述べた事例のような、時代の推移にもかかわらず、変化（流行）を拒絶し、不易を追求する一面も芸能にはあるからである。地方在住の老農夫などが、自らが伝えてきた歌や踊りが衰亡する今日にあって、涙を流してその記録保存事業に応じてきた姿なども、それに通ずるものではなかったかと思うのである。

明治以後の西洋文明化、その後今日に至るまでの世界大戦や経済発展といった時代環境の激変が、芸能を含む伝統文化全般に対して及ぼしてきた影響はきわめて大きく、社会問題化したのである。これに呼応するかのように、それらの維持保存を図るための文化財保護行政が強化されるかたちで、世論が形成されてきたと言えよう。ともかく精神文化的なことは、経済社会的な、即物的な実生活から縁遠い事項であるために、多くの人々に気付かれないまま衰退していった事例は、様々にあるのである。

特に昭和三〇年代、四〇年代の高度経済成長期前後のその激変ぶりは、誰しもの記憶に新しい。西欧近代文明の導入による明治維新後の変貌、第二次世界大戦時の戦火混乱による消失、それにもましてこの高度経済成長期が、各地の田舎の民俗伝承の変貌を大きくうながしたことは、これまで各方面から指摘されている通りである。この間、私はたまたま文化財保護行政の職場に身を置いていた。その過程で体験したことの二例を紹介する。

一つは作業唄（民謡）のことである。私の手元に十年ほど前に記録撮影された「埼玉の民謡」というビデオ記録映像がある。かつて若い頃に、作業唄現場を体験した当時八十歳代のお年寄り達から、昔日のことを憶い出してもらいながら再現するかたちで撮影したものである。今日では、もはや生きて歌われているものではない。想い出の風景の中にしか存在していない伝統文化であることを、まざまざと感じさせてくれる。この作業唄（民謡）は、実際の労働の中で伝承されてきたものだけに、農作業、山仕事、機織り、茶摘みなどのいずれもが、作業をする人自らの肉体の間拍子《まびょうし》として歌い継がれてきたものである。そういう手仕事が全て機械化されてしまったために、こういった伝承は存続しきれなくなったわけである。したがって、この記録映像に再現された作業唄は、実際の労働作業から遠ざかること久しいお年寄り達の歌声である。わずかに、かつての作業唄の持つ味わいが感じ取れるものの、いかんせん、昔日の力仕事の迫力は想像の彼方《かなた》にしか存在しない。

二つ目の例は、今日、歌舞伎や文楽などの弟子の養成方法がかつてとは大幅に様相を異にしていること。以前は、幼少期より師匠（役者）宅に住み込みで弟子入りし、師匠と生活の苦楽を共にしながら技芸の伝授を受けた。現今はそういった弟子の養成方法に替わって、国立劇場の養成研修事業に見られるような、学校形式の後継者養成となってしまった。今日、文楽座の技芸員八、九十名のうちの半数くらいはこの養成所の出身者となっている。なにかと合理的になっている今日の後継者養成方法に対し、時には弟子を殴ったり、あるいはこき使ったりしての、昔風な稽古訓練を懐かしむ年輩者がいないわけでもないのだが。

このような、民俗芸能を含めての伝統芸能の姿の今日の変転に目を凝らす時、従前の研究者のように、素朴であるとか、古風であるとか、あるいは美しいとかといった修飾語をかぶせる捉え方は、考えなおすべきだと主張する金女史らであるが、この主張は当たっているかと思う。というよりも、対象の実体はそんなふうに単純なものではなかったのだが、今日の状況に踏み込んでそのメカニズムを把握しようとするならば、そういった形容詞などは使えっこないはずであるということだろう。

四　民俗芸能（村の踊り）への文化財的価値付けの変化

ところで、金賢貞女史が承知していたかどうかは解らないが、民俗芸能（村の踊り）に対する文化財保護施策は、ここ三十年ほどの間に大きく局面の転換がなされている。これを一言でいえば、民俗芸能（村の踊り）に対する文化財的価値評価に変化が起こったということである。

このことは、昭和五〇年（一九七五）の文化財保護法の一部改正時に、民俗文化財の概念を導入するとともに、民俗芸能（村の踊り）などを重要無形民俗文化財に指定するようになったことが一つの起点となっている。それ以前は、能や歌舞伎、文楽に代表される古典芸能の保存の方に力点をおいた、重要文化財の指定（認定）の施策（いわゆる「人間国宝」制度）が中心的に展開され、民俗芸能（村の踊り）などの民俗伝承に対する保護施策の影は薄かった。当時の雰囲気としては、芸術性や歴史性の高さに価値基準の視点を置いた文化財観念が強かった。

ところが昭和五〇年からは、民俗性とでも名づけられるような、文化財の価値評価の視点が、グレードアップしたかたちで用いられるようになったのである。以前は「民俗資料」の概念のもとに、記録作成等の措置を講ずべき無形の民俗史料として選択されていただけである。この折の改変の理由について、研究者間では様々に取りざたされたことは記憶に新しい。高度経済成長期を経ての、農山村の人口の急激な過疎化にともなう民俗文化伝承の衰滅変容といった大局的な歴史の流れ、社会状況があったことを見逃すべきではないだろうと思う。ちなみに、この法律の一部改正の折に、文化財保存技術の保護施策に関わる制度も設けられたのだが、これは、まさに高度経済成長期後の、伝統的職人技術の衰退、つまり当該技術者や用具製作者の払底や、これに用いられる原材料の供給難などに対応するものであった。

ところで、民俗芸能（村の踊り）を含む民俗伝承に、歴史性（時代の古さ）の評価を下そうとしても、それを証明する文献史料その他の物的証拠が乏しい。また古典芸能を見慣れている者などからすると、民俗芸能（村の踊り）はかったるくて見ていられないと評する人が大部分である。つまり、都会的に洗練されたものに比して、表現力（芸術性）が弱いと見なされるのだ。そういった視点とは異なる次元の価値（つまり民俗的価値とでも言うべきか）も、別に存在するのだと認識し、そこを強調したのが無形民俗文化財（指定）の施策である。

それは、各地の一般庶民の生活信条や信仰心に裏打ちされたものへの価値を称揚することである。もとよりこれらは、多種多様な同レベルの伝承が各地に散在するものへの選別評価のことであり、その価値評価（優劣の別）は、歴史性や芸術性評価のそれの場合と同じようには行えないものだ。つまり、重要無形民俗文化財の指定を根底にした文化財保護施策は、有形の文化財に対するのと同様の手法では対応し難いということである。民俗伝承への優劣の判断ということは、そもそも論理的自己矛盾を抱えているからだ。もっとも、民俗文化財伝承全体の中でも民俗芸能（村の踊り）の場合には、花祭（愛知県）、雪祭（長野県）ほかのように、従来から歴史的、芸術的評価が比較的に多く下されてきた伝承が存在すること、また前三項で言及した衰滅変容の危機に瀕している伝承事例に対して、一般の人々の認識や関心を喚起する効果があること、そういったことなどから重要無形民俗文化財の指定、つまり選別的価値判断がなされてきたのである。

しかし、二一世紀に入ってから、文化財保護行政当局の施策にはまた変化が現れてきた。一つは、平成一三年（二〇〇一）度から始まっている「ふるさと文化再興・地域伝統文化伝承事業」である。要約すると、重要無形民俗文化財指定伝承の有無に関わらず、一定地域内の伝統文化伝承の全てを対象にして、一括して総体的に保存振興を推進しようという資金支援事業である。これは見方によっては、従来の重要無形民俗文化財伝承の保存振興を個別に図る、いわば〝点としての保存〟から、一定のエリアのものを広域的に一括して保存を図る〝面的保存〟へと展開したものとも受け取れる。もっとも、この施策の背景には、単なる文化財の保存事業というよりも、国を挙げての伝統文化の尊重とその興隆をうながすという配慮が働いているものかと思われる。

もうひとつの事業は、平成一五（二〇〇三）年度から始まっている「子ども伝統文化教室」と称されるもので、子どもたち若年層世代を、伝統文化の担い手として積極的に育成を図ろうとするための資金支援事業である。ここには、無形民俗文化財伝承の後継者の基盤を醸成するという意味も含まれており、文化財保護行政の進展にとっても大いに益するものと思われる。ここでも、支援の対象として、文化財に指定されているものかどうかは一切考慮されていない。

五　何が民俗芸能（村の踊り）の存続を支えているのかの社会学的研究を

ところで、民俗芸能（村の踊り）を保存する文化財保護施策とは、如上で縷々述べてきたように、単に伝承者達に指定文化財（重要無形民俗文化財）のレッテル（名誉）を付与する、あるいは付与されるといったことにあるのではなく、存続継承が困難になっている今日の現状に鑑み、将来に伝え遺してゆくための方策を考えることであろう。しかし、文化財という優品主義の観念（オーセンティシティを求める発想と言い換えても良い）がどうしても先行しているので、そうはいっても、このことを人々の思考から消し去ることはむずかしい。それはともかく、今、レッテルのことなどを云々してはいられない危機的な状況にあるいくつかを示し、これら伝承を、果たして将来にわたって保存し得る何かいい方策が見つかるものなのかどうか、そこのところの検討に供しておきたいと思う。

一つ目は、前三項で言及した事例に関連する。作業唄（民謡）は、労働作業が手仕事から機械化される過程で多くは消滅してしまったが、その一方で、子供たちの年中行事として伝えられている「十日夜《とおかんや》」のような歌（祭り歌、遊び歌の類）は、割合生き生きとしたかたちで今日に受け継がれている点である。衰退してゆくものを押しとどめるなどということは不可能な面もあるが、ここらへんに、どういった点が滅びやすく、どういった点が存続しやすいのかの鍵が、ひとつ隠されているように思われる。

二つ目は、高度経済成長とともに消滅していった二種の芸能伝承である。ひとつは越後の瞽女《ごぜ》に代表されるような放浪芸（語り物）の衰滅である。我々は、今日のテント（路上）生活者を異端視するがごとくに、放浪芸人を公序良俗になじまない者などとして追い払い、他方、彼らが供給してくれていた娯楽の類いをラジオ、テレビなどの番組にふり替えてきたのだと思う。ふたつには、地域共同体の共同伝承であるかのように扱われて、なんとか近い頃まで生きのびてきた、世襲の特定の家に伝承されてきた民俗芸能が途絶えてしまったケースである。それは遠州（静岡県の西部）の山中に命脈を保ってきた、〝おこない〟とか〝田楽〟などと称される類いの中世的芸能伝承の場合である。昭和三〇年代の頃まで三十数番もの演目を有していた、旧天竜市神沢《かんざわ》の「田楽」のことである。それ以降徐々に衰退し、正月五日の村のお堂での恒例の祭りは行われなくなってしまった。十年ほど前に得た情報では、地元の熊中学校でのクラブ活動の中にその命脈が引き継がれていて、まがりなりにも数番の演目を文化祭の折などに演じていた。ところが、地域の過疎化、少子化の中で、熊中学校が統廃合されてしまったために、はかない運命は閉じられつつあるのだ。

このふたつの事例から見えてくることは、地域共同体社会にまったく根を持たない放浪芸、あるいは特定の世襲の家の伝承が、地域共同体社会（住民）の中にうまくバトンタッチされ得なかったケースである。他方それが、なんとか地域につながっているケースも、ほかの地域では耳にするのであり、この両者の違いはどこにあるのだろうか？　おそらく、地域社会における人間関係など様々なことが絡んでいるのであろう。

三つ目は、地域共同体の構成員に普遍的な信仰的な執り行いは、世の中の変貌にも関わらず、根強く存続していくらしいというケースである。こんな思いを抱いたのは、新潟県の三匹獅子舞の調査記録書『越後の風流《ふりゅう》獅子踊り』（新潟県教育委員会　一九八一年発行）を読んだ時である。これは、高度経済成長の影響下で、衰滅変容の危機にあった各種の民俗芸能（村の踊り）の中から、三匹獅子舞に焦点を当てて全県的に調査した記録報告書である。この調査で判明した伝承総数は六一件であったが、当時、廃絶、中絶しているものも含まれていて、当報告書に掲載できたのは半分ほどの三五件であった。明治以後の時代の推移の中で、これらは何度か中止、復活というダッチロールを経験してきている。旧中条《なかじょう》町関沢《せきざわ》の伝承にそれを見てみよう。

明治時代にはしばらく休んでいたのだが、明治四一年（一九〇八）に地域内の三神社の合併と社殿新築の時の祭りに獅子を奉納している。大正年間には村中の神社をまわって踊っていたが、昭和の初めに若い衆が兵隊にとられて中止し、その後、昭和八年（一九三三）に復活した。しかし昭和一四年（一九三九）から、また止めなければならなかったという。たぶん第二次大戦に突入せんとの状況下でそうなったのではなかったか。その大戦後の昭和二五年（一九五〇）には、山の神様のお祝いに、村中が喜んで獅子踊（当地では獅子舞とは言わない）をしたという。昭和三四年（一九五九）、高度経済成長期を迎え、若い衆の減少から踊りは中止された。その後、昭和四二年（一九六七）、羽越大水害に襲われた村は、今までにないほどの被害を受けた。この時に、獅子踊を中止していたから当水害に遭ったのだと誰かから言われたという。そんなことがあって、昭和四九年（一九七四）に熱心な人々により踊りは復活された。

このように当地では、明治以後に都合四回、中止と復活を繰り返してきたわけである。ここで注目しなければならないのは、「獅子踊を止めていたから水害が起こった、だから踊りの復活へと人々が動き出した」というくだりである。これに似た信じ込み方、こだわり方は、新潟県北部の阿賀北《あがきた》地域ではよく聞かれる話のようである。この点をもっとはっきりと表していたのが、荒川町金屋《かなや》での聞き書きである。

大正初期、チフスが流行したとき獅子神様に神遊びしていただいた。それ以前にも明治以前、コレラがはやったときも神遊びしていただいたら、隣の鳥屋《とりや》までコレラは来たが、金屋にはこなかったという言い伝えがある。

むかし一回獅子踊りをやめたことがあったら、獅子神様は川を泳いだという。それ以後は休むことなく、戦争の真盛りでも一回も休んだことはない。

チフスやコレラが獅子踊によって、あるいは獅子神様によって追い払われるといった、こうした信心深さを、近代以後の我々は迷信扱いにして無視してきたのである。しかし今日、癌やエイズ、ＢＳＥ（牛海綿状脳症）、鳥インフルエンザなどといった得体の知れない病気や病原菌が、次々と日々の我々を恐怖に陥れている現状を考えてみると、それを簡単にバカにすることはできないように思う。

既述のように、村の人口の過疎化、後継者不足、労働作業の機械化、第一次産業従事者のサラリーマン化、生活様式の都市化・画一化などの中で、廃絶や変容の道を歩んできた民俗芸能（村の踊り）一般である。しかしながら、上記金屋の獅子踊などは、そんな下部構造的圧迫をものともせぬ、信仰心の強さがうかがわれるのである。

以上に見てきた信仰心からのこだわりに似ているが、「今ここで止めるのは先祖様に申し訳ない」とかと言って、今なお継続している事例もよく耳にする。民俗芸能（村の踊り）の存続にとって、自分達の伝承の歴史は古いものだからとか、文化財的価値があるものだからとか、あるいは素晴らしい芸能であるとの評判を汚したくないからだとか、といったことが理由となっている事例を知らないわけではないが、それらのこと以上に、信仰心に基づいたものは底力がある。民俗芸能（村の踊り）をイベント化、あるいは観光資源化するなどして、寂しくなった過疎の村をなんとか活性化させたいといった気持ちは解るが、頑迷なまでの強固な信仰心は、そういったこと以上に根強いものを持っているのかも知れない。やれ地域興しであるとか、エコツーリズムであるとかと、文化財保護行政以外にも様々に民俗芸能（村の踊り）に対する行政施策が展開されている。確かに、現地の当事者達の思いや地域の実態に十分に耳を傾けながら執り進められなければならないのである。

昨今、地方自治体の財政の緊縮化、広域市町村合併等が推進されている中で、次のような話が耳に入った。「昨年まで毎年継続していた地域興しイベントの民俗芸能関係のフェスティバルが、新しい首長の方針によって予算がゼロ査定となり、中止に追い込まれた」といったものである。そんなふうな行政主導の一時的な施策よりも、たとえ地味であろうとも、民俗芸能（村の踊り）の当事者達の実態に則した方策が大事だろう。例えば右に紹介した、獅子踊に付随した信仰心の問題などはそういった事項のことであろう。いかなる方策が考えられるものなのか、私には今すぐには思い浮かばぬが、民俗芸能（村の踊り）の存続の問題に大いに関わっているのである。

四つ目は、村の規模の問題である。先述の越後の三匹獅子舞の調査の中で、一二六件が廃止、中絶とあったが、それらがどうしてそのように至ったのかの追跡調査をしてみるのも、意義があるのではないかと思う。獅子舞の一組（座）を成り立たせる必要人数が、当該共同体（村落）の中で調達できるものかどうかといった、地域共同体の規模（戸数）も当然に関係していることかと思う。そのように思わせる記述も、上記の報告書にあったように思う。あるいは、他地域からの応援が頼めるものかどうかといったことも含めて、集落の人口（戸数）変動が激しい今日、こういった点も民俗芸能（村の踊り）の存続に関わっているので注目する必要があろう。

ともあれ、我々民俗芸能研究者とても、その伝承地域の社会的動向の実態調査に乗り出さないといけないのではないか。金女史の鋭い切り込みに刺激を受け、いささか従来の民俗芸能研究のあり方を反省してみた。

〈参考〉

日本の無形の文化財保護施策の仕組み

本稿は、二〇〇六年五月三〇日、韓国江陵市にて開催された「韓中日無形文化遺産フォーラム」において、筆者の発表したプレゼンテーション原稿に、加筆訂正したものである。同フォーラムは、「江陵端午祭」が、ユネスコの「人類の口承及び無形遺産の傑作」宣言されたことの祝賀行事の一環として開催された。

一　はじめに

私は、一九六六年から二〇〇二年までの三十六年間、文化庁及び国立東京文化財研究所（現、独立行政法人国立文化財機構東京文化財研究所）にて、芸能関係の専門研究者として日本の無形の文化財保護関係の仕事に携わってきた者です。

ここで私は、第二次大戦後、半世紀余りにわたる、日本の無形文化遺産保護の制度及び施策の変遷を簡単に紹介いたしたいと思いますが、皆様方のお役に立てるものであれば光栄に存じます。

その説明に入る前に私の総体的な感想を述べます。当たり前のことですが、最も重要な点は、文化財保護法の中の無形の文化財に関わる条項の存在です。これが諸種の国内の政府関係機関の設立を促して、各種の保護施策を実現させたのであり、その後の関係国庫予算の支出や、その増額につながったわけです。もう一つは、今日どこの国においても必要なことは、やはり、消滅あるいは急激な変容の危機に迫られている無形の文化財伝承に対する、文書、映像その他新しい方式を含めた記録資料の作成、そして、それを保存することだと思います。

二　無形の文化財保護の制度の変遷

日本が最初に力を入れた措置が、いわゆる「人間国宝」の制度です。もっとも、この制度は、以下に述べるように、様々な施策のひとつに過ぎないものであると認識してよいのではないかと思います。日本の五十余年間の保護施策の変遷過程を振り返ってみて、そのように言えるのではないかと思います。

無形の文化財保護の条項を含む文化財保護法は、一九五〇年に成立公布され、一九五一年から五三年までは、国は専ら、高い価値を有していながらも、消滅変容の危機にさらされている無形の文化財伝承を選定して、記録作成等の助成措置を講じていたのでした。

いわゆる「人間国宝」の制度は、一九五四年の文化財保護法の一部改正時に設けられて、翌年を第一回目として実施され、今日に至っているものです。古典的な芸能と伝統的な工芸技術の分野が、専らこれの対象となり、芸術上、歴史上極めて高い価値を有しているとの観点から、「重要無形文化財」の指定が行われ、それと同時に、当該技芸や技術を最高度に体現している個人や団体を、「保持者」あるいは「保持団体」として認定するものです。そうして、それらに対し、技芸や技術の錬磨、後継者の養成、あるいは公開事業や記録作成等のために、国庫予算が支出されてきました。

一九七五年に、上記の「人間国宝」制度の他に、新しい二つの制度が付け加わりました。一つは、各地域の風俗慣習や民俗芸能等の中で、価値の高いものを「重要無形民俗文化財」に指定して保存措置を講ずるものです。二つ目が、各種の文化財を維持保存するために欠かすことのできない技術や技能に対して採った制度です。それはどんなものに対してかというと、例えば、「重要文化財」に指定されている寺院や神社などの建物を修理する技術（檜皮葺《ひわだぶ》き、杮葺《こけらぶ》きといった屋根葺き技術がその一つ）、あるいは「重要無形文化財」に指定されている音楽分野の楽器を製作修理する技術（三味線や琴を作る技術がその一つ）などです。

さらに二〇〇五年には、文化的景観の保護の施策が創設された折に、上記「重要無形民俗文化財」の指定対象に、風俗慣習や民俗芸能のほかに民俗技術（地域において伝承されてきた生活や生産に関する鉄・木材等を用いた用具、用品等の製作技術）が追加されました。

三　無形の文化財の保護施策

まず、どのような無形の文化財伝承があるのかということですが、日本では、基本的に次の四種類に分けて区分しております。第一類が、「能楽」「歌舞伎」「文楽」などの古典的な芸能です。第二類が、「陶芸」「染織」「漆芸」「木竹工」「金工」「人形」「和紙」などの伝統的な工芸技術です。そして第三類が、祭り年中行事、闘牛、綱引きその他の風俗慣習、民俗芸能（神楽、盆踊、獅子舞その他）、民俗技術（鍛冶、船大工その他）等の、各地郷土に伝わる諸種の民俗伝承です。第四類として、それら以外の裾野の広い伝承です。例えば、建造物の修理技術、楽器の製作技術といった上述の文化財保存技術、あるいは武芸、料理、作法その他様々の分野があります。

なおここで、ついでに、無形の文化財以外の、有形の文化遺産、すなわち有形の文化財の種類を簡単に紹介しておきます。一つは、建造物や美術工芸品に対する「重要文化財」(「国宝」)であり、二つ目が生活習俗用具その他に対する「重要民俗文化財」、三つ目が城郭、庭園、動植物などに対する「史跡」(「特別史跡」)、「名勝」(「特別名勝」)、「天然記念物」(「特別天然記念物」)などの記念物です。さらに、有形の文化財、無形の文化財の双方が関わる、棚田や里山などに対する「重要文化的景観」があり、また、街並みなどに対する「伝統的建造物群」も文化財です。

上記の、四種類の無形の文化財に対する保護施策を、以下に順に述べます。また、「重要無形文化財」や「重要無形民俗文化財」指定等に直接関わらない施策も様々に展開されてきていますので、それらにも言及します(例えば、近年、指定等の伝承に対するいわば〝点〟としての保護施策から、新たに〝面的保存〟とでも呼ぶべき施策が実施されています)。まず、第一類の古典的芸能と第二類の伝統的な工芸技術に対しては、「重要無形文化財」(「人間国宝」制度)が適用され、二〇〇五年現在で、第一類の古典的芸能においては三八件が指定されて、五八人がその保持者に認定されています。また一一件の団体指定も行われています。第二類の伝統的な工芸技術においては四五件の指定、五四人の保持者の認定が行われ、一四件の団体指定が行われています。保持者や保持団体へ、後継者の養成や公開、記録作成事業などに国庫補助金が支出されています。

第三類の風俗慣習、民俗芸能、民俗技術に対しては、二三七件の「重要無形民俗文化財」の指定が行われており、後継者の養成、用具の製作補修、記録作成等に国庫予算が支出されています。第四類のその他の分野については、文化財の維持保存に関わる技術、技能のところだけが、文化財保存技術の観点から保護施策が講じられています。すなわち、その重要なもの六九件が「選定保存技術」に選定され、五〇人がその保持者に認定され、二五件が保持団体として認定されています。そしてこれらに対して、技術、技能の錬磨、後継者の養成、記録作成等に国庫予算が支出されています。なお、第一類、第二類の中で「重要無形文化財」に指定されている以外のもの、あるいは第三類の、「重要無形民俗文化財」に指定されている以外のものについても、重要な価値を有していながらも、消滅や変容の危機にある等の伝承に対して、記録作成等の措置を講ずべき選択制度も別にあって、それらの記録作成等に対しても国庫予算が支出されています。二〇〇五年現在、第一類関係では三〇件、第二類関係で六〇件、第三類関係で五六〇件がこの選択の措置を受けています。

上記の指定、選定や選択に伴う保護施策以外にも、次のような四点の施策が実施されてきております。第一点が、重要無形文化財の公開展示施設の建設です。まず古典的芸能のものとして、国立劇場（現、独立行政法人日本芸術文化振興会が所管する伝統芸能関係の五館）の建設です。「国立劇場本劇場」が一九六六年に東京にて竣工公開され、その後同じく東京に「国立演芸場」「国立能楽堂」、さらに大阪に「国立文楽劇場」、さらに沖縄に「国立劇場おきなわ」がそれぞれ建設されました。これらの劇場では、伝統芸能の国民への普及、若年後継者の養成、伝統芸能の調査・調査報告書の刊行、関係資料の収集・整理・刊行等の事業が行われてきました。また、伝統工芸関係の施設としては、一九七七年に、国立近代美術館（現、独立行政法人国立美術館機構所管）に工芸館が付設されました。

第二点目は、文化庁が四七都道府県に補助金を交付して、風俗慣習、民謡、民俗芸能、民俗技術、祭礼等についてそれぞれの管内の伝承に関する悉皆調査を行い、文書・写真・録音・映像などの記録資料を作成してきました。

第三点目は、「ふるさと文化再興事業・伝統文化伝承事業」です。これは、衰滅変容の危機に陥っている、全国各地域の伝統文化（各種の無形の文化財を含む）を全体的に復興させるため、文化庁が各都道府県教育委員会の協力の下、広域的に（面として）、複数の各種の無形の文化財を総合的に、一括して保存事業（後継者養成、道具類の製作修理、記録作成等）を展開してきています。当プロジェクトは、二〇〇一年度から始まったものですが、従来の施策と異なる点が二つあります。ひとつは百分の百の資金支援事業であること。ふたつ目は、保存事業の対象が、国や県、市町村指定の文化財かどうかといった、伝承個々の文化財としての価値評価の区別に拘泥することなく、地域全体の伝統文化の保存を図るという、面的措置が講じられている点にあります。ちなみに当事業は、二〇〇六年度に全国で四六二件、実施されたと聞いています。

第四点目は、「伝統文化こども教室」事業です。これは、昨今の少子化による若年層人口の減少により、無形の文化財関係の後継者基盤が弱体化していることに鑑み、二〇〇三年度から文化庁が始めている事業です。子供達に伝統文化の普及を図り、将来の伝統文化の興隆を期して実施されているものです。ちなみに二〇〇六年度には、全国の約二五〇〇団体でこれが実施されたと聞いています。

四　無形の文化財保護の組織体制

最後に、上記の諸種の保存事業実施の組織体制について簡単に付け加えておきます。国レベルでは、文化庁の文化財部がこれを所管しています。また、全国四七都道府県教育委員会とそれぞれの管内の市町村教育委員会では、文化財保護法に依拠した文化財保護条例を各々制定しており、それらに基づき、各管内の無形の文化財の保護施策を推進しておりますが、文化庁は、これら地方公共団体と協力し合って無形の文化財保存事業を実施しています。

なお、都道府県、市町村が指定している二〇〇五年現在の、無形の文化財の件数はつぎのとおりです。無形文化財では都道府県指定が一六四件、市町村指定が八二八件、そして無形民俗文化財が、都道府県指定一六七二件、市町村指定が五七三二件となっています。また、無形の文化財の保護施策に関わる研究機関として、独立行政法人国立文化財機構の中の東京文化財研究所内に、無形遺産部が設置されています（二〇〇六年）。無形の文化財の保護施策に関する調査研究の推進や、情報資料の収集、研究会、研修会の開催などを行っておりますが、特に、二〇〇六年のユネスコによる無形文化遺産条約の発効後は、無形の文化財保護のための国際的ネットワークの形成など、この方面における国際協力に向けて動き出しています。

韓国・江陵市で行われた「江陵瑞午祭」

第二章　国際的に動き出した無形文化遺産保護の課題

――二つの国際フォーラムで感じたこと

一　日本の無形文化遺産存続の危機と保存の努力

当テーマである無形文化遺産保護の国際的動向と検討課題を記す前に、日本の状況を述べて話の糸口としたい。存続の危機の度合いが異なる三例を紹介するが、それらは、無形の文化財（ユネスコの概念では無形文化遺産）として保存を図る行政的施策のむずかしさをも反映している。物としての文化財（有形文化財）の場合とは異なって、生きて存在している対象だけに、それは常に変化しているものに対する複雑さと言い換えていいのかもしれない。

二〇〇一年、北京で開催された無形文化遺産の保存に関するシンポジウムで、求められて日本の無形の文化財保護施策の概要を説明したことがある。中国政府の行政機関で高位のポストについている某氏が私の話を聞いて、「それだけ長年月の間、保存のための行政施策を展開してきた日本では、なんら心配することなんてないんでしょうね？」と質問してきたのにはびっくりした。中国にはそのための法律も未だ制定されていなければ、日本のような行政施策が展開されたこともなかったので、気付いていないとは思ったが、そんなことは絶対にあり得ないのである。行政施策経験の有無に関わらず、無形文化遺産の伝承それ自体が常に流動して止まないものなのである。

三河（愛知県の東部）、信濃（長野県）、遠江（静岡県の西部）が接する一帯には田楽、猿楽、呪師《しゅし》の芸などという我が国の中世に盛行したもので、その面影を今に遺す芸能伝承が三十ヶ所近くも伝えられていて、そのうち新野《にいの》の雪祭（長野県）や西浦《にしうれ》の田楽（静岡県）等は折口信夫らによってその存在価値が喧伝されてきた。それらのほとんどの伝承を踏査しての調査記録にもとづいた『中世芸能の研究—呪師・田楽・猿楽』（一九七〇年　新読書社刊）を著した新井恒易の記述によれば、いずれも価値ある内容を有してきたことが解る。そのうちの一つ、静岡県天竜市神沢《かんざわ》（現在浜松市）の万福寺阿弥陀堂の正月五日の祭りのそれは、昭和三〇年代から四〇年代にかけての高度経済成長期を境にして衰退の末路をたどった。そのプロセスを説明している『文化財愛護活動推進方策研究委嘱報告書』（一九九七年　文化庁文化財保護部刊）によると、衰退の原因の一つは当該地域の急激な人口の過疎化にあったようである。

資料1を参照していただきたいが、第二次大戦前の昭和一一年（一九三六）や終戦直後の昭和二二年（一九四七）、そして昭和三〇年（一九五五）では、人口は二七〇〇人から二五〇〇人とほぼ一定していたのであるが、高度経済成長期末の昭和四五年（一九七〇）には以前に比べて七〇〇人減の一八〇二人となっている。さらにその後の十九年間で六〇〇人の減、そのまた七年後には二〇〇人の減と止めどもなく人口減少を続けてきたのである。

二つ目の原因として、多くの地域住民のサラリーマン化を招いた住民の第一次産業からの就業形態の変化が引き金になったと指摘している。ちなみに当該神沢地区の子弟が通学している熊《くんま》中学校の保護者の三〇パーセントは山林業務、茶、椎茸・舞茸栽培などに従事しているものの、その人達とても平野部の事業所に勤

資料1

		1936・S11	1947・S22	1955・S30	1970・S45	1989・H1	1996・H8
熊地区	人　口	2762	2635	2525	1802	1210	1052
	世帯数	418	435	422	390	321	305
熊中学校生徒数		***	174	192	122	37	36

過疎化と、それ以上に少子化が進行していることは明らかである。少子化の深刻さを示すもう一つのデータがある。平成８年４月１日現在の熊地区に住む15歳未満の子供の人数を一覧にしてみた（**次ページ・資料２**）。

める者が増えていると記している。

新井恒易は先述の著書の中で、昭和一九年（一九四四）、同人が採訪調査した時のものとして三十九番の演目次第を書き出しその詳細を報告している。ところが、大戦末期から戦後まもなくにそれが途絶え、昭和二五、六年頃に復活をみて昭和三〇年代の終わり頃までなんとか続いていたようであるが、それ以後は立ち行かなくなったようである。その経緯や理由の詳しいことは不明であるが、ともかく祭りの場所である万福寺阿弥陀堂がすでに退転し、本来のお堂が無くなっているので、その辺に鍵が隠されていたのであろうか。

ところが、この「神沢の田楽」の火種が皆無となったわけでもなかったようなのだ。天竜市教育委員会と熊中学校、それと、かつて田楽に従事した故老をも含めた地元住民の尽力によって、昭和五〇年（一九七五）より、消えかけた炭火に息を吹きかけて火勢をなんとかとりもどそうという試みが始まったのである。つまり熊中学校の郷土研究クラブの生徒達が「神沢の田楽」の復活伝承活動に着手したのである。そのとき中学生を指導したのが従前からの田楽伝承者だったらしいこと、そういう人達の保存会が当時はなお存在していて、そこが所有する太鼓や仮面を中学生に貸し出していたこと、さらにその保存会が毎年二万円を必要経費として中学校のこの活動に寄付していたことなどを、平成一〇年（一九九八）に私が熊中学校

資料2

	中学生			小　学　生						未就学児					
年　　齢	14	13	12	11	10	9	8	7	6	5	4	3	2	1	0
人　　数	13	10	13	15	17	12	13	12	12	7	5	6	2	4	3

このデータで見る限り、小学生の児童数は、平成13年度には現在の中学校の生徒数とほぼ同じになり、続く14年度以降は30人にも満たなくなる。また、中学校も、現在とほぼ同じ規模でいられるのは平成15年度までで、平成20年度には全校生徒数９名ということになってしまうのである。この人数では、田楽を担い切れるものではない。それどころか、学校そのものの存続さえ危ぶまれる状況にもなりかねないことが予想できるのではなかろうか。(平成９年時)

を訪問した折、担当の教師や校長から伝え聞いた。ということは、中学生の伝承活動に託すという格好で、なお伝統の「神沢の田楽」の火は皆無となっていなかったのだと思われた。もっとも伝承演目は五、六番程度と極めて少なくなっており、しかも文化祭かなにかのイベントの折の発表演目としてであるから、本来の阿弥陀堂での正月五日の祭りの雰囲気は味わいようもないものとなっていた。中学校のクラブ活動としてかつかつ命脈を保ってきた「神沢の田楽」であるが、人々の努力もむなしく、やがて消え去るだろうと、先に引用した報告書が述べていたのだから、無形の文化財にとっては実に悲しい今日の時代だということである。地域の人口過疎化に追い討ちをかけるように、高齢化、少子化がいっそう進行し、事態はさらに悪化しているのである。

資料2を見ていただきたい。平成八年度に三十六名いた熊中学校の生徒数は平成二〇年度には九名に激減すると推定され、その人数では田楽に必要な諸役の最少数を割り込むことになるのであり、当時行われていたクラブ活動としての「神沢の田楽」すら、もはや維持してゆけなくなるのであった。しかも悪いことに、平成一〇年に私に話をしてくれた校長は、熊中学校自体が単独では存続しえなくなり、他の学校と統廃合されかねないのだと心配していた。

平成一九年(二〇〇七)二月に得た情報では、すでに熊中学校は旧天竜市市街地のそばの学校に統廃合されてしまっているとのこと。まさに絶体絶命のピンチを迎えた感の「神沢の田楽」である。このような事例に接すると、無形の文化財を遺そうとする人々の努力や行政的施策が、どれほど有効に時代の推移に歯止めをかけることができるものなのか、悲観的にならざるを得ない。

次に、「神沢の田楽」の場合のように祭り行事の枠組みがすでに崩壊していて、その中味(田楽)だけを復活再生させようという、最初から危機的状況の深刻な例よりはやや健全といえる状況の伝承例を紹介する。それは千代田町・壬生《みぶ》の花田植《はなたうえ》(広島県)という、田植え行事にともなう田の神の祭りと歌のやりとり、それに太鼓な

田植えが始まる前に代掻きをする飾り牛

どの楽器を囃したてて行われるものである。本来の自然な状況での姿は崩れかけているのだが、地域住民が地元の町の行政的支援を受け、なんとかそれらしい形を持続させようと努力しているものである。一般の農家の田植え作業はほとんどが機械植えになり様相を一変させてしまっているのだが、この花田植では肉体労働時代（高度経済成長期前）の手植え作業のスタイルを維持するという、特別なはからいのもとで展開されている。

　その顕著な事例は牛の代掻《しろか》きの次第に現れている。早乙女《さおとめ》達が田植えに取りかかる前に、十数頭の飾り牛が列をなして代掻きが行われるのである。田耕作業が機械化される前は多くの農家が牛を飼育していたのだが、今や花田植のこの場面に登場するような飼い牛は農作業には全く不要となった。それで一年に一度のこの行事のためにわざわざ牛を飼育する奇特な農家が出現したのである。普段は田圃に入ることがないこの牛達の働きぶりは昔のようにうまくはいっていないけれども、行事のこの次第はなんとかこなしているのである。また行事の行われる場所は一般の農家の耕作地とは趣きを変えて、この行事のために特設された田圃である。さらに開催期日も毎年六月の第一日曜日に決められていて、行事関係者が都合のよいように設定されている。これを見学する人々は近隣の農家の人達というよりも、全国各地からの遠来のカメラマンや観光客のほうが多くを占め、主催者もそのことを意識して、行事の各次第ごとに逐一、解説のアナウンスを付けて伝統の行事を展開している。

以上にみたように、一種イベント化しているこの伝承の真正性に疑問を投げかけた研究論文も出ているのであるが、この場合は「神沢の田楽」のような例とは異なって、従来の祭り行事の形が曲折を経ながらも今日なお継続しているのである。飼い牛の状況にみられるような、篤志家の経済的負担と、過去を想うノスタルジアに支えられて存在している行事であり、少なくとも健康な状態にあるとはいえないものであろう。

三つ目に、以上の二例とは異なり、同様の社会経済的生活環境の変化をくぐり抜けてはきたものの、比較的に従前からの伝承の崩れ具合が少ない事例を紹介する。日本全体としてはこの状態の伝承例が一般には多いと思うのであるが、採訪の機会を得た沖縄県八重山の「竹富島《たけとみじま》の種子取祭（タナドゥイ）」である。平成一八年（二〇〇六）十月末に、ほぼ三十年ぶりにこの祭りを再見したのだが、外見の印象からはほぼ従前と変わりなく祭り行事（芸能）が遂行されているように感じられた。もちろん島の人口の過疎化、高齢化、少子化といった人口の動態状況をはじめ、高度経済成長期に全国的に発生した民俗伝承の衰退現象がこの島にも波及していた。この時に生じた祭り遂行上の具体的な場面での変容と、島民達のそれに対する対応（努力）ぶりを見てみよう。

生年世代別の島民からのアンケート調査結果を載せている秋山裕之の論文「祭りにみるアイデンティティの保存と継承——事例　竹富島の種子取祭」（『沖縄民俗研究』第十七号　一九九七年）によると、第二次大戦前には一四〇〇人ほどあった島民の人口は、高度経済成長期になった昭和四〇年頃には六〇〇人ほどに減少していた。それが、さらに沖縄が本土復帰した昭和四七年には三〇〇人ほどに激減しており、平成七年（一九九五）には二六二人にまで落ち込んでいる。この間、島民は沖縄本島や石垣島、あるいは東京等の本土方面に離島して行ったのである。一方、島民の生業も農業から観光業へと転換してきたのである。また少子化現象の中で島の小中学生も極めて少なくなった。このような変貌の中で島民の種子取祭《タナドゥイ》に対する意識にも変化が現れた。

高度経済成長期以前には、子供達にとって、種子取祭の芸能の諸役につき出演することは大変名誉なことと感じられていたのだが、子供の数が激減している今日では、祭りの芸能の諸役を演ずることは義務化しており、以前のようなわくわくした気持ちは少なくなっているということである。また毎年のこの祭りには、島外へ移住して行った人々（竹富郷友会のメンバー）が多勢でツアーを組んで帰島し参加しているのであるが、そういったことにともなう負担が、一種の重荷として意識されつつあるようにもうかがえる。この祭りの伝統の重要な骨格となっている演目「ホンジャー（長者）」役を代々世襲で務めてきた玻座間《はざま》集落の国吉永二氏は、毎年島外（那覇など）から祭りのたびごとに帰島してこれを演じてきたのだが、この負担の重さの問題を遠慮したもの言いながら提起している（「竹富島の世襲文化について」（『星砂の島』第十号　二〇〇六年　瑞木書房刊）。つまり毎年の帰島にともなう旅費は、今の時代となっては国吉家の個人の負担ではなく、祭りの公費で、という考え方に切り替えるべきではないかというのである。

もう一つの問題提起は、現在竹富島に住み、先祖伝来の国吉家を守っているのは永二氏の娘夫婦なのであるが、祭りにともなう彼らの負担にも配慮してほしいというものである。つまり祭り（芸能上演日）の前の一週間は、毎夜、同家を会場として狂言役の面々（島人）が稽古を行う慣例となっているのである。従来は国吉家としてはそれを当然の責務と受け取め、名誉あることと対応してきたのだが、今日ではそういうボランティア的行為にともなうメリットはなくなっている。かつて国吉家は島の重立《おもだ》ちとして集落住民に采配をふるっていたのだ。今日の娘夫婦一家の意識としては、この一週間の間に家族のプライバシーが覗かれてしまうことへの不満や、その間訪問する狂言役の人々への茶菓の接待のわずらわしさという気持ちが強くなっているというのである。

ところで、目下、観光立島へと島の行政方針を転換して以来、島は生気を取り戻しつつあるという。昭和四七年（一九七二）の沖縄の本土復帰を機に、本土の企業が島の土地の買い占めに盛んに来島したのだが、島の行政を担当する竹富島公民館はこれを拒絶し、赤い瓦葺き屋根の沖縄独特の伝統的な住居集落の維持存続に力を注ぎ

（島の集落の家並みは平成九年、伝統的建造物群保存地区として国の選定を受けた）、また珊瑚礁ときれいな白浜（星砂の浜）を観光の売り物として（竹富島は昭和四七年に指定された西表国立公園の中に位置している）、観光立島を心掛けてきた。その結果今日では年間三十五万人の観光客の来島があって、土産物店や民宿、水牛の曳く牛車での島巡りなどで賑わっているという。また島の人口もここ十四年間連続して増加中ということで、平成一八年一〇月時の人口は三五一人になっているとのこと。島の観光の顔のひとつとして、当該種子取祭ももちろん位置付けられている（昭和五二年に重要無形民俗文化財として国指定されている）。

平成一八年（二〇〇六）の祭りにおいても、一五〇〇人ほどの見物客が世持《ユームチ》御嶽《ウタキ》の祭場に詰めかけていたが、多くの人達は私をも含めた島外からの観光客であった。これら観光客へのサービス（配慮）の一つとして、竹富島と石垣島間を結ぶ定期航路の増便措置がなされていた。祭り（芸能）の終演時間に合わせて、いつもより遅い時間での便を設定し、また祭り行事次第の方も、石垣島のホテルに宿を取っている観光客の便宜をはかるべく、演目進行の時間調整がなされていた。もっともこの祭りを全くの観光目当てにイベント化してしまうことに対して、島当局は警戒していた。祭りの伝統を維持継続してゆくために、観光客におもねることは避けようとしていた。つまり祭り（芸能）の二日間（平成一八年は十月二八日と二九日）は、一切の観光業務を島民をあげて禁止しているのである。このような島当局の統制施策については、普段は、住居の修繕工事への規制などに対して不平を漏らしている人々でさえも、祭り運営上の何かの役割を担当するなどして、祭りに積極的に協力しているとのことであった。島民のアイデンティティはこの祭りの伝統の中にこめられており、それは絶対に守ってゆこうとの意識が強いように思われた。

以上日本の実例を三例紹介したが、私が思うに、他の国々においても日本と同じような状況がみられ、同じような問題が生じているのではないか。もっとも日本国内においては、日々、新聞などのメディアが海外情報として報じているような戦争や内戦、あるいは民族間の対立抗争や宗派間の激烈な宗教抗争が起こっているわけではないし、また貧困が社会問題化しているわけでもない。もちろんそのように、私達日本人の体験や理解を超えた様々な個別の事例が存在しているであろうことは十分に想像できる。しかしながら無形文化遺産が現在置かれている状況については、今日の経済発展など時代が急激に変転していく中で、各種伝承の本来の真正性を保存しようという人々のいかなる努力ももはや功を奏さないという事態は、世界各地で起こっていることであり、日本も同じだということである。さらに敷衍して言えば、二〇〇六年四月に発効した無形文化遺産条約のもと、国際的に動き出した無形文化遺産の保存という人類の崇高な歩みにとって、最大かつ困難な課題は、右の実例で述べたような危機的状況に対して、一体いかなる対処方法を見い出すのかにあるのだと思う。

二　国際的な保存努力における個別の課題のいくつか

昨今、日本国内や中国などの近隣諸国を旅して思うことのひとつは、世界遺産（文化遺産、自然遺産）が各地でとても話題となっていることである。その登録が行われた地域には、観光客が多くやってきて地元の経済が潤い、他地域の人々の羨望の的となっている。これの非物質版とでもいうべき無形文化遺産を保存するための国際的枠組みとしての無形文化遺産条約が、二〇〇三年、ユネスコの第三十二回総会でその制定が採択されていたのだが、先述のように二〇〇六年、それが発効をみたのである。ユネスコ加盟の世界各国では、目下、これへの関心の高まりが見られるのである。関連する国際会議が各地で行われているようであるが、二〇〇六年にたまたま参加の機会を得た台湾と韓国でのこの種のフォーラムのことを報告してみたい。今後、この条約が実施に向けて走り出してゆく中で、具体的な課題として浮かび上がってくるのではないかと感じられる二つ、三つのことについて以下に言及する。

一　台湾のシンポジウムで発表のあった伝統の変容の問題など

台中県大甲鎮の鎮瀾宮

当該無形文化遺産の保存が、国際間で今日のような形で取り沙汰されるようになってから、すでに十七年にもなる。一九八九年にユネスコは加盟各国に対して、「伝統的文化及び民間伝承の保護に関する勧告」を行ってこれの保存を促したのである。その後、二〇〇一年、〇三年、〇五年の三回にわたってユネスコは、「人類の口承及び無形遺産の傑作の宣言」を行い、都合九十件の世界の傑作がノミネートされて称揚され、無形文化遺産保存への国際的な機運が大いに高まった。ここ数年、それへ向けての申請のための選考作業が各国で展開されてきたのである。

鎮瀾宮に祀られている媽祖像

二〇〇六年四月、台湾の台中県にて、「二〇〇六年大甲媽祖国際学術研討会」が開催された。このシンポジウムは、台中県大甲鎮の鎮瀾宮という道教の廟の媽祖《まそ》という女神が、七夜八日をかけて台湾中部の四つの県の各地、七十ヶ所もの廟を巡拝して廻るという盛大な祭り（約三百キロほどの距離を経巡《へめぐ》り、数十万人が参加するという）の、種々の行事の一つとして執り行われた。

台湾当局が当該国際シンポジウムを開催したきっかけは、右に述べたユネスコ主導の無形文化遺産保存の動向に呼応したものであろう。媽祖の祭りに代表されるような無形文化遺産の存在価値の大きさを強く認識して当シンポジウムが出発したものであることは、会議冒頭の、台湾の文化財保護行政を所管している行政部門のトップである行政院文化建設委員会主任委員の邱坤良氏の基調講演の熱っぽい口調から了解できた。演題は「探向民間無形文化活力――従大甲媽祖遶境進香出発」というもので、大甲鎮瀾宮の媽祖の祭りに見られるような、無形文化遺産としての民俗文化が有する活力の意義深さに、今こそ目を向けるべきだという趣旨のものであった。

ヨーロッパにおいても、我々の東アジアの祭り文化と性格的に類似している伝承があり、しかも今日当面している変容ぶりも我々のものと共通しているらしいことを示してくれたのが、ベルギーから参加したリェージュ大学教授のフランソワーズ・ランペルール（Francoise Lempereur）女史の発表であった。内容は二〇〇三年に傑作宣言されたベルギーの「バンシュのカーニバル」と二〇〇五年に傑作宣言されたベルギーとフランスにまたがる地域の「巨人と巨龍のパレード」に関するものだった。いずれもキリスト教的な民俗伝承であるが、単に娯楽遊戯や芸能の類いだけを有しているものではなくて、それを包含する祭儀性に本質があるという点で、日本などの伝承と性格が類似しているものだ。それが当面している状況は、日本の「竹富島の種子取祭」のようなレベルにあって、今すぐその存続の危機を云々する状態にはないもののようである。

女史が問題として指摘していたのは、商業主義的な宣伝やメディアによる過度な取材などの対応ぶりが、本来の姿を損ねているのではないかという心配である。もう一点の指摘は、洋の東西を問わず各国で共通に問題になっていることだなと思った点であるが、端的に言うと、無形文化遺産の変容を恐れてはならないという考え方である。そのことは、そもそも条約の無形文化遺産の定義に説明されているのだと説く。ちなみにその定義には、

「無形文化遺産は、たえず環境、自然と歴史との相互関係に応じて、地域共同体や団体によって再創造され、そのようにして世代から世代へと受け継がれているものである」（趣意）とある。

ベルギーのカーニバルにおける奇妙な姿の多勢の男達のジル（道化）、またベルギーとフランスにまたがる地の巨人と巨龍のパレードについて、女史は具体的に説明している。どちらの伝承も、中世に始まったとか、六百年の歴史を有するとかという近世以前からの伝承であって、宗教的祭儀性にその本質を有していた。それが、一七、八世紀に、当時人気を博していた演劇のキャラクターが影響を及ぼしたり、あるいは今日までに、山車やパレードの余興的賑わいの方に力点が置かれるようになったりといった世俗化の方向が強まった。そういった変化の極端な例として、巨龍が登場する、本来男性しか携わらないはずだった祭りの次第に、二〇〇一年に二人の女性役を登場させ、賛否両論の議論が巻き起こったことが挙げられた。同女史は、この種の極端な変容までをも許容すべきだと言っているのではなかった。地域住民にとっては自然な形で、急激にではなく、徐々に時間をかけて受容されてゆくような変容、それは許容してゆくべきだという考え方である。

思うに、これに相当することは、日本の場合で言えば、各地の祭日が土曜日曜や祝日へと今日改変されつつあること、また後継者不足から、本来成年男子が務めるべき役割が、女性や子供の手にゆだねられつつあることの例などが思いつく。もっとも事柄が、自然な変容なのか、それとも違和感を引き起こす変容なのかの判断はケースバイケースなのだと思うし、この点は、判断に窮する問題になるところかと思う。

二 「韓・中・日無形文化遺産フォーラム」で発表された保存対象と分類の問題など

二〇〇六年五月三十日、韓国の江陵市にて、二〇〇五年に人類の口承及び無形遺産の傑作の一つとして宣言された「江陵端午祭」の祝賀行事に合わせ、「韓・中・日無形文化遺産フォーラム」が開催され、折よく私も参加する機会を得た。無形文化遺産の保護制度、無形文化遺産の分類体系、無形文化遺産の記録作成の三項目にわたって韓国、中国、日本の三ヶ国の専門家がそれぞれ発表を行ったが、二番目の保存対象の分類の問題については、無形文化遺産保護条約が規定している分類項目に、今後どう歩調を合わせてゆくべきかという点から、中国と韓国の報告者より問題提起があった。今後同条約が執行されてゆく過程で、この点は議論となることも予想されるので、日本におけるそれらに関する実状を重ね合わせながら紹介したい。

中国の中央戯劇学院教授の曲士飛氏より、目下、中国で問題となっている点について、次のような報告があった。問題のひとつは、音楽・舞踊・演劇とか、祭り・年中行事とか、あるいは神話伝説の口頭表現伝承とかなどの分類項目（現在、中国の国家当局が『民間文化普査工作手册』で提示している項目は十六ある）をもとに、全国的リストの選考作業が行われたが、混乱がみられたということである。全国の三十一の省・自治区・直轄市の各々から推薦を得て、二〇〇六年の初めに、合計一三一五件の中から最終的に五〇一件に絞りこんだのだという。混乱の原因は同人によれば、複数の分類項目にまたがる複合的伝承（文化総合的存在）をどういう項目に振り分けるかにあったという。すなわち、演劇とか舞踊とかいった芸能に分類される伝承が、実際は、祭りや年中行事の項目の中で行われるものであったり、さらにまたそれには、神話伝説といった口頭表現伝承項目に分類される由来や信仰が附随しているからであるという。

確かに、各省・自治区・直轄市の間の考え方のバラツキなどがあったことだろうし、また理論的にはそうなのだと思う。しかしながら、日本での経験からすると、様々に小異が生じ得ることだとしても、結局は落ち着くべきところに落ち着いてゆく筋合いのことだと思う。日本の文化財保護行政のなかで無形の民俗文化財と規定されている伝承の中身は、祭り・年中行事と舞踊・演劇などの芸能、それにこの両者の背後に存在している基層的な生活文化の三つの要素があり、一番目と三番目の要素は風俗慣習と命名され、二番目が民俗芸能と呼ばれている。筆者はこの三者の関係を、私的なものであるが、解りやすいようにと、仮に図1のように表示してみた。この図を用いて、私は曲士飛教授の提起した複合的伝承（文化総合的存在）の分類立ての困難さについては次のように答えることができる。まず、三者は図のような構造関係にあって三者相互に不即不離の間柄にあるのだから、分類しがたいのは当然のことであると考える。しかしながら次のような経過で、自ずから選考のための分類が結果として行われてゆくものと考えられる。すなわちひとつは、伝承地域の人々による通称や一般的通念、あるいは関連分野研究者の分類などから、右の三要素のうちのどれか一つによりベターな形として絞られ、それが全体を代表するものとなり得る（確かにそこの見きわめには細心の注意を払う必要があるのだが）。ふたつには、長年月の文化財としての保存のための行政施策の展開推移の中で、何を保存対象とするのかその力点の置きどころに変化が生じ、それにより分類の仕分けが異なってくることもある。

日本の経験から例示すると、昭和二五年（一九五〇）から同五〇年（一九七五）までは、文化財（重要無形文化財）の対象として歴史的・芸術的観点からの価値評価が優先していたので、図の中の二番目の民俗芸能に焦点があてられていたのだが、昭和五〇年を境として、民俗文化財（重要無形民俗文化財）の概念が採用され、国民の生活の推移を

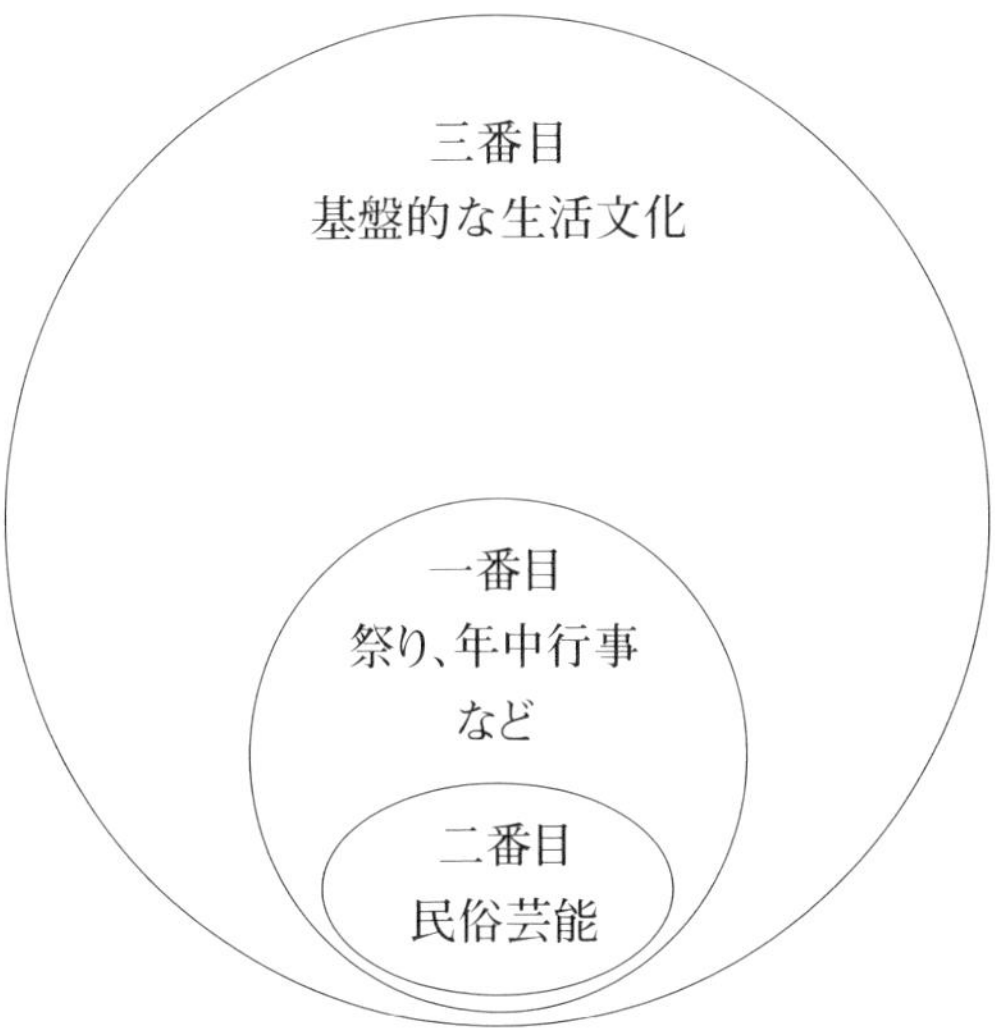

図1　「民俗文化財」の三種類の伝承の相互関係

理解する上で典型的なものかどうかという価値評価基準が適用されることとなり、図の中の一番目や三番目の伝承にも焦点があてられて、積極的に保護される方向へと変わった。つまり、どのような価値基準に力点を置いて行政施策を進めるのかといった時代的変遷が、分類仕分けにも影響を与えたのである。

一例を挙げると、昭和四三年（一九六八）に佐賀県の無形文化財に指定された「竹崎《たけざき》鬼祭の童子舞《どうじまい》」は、当時、鬼祭全体の中の二番目の要素の芸能、すなわち童子舞にスポットをあてていたのである。ところが昭和六〇年（一九八五）に、この同じ伝承が国の重要無形民俗文化財に指定された時には、「竹崎観世音寺修正会《かんぜおんじしゅしょうえ》鬼祭」の名称に変わり、今度は一番目の祭り年中行事の要素に力点を置いたものとなったのである。もちろん指定名称はこのように変化したけれども、昭和六〇年に指定された対象の中には童子舞も包含されているのである。くり返すが、文化財保存の行政施策の推移もまた、分類の仕方を左右するということである。

また、曲士飛教授の報告の中には、日本の無形の文化財保存の行政の中では考えられなかった分類概念の話もあった。先述の『民間文化普査工作手册』が挙げた十六項目の中にある「民族語言（民族の言語）」と「民間美術」の二項目がそれである。前者については、中国は日本と違って、漢族のほかに五十五という多数の少数民族が一つの国の中で同居しており、衰滅の危機に瀕している民族言語が多く存在しており、また、例えばナシ族のトンバ（東巴）文字という象形文字のように、漢字以外の文字も一部地域では使用されてきたのである。当項目をも設けたのは当然のことかと思われる。また後者については、「美術」という表現は日本の文化財概念では、有形文化財の重要文化財である「美術工芸品」のことを意味するので違和感を覚えるのだが、中国のその実態は、民俗的習俗としての技術のことを「民間美術」と称しているのである。その具体的事例として、正月に吉祥を願って作られる木版画の「年画」とか、「泥人形（泥塑）」が考えられており、そういった技術のことなら、日本でも無形の文化財の一つ、重要無形民俗文化財の中に位置付けられている「民俗技術」に相当するのである。

以上の二項目は中国特有の伝承の存在であり、中国国内での分布の広がりの大きさを反映したものといえよう。国際協力を前提とした今後の無形文化遺産条約の運用にあたっては、この種の条約加盟各国の特殊事情は、当然に尊重されていくものだろうと思う。

さらにもう一つ曲士飛教授の報告にあった点は、分類概念としては、国際的に議論を巻き起こすのではないかと懸念されるものだ。中国の雲南省が採用している分類項目に、「伝統文化保存区」と「民族民間伝統文化之郷」が掲げられているが、これは、現に施行されている施策を反映した分類項目である。中国では、現実に施行されている「雲南省民族民間文化保護条例」や「貴州省民族民間文化保護条例」などの省レベルの制度の下で進められているプロジェクト、例えば「雲南文化生態村の建設」と呼称される事業などが展開されている。特徴的な民俗文化伝承を有する少数民族居住の村などを選び（二〇〇七年現在、五ヶ所ある）実施されているものであり、民俗伝承の各項目個々に保存措置を講ずるのではなくて、地域の伝承の全てをまるごと保存しようとする事業である。今後の国際間の協議の中で、現行の施策名称を分類項目として立てることには、おそらく疑問を呈する向きが現れると推察されるが、当該条約が無形文化遺産の定義の中で言及している、「文化空間」を含めた全体の分類概念に、それが適合するものであるのかどうか、成り行きを見守りたい。なぜなら、条約の無形文化遺産の定義の中の各分類項目全体に対して、複合的に一括して保存措置を講ずる施策は、各項目及びそれと不可分の「道具」「物体」「加工品」と「文化空間」をも包括しているものであるからである。条約の定義で規定された無形文化遺産の全ての項目を充足した対象もまた、無形文化遺産のはずではないかと思われるからだ。

韓国の黄縷詩《ファンルシ》関東大学教授は、無形文化遺産条約が定義している無形文化遺産の分類項目規定に依拠しながら問題提起した。韓国がこれまで遂行してきた無形文化遺産保存のための行政施策に照らしての言及である。ひとつは、従来、韓国では重要無形文化財指定と民俗資料指定の二つの側面からこれを展開してきたけれども、民俗資料の面においては有形の資料については指定を行ってきたものの、無形の場合には一切ノータッチであったので、これを考えなおさなければならないという提案である。この韓国の二方面からの施策は、基本的に日本の場合と同じである。すなわち日本では、歴史的・芸術的価値に視点を置いた重要無形文化財の指定を行うとともに、国民の生活の推移を理解する上において典型的な伝承なのかどうかという視点から、重要無形民俗文化財の指定を行ってきているのである。

もっとも、日本の場合、韓国とは一部相違している。ひとつには韓国が「民俗資料」と規定しているところは、昭和五〇年（一九七五）以来、日本では「民俗文化財」の概念に改めている。また韓国では、無形民俗資料（日本で言う無形民俗文化財に相当）の指定を行ってはいないものの、韓国での重要無形文化財指定の中に、日本で重要無形民俗文化財指定に取り上げている民俗芸能とか祭り・年中行事や遊びなどを含めて指定している。しかも、それらの伝承者に対する保存のための施策（保存に要する支援資金の交付など）には、日本以上に手厚いものがあるようだ。今日において、我々が問題としなければならないのは、韓国と日本のこういった行政的施策の違いのことではない。ユネスコの無形文化遺産条約のもと、国際的な保存施策が遂行されようとしている今日においては、韓国、日本の双方ともに、今それぞれの国内で実施してきた「無形文化財」と「民俗資料」（日本の場合は「民俗文化財」）の二方面からの施策の違いを云々してももはや始まらないのではないか。なぜなら、条約が定義する無形文化遺産の分類項目の書き上げには、この双方を同一レベルのこととして区別なく扱っているからである。両国ともに、この定義にあわせてどういうリスト（インベントリー）を作成し、登録申請するのかを考えていかねばならないのである。

もう一点黄教授が力説していたのは、神話・伝説・民譚などの口頭表現伝承の指定保存措置が、韓国では従来なされてこなかったので、もっとこの分野を高く評価し、保存対象としてどんどんピックアップすべきだという提案である。確かに、条約の無形文化遺産の分類項目の一つに「言語を含めた口頭伝承表現」（Oral traditions and expressions, including language as a vehicle of the intangible cultural heritage）が掲げられており、そのとおりだと思うのである。しかし日本におけるこの分野に対する従来の経緯を振り返ってみると、それら伝承が置かれている状況の特性や採用されてきた施策の性格が、女史をそう思わせたのかなと思われる（私は韓国の事情については不案内であるが）。

事情のひとつは、日本では、伝統的な口頭表現伝承は概して衰退状況に置かれているケースが多く、現行の伝承の芸術性に疑問が呈されることもあって、重要無形文化財の指定を受けたものは、古典芸能の分野においてはともかく、民間伝承のものは一件もなかった。そのかわり、「奥浄瑠璃《おくじょうるり》」「平曲《へいきょく》」「瞽女《ごぜ》」「肥後琵琶《ひごびわ》」などが、記録作成等の措置を講ずべき無形文化財に選択され、録音記録を遺す事業が行われた。この後者の記録選択行為が前者に比べて目立たなかったので、一般に知られることが少なかった措置だったかと思う。もうひとつ、口頭表現伝承の中には民謡とか昔話などが含まれており、こうした不特定多数の多くの人達が全国的に伝承してきたものについては、特定の個人とか団体とかをピックアップして指定等の措置を講ずる作業が困難を極め（クライテリアの設定がそもそもむずかしい）、全国的な調査記録の作成だけで済まさざるを得なかったということもあった。日本において、昭和五〇年代から六〇年代にかけて実施された、全国各都道府県別の民謡（作業唄）調査記録事業がその一例である。このように分類項目としては書き出すことができても、その項目に属する対象が、具体的なアイテムの個別の選び出しで困難を極める場合もあるのである。右に例示してきたことを換言すると、分類や何を保存対象とするのかの検討作業においては、学術的分類のほかに、各々の伝承の置かれている状況や適応し得る保存措置をどのようにするかといった点が、関与する場合もあるだろうということである。ちなみに、今例示した全国の民謡（作業唄）調査記録事業の民謡の伝承者達は、平成の時代に入って姿を消してしまった

（死去）のであり、重要無形民俗文化財の指定ではなく、単なる調査記録作成の作業にとどまったものとはいえ、それがなし得た最終的な対応措置であった。重要無形民俗文化財の指定等の措置を講じ得ないいくつかの理由が、口頭伝承の場合にはあったということと、それ以外の方法で対応せざるを得ない場合もあるということである。韓国の場合にもそういった事情があったのではないかと推察するのである。

本稿の終わりに、ひとつ提言したいことがある。先述した中国の例のように、世界各国の無形文化遺産伝承は多岐にわたっていて、しかも数多くの伝承が存在しているのであり、無形文化遺産条約にもとづく登録リストの作成は、是非できるだけ多くのものを取り上げるようにしてほしいものだ。なぜなら、そもそも個々の伝承間の優劣を区別する実効性のあるクライテリア作りが、困難をきわめるものと予想されるからだ。先述の、これまで三回にわたって実施されてきた「人類の口承及び無形遺産の傑作宣言」のように、一ヶ国につき二年に一度一件しか取り上げられないような状況は、少なくとも東アジアの三ヶ国の状況を見る限り、選考は針の穴を通す以上の困難さをともなう作業を強いられる事態に至るであろうと恐れる。中国は、五〇一件のリストをすでに作りあげ、韓国では、これまでに一〇九種目の重要無形文化財指定をしており、日本では、平成一八年（二〇〇六）四月一日現在、八三件の重要無形文化財指定がなされ、さらに二三七件の重要無形民俗文化財指定が行われていて、都合三二〇件の国の無形の文化財リストがすでに存在しているのである。このような状況を考慮しての登録リストの選考方法を期待したいものである。

〈資料〉
無形文化遺産の保護に関する条約

国際連合教育科学文化機関（以下「ユネスコ」という。）の総会は、二千三年九月二十九日から十月十七日までパリにおいてその第三十二回会期として会合し、

人権に関する既存の国際文書、特に千九百四十八年の世界人権宣言、千九百六十六年の経済的、社会的及び文化的権利に関する国際規約及び千九百六十六年の市民的及び政治的権利に関する国際規約に言及し、

千九百八十九年の伝統的文化及び民間伝承の保護に関するユネスコの勧告、二千一年の文化の多様性に関するユネスコの世界宣言及び二千二年の第三回文化大臣円卓会議で採択されたイスタンブール宣言により強調された、文化の多様性を推進し及び持続可能な開発を保証するものとしての無形文化遺産の重要性を考慮し、

無形文化遺産と有形文化遺産及び自然遺産との間の深い相互依存関係を考慮し、

地球規模化及び社会の変容の過程は、社会間の新たな対話のための状況を作り出すと同時に、不寛容の現象と同様に、特に無形文化遺産の保護のための資源の不足により、無形文化遺産の衰退、消滅及び破壊の重大な脅威をもたらすことを認識し、

人類の無形文化遺産の保護に対する普遍的な意思及び共通の関心を認識し、

社会（特に原住民の社会）、集団及び場合により個人が無形文化遺産の創出、保護、維持及び再現に重要な役割を果たすことにより、文化の多様性及び人類の創造性を高めることに役立っていることを認識し、

文化遺産を保護するための規範的な文書（特に千九百七十二年の世界の文化遺産及び自然遺産の保護に関する条約）の作成におけるユネスコの活動の広範な影響に留意し、

さらに、無形文化遺産の保護のための拘束力を有する多数国間の文書はいまだ存在しないことに留意し、

文化遺産及び自然遺産に関する既存の国際協定、勧告及び決議が、無形文化遺産に関する新たな規定により、効果的に高められ及び補足される必要があることを考慮し、

特に若い世代間において、無形文化遺産及びその保護の重要性に関する意識を一層高めることの必要性を考慮し、

国際社会は、この条約の締約国とともに、協力及び相互の援助の精神をもって、無形文化遺産の保護に関して貢献すべきであることを考慮し、

無形文化遺産に関するユネスコの事業、特に人類の口承及び無形遺産に関する傑作の宣言を考慮し、

人々をより緊密にさせ並びに人々の間の交流及び理解を確保する要素としての無形文化遺産の極めて重要な役割を考慮し、

この条約を二千三年十月十七日に採択する。

Ⅰ　一般規定

第一条　条約の目的

この条約の目的は、次のとおりとする。

(a) 無形文化遺産を保護すること。

(b) 関係のある社会、集団及び個人の無形文化遺産を尊重することを確保すること。

(c) 無形文化遺産の重要性及び無形文化遺産を相互に評価することを確保することの重要性に関する意識

を地域的、国内的及び国際的に高めること。

(d) 国際的な協力及び援助について規定すること。

第二条　定義

この条約の適用上、

1 「無形文化遺産」とは、慣習、描写、表現、知識及び技術並びにそれらに関連する器具、物品、加工品及び文化的空間であって、社会、集団及び場合によっては個人が自己の文化遺産の一部として認めるものをいう。この無形文化遺産は、世代から世代へと伝承され、社会及び集団が自己の環境、自然との相互作用及び歴史に対応して絶えず再現し、かつ、当該社会及び集団に同一性及び継続性の認識を与えることにより、文化の多様性及び人類の創造性に対する尊重を助長するものである。この条約の適用上、無形文化遺産については、既存の人権に関する国際文書並びに社会、集団及び個人間の相互尊重並びに持続可能な開発の要請と両立するものにのみ考慮を払う。

2 1に定義する「無形文化遺産」は、特に、次の分野において明示される。

(a) 口承による伝統及び表現（無形文化遺産の伝達手段としての言語を含む。）

(b) 芸能

(c) 社会的慣習、儀式及び祭礼行事

(d) 自然及び万物に関する知識及び慣習

(e) 伝統工芸技術

3 「保護」とは、無形文化遺産の存続を確保するための措置（認定、記録の作成、研究、保存、保護、促進、拡充、伝承（特に正規の又は正規でない教育を通じたもの）及び無形文化遺産の種々の側面の再活性化を含む。）をいう。

4 「締約国」とは、この条約に拘束され、かつ、自国についてこの条約の効力が生じている国をいう。
5 この条約は、第三十三条に規定する地域であって、同条の条件に従ってこの条約の当事者となるものについて準用し、その限度において「締約国」というときは、当該地域を含む。

第三条 他の国際文書との関係

この条約のいかなる規定も、次のように解してはならない。
(a) 無形文化遺産が直接関連する世界遺産を構成する物件に関し、千九百七十二年の世界の文化遺産及び自然遺産の保護に関する条約の下での地位を変更し又は保護の水準を低下させる。
(b) 締約国が知的財産権又は生物学的及び生態学的な資源の利用に関する国際文書の当事国であることにより生ずる権利及び義務に影響を及ぼす。

Ⅱ 条約の機関

第四条 締約国会議

1 この条約により、締約国会議を設置する。締約国会議は、この条約の最高機関である。
2 締約国会議は、通常会期として二年ごとに会合する。締約国会議は、自ら決定するとき又は無形文化遺産の保護のための政府間委員会若しくは締約国の少なくとも三分の一の要請に基づき、臨時会期として会合することができる。
3 締約国会議は、その手続規則を採択する。

第五条 無形文化遺産の保護のための政府間委員会

1 この条約により、ユネスコに無形文化遺産の保護のための政府間委員会（以下「委員会」という。）を設置する。委員会は、第三十四条に基づきこの条約が効力を生じた後は、締約国会議に出席する締約国により選出される十八の締約国の代表者によって構成される。
2 委員会の構成国の数は、この条約の締約国の数が五十に達した後は、二十四に増加する。

第六条 委員会の構成国の選出及び任期

1 委員会の構成国の選出は、衡平な地理的代表及び輪番の原則に従う。
2 委員会の構成国は、締約国会議に出席するこの条約の締約国により四年の任期で選出される。
3 もっとも、最初の選挙において選出された委員会の構成国の二分の一の任期は、二年に限定される。これらの国は、最初の選挙において、くじ引で選ばれる。
4 締約国会議は、二年ごとに、委員会の構成国の二分の一を更新する。
5 締約国会議は、また、空席を補充するために必要とされる委員会の構成国を選出する。
6 委員会の構成国は、連続する二の任期について選出されない。
7 委員会の構成国は、自国の代表として無形文化遺産の種々の分野における専門家を選定する。

第七条 委員会の任務

委員会の任務は、次のとおりとする。ただし、この条約により与えられる他の権限を害するものではない。
(a) 条約の目的を促進し並びにその実施を奨励し及び監視すること。
(b) 無形文化遺産を保護するための最良の実例に関する指針を提供し及びそのための措置の勧告を行うこと。
(c) 第二十五条に従って、基金の資金の使途に関する計画案を作成し及び承認を得るため締約国会議に提出すること。
(d) 第二十五条に従って、基金の資金を増額するための方法を追求し及びこのために必要な措置をとること。

(e) この条約の実施のための運用指示書を作成し及びその承認を得るため締約国会議に提出すること。

(f) 第二十九条に従って締約国が提出する報告を検討し及び締約国会議のために当該報告を要約すること。

(g) 締約国が提出する次の要請について、検討し並びに委員会が定め及び締約国会議が承認する客観的な選考基準に従って決定すること。

(i) 第十六条、第十七条及び第十八条に規定する一覧表への記載及び提案

(ii) 第二十二条による国際的な援助の供与

第八条　委員会の活動方法

1 委員会は、締約国会議に対して責任を負う。委員会は、そのすべての活動及び決定を締約国会議に報告する。

2 委員会は、その構成国の三分の二以上の多数による議決で、その手続規則を採択する。

3 委員会は、その任務を遂行するために必要と認める特別の諮問機関を一時的に設置することができる。

4 委員会は、特定の事項について協議するため、無形文化遺産の種々の分野において能力を認められた公私の機関及び個人を会議に招請することができる。

第九条　助言団体の認定

1 委員会は、無形文化遺産の分野において能力を認められた民間団体の認定を締約国会議に提案する。当該民間団体は、委員会の顧問の資格で行動する。

2 委員会は、また、締約国会議にその認定の基準及び方法を提案する。

第十条　事務局

1　委員会は、ユネスコ事務局の補佐を受ける。
2　事務局は、締約国会議及び委員会の文書並びにそれらの会合の議題案を作成し、並びに締約国会議及び委員会の決定の実施を確保する。

Ⅲ　無形文化遺産の国内的保護

第十一条　締約国の役割

締約国は、次のことを行う。
(a)　自国の領域内に存在する無形文化遺産の保護を確保するために必要な措置をとること。
(b)　第二条3に規定する保護のための措置のうち自国の領域内に存在する種々の無形文化遺産の認定を、社会、集団及び関連のある民間団体の参加を得て、行うこと。

第十二条　目録

1　締約国は、保護を目的とした認定を確保するため、各国の状況に適合した方法により、自国の領域内に存在する無形文化遺産について一又は二以上の目録を作成する。これらの目録は、定期的に更新する。
2　締約国は、第二十九条に従って定期的に委員会に報告を提出する場合、当該目録についての関連情報を提供する。

第十三条　保護のための他の措置

締約国は、自国の領域内に存在する無形文化遺産の保護、発展及び振興のために次のことを行うよう努める。
(a)　社会における無形文化遺産の役割を促進し及び計画の中に無形文化遺産の保護を組み入れるための一般的な政策をとること。

(b) 自国の領域内に存在する無形文化遺産の保護のため、一又は二以上の権限のある機関を指定し又は設置すること。
(c) 無形文化遺産、特に危険にさらされている無形文化遺産を効果的に保護するため、学術的、技術的及び芸術的な研究並びに調査の方法を促進すること。
(d) 次のことを目的とする立法上、技術上、行政上及び財政上の適当な措置をとること。
(i) 無形文化遺産の管理に係る訓練を行う機関の設立又は強化を促進し並びに無形文化遺産の実演又は表現のための場及び空間を通じた無形文化遺産の伝承を促進すること。
(ii) 無形文化遺産の特定の側面へのアクセスを規律する慣行を尊重した上で無形文化遺産へのアクセスを確保すること。
(iii) 無形文化遺産の記録の作成のための機関を設置し及びその機関の利用を促進すること。

第十四条　教育、意識の向上及び能力形成

締約国は、すべての適当な手段により、次のことを行うよう努める。
(a) 特に次の手段を通じて、社会における無形文化遺産の認識、尊重及び拡充を確保すること。
(i) 一般公衆、特に若年層を対象とした教育、意識の向上及び広報に関する事業計画
(ii) 関係する社会及び集団内における特定の教育及び訓練に関する計画
(iii) 無形文化遺産の保護のための能力を形成する活動（特に管理及び学術研究のためのもの）
(iv) 知識の伝承についての正式な手段以外のもの
(b) 無形文化遺産を脅かす危険及びこの条約に従って実施される活動を公衆に周知させること。
(c) 自然の空間及び記念の場所であって無形文化遺産を表現するためにその存在が必要なものの保護のための教育を促進すること。

第十五条　社会、集団及び個人の参加
締約国は、無形文化遺産の保護に関する活動の枠組みの中で、無形文化遺産を創出し、維持し及び伝承する社会、集団及び適当な場合には個人のできる限り広範な参加を確保するよう努め並びにこれらのものをその管理に積極的に参加させるよう努める。

Ⅳ　無形文化遺産の国際的保護

第十六条　人類の無形文化遺産の代表的な一覧表
1　委員会は、無形文化遺産の一層の認知及びその重要性についての意識の向上を確保するため並びに文化の多様性を尊重する対話を奨励するため、関係する締約国の提案に基づき、人類の無形文化遺産の代表的な一覧表を作成し、常時最新のものとし及び公表する。
2　委員会は、この代表的な一覧表の作成、更新及び公表のための基準を定め並びにその基準を承認のため締約国会議に提出する。

第十七条　緊急に保護する必要がある無形文化遺産の一覧表
1　委員会は、適当な保護のための措置をとるため、緊急に保護する必要がある無形文化遺産の一覧表を作成し、常時最新のものとし及び公表し並びに関係する締約国の要請に基づいて当該一覧表にそのような遺産を記載する。
2　委員会は、この一覧表の作成、更新及び公表のための基準を定め並びにその基準を承認のため締約国会議に提出する。
3　極めて緊急の場合（その客観的基準は、委員会の提案に基づいて締約国会議が承認する。）には、委員会は、関係する締約国と協議した上で、1に規定する一覧表に関係する遺産を記載することができる。

第十八条　無形文化遺産の保護のための計画、事業及び活動

1　委員会は、締約国の提案に基づき並びに委員会が定め及び締約国会議が承認する基準に従って、また、発展途上国の特別のニーズを考慮して、無形文化遺産を保護するための国家的、小地域的及び地域的な計画、事業及び活動であってこの条約の原則及び目的を最も反映していると判断するものを定期的に選定し並びに促進する。

2　このため、委員会は、このような提案の準備のための締約国からの国際的な援助の要請を受領し、検討し及び承認する。

3　委員会は、そのような計画、事業及び活動を実施する場合、自らが決定した方法により最良の実例を普及させる。

V　国際的な協力及び援助

第十九条　協力

1　この条約の適用上、国際的な協力には、特に、情報及び経験の交換、共同の自発的活動並びに締約国による無形文化遺産を保護するための努力を支援するための制度を設けることを含む。

2　締約国は、国内法令、慣習法及び慣行の適用を妨げることなく、無形文化遺産の保護が人類にとって一般的な利益であることを認識し、そのため、二国間で並びに小地域的、地域的及び国際的に協力することを約束する。

第二十条　国際的な援助の目的

国際的な援助は、次の目的のために供与することができる。

(a)　緊急に保護する必要がある無形文化遺産の一覧表に記載されている遺産の保護

(b) 第十一条及び第十二条における目録の作成
(c) 無形文化遺産の保護を目的とする国家的、小地域的及び地域的に実施される計画、事業及び活動への支援
(d) 委員会が必要と認める他の目的

第二十一条　国際的な援助の形態

委員会は、第七条に規定する運用指示書及び第二十四条に規定する協定に従って、締約国に対し、次の形態の援助を供与することができる。
(a) 保護の種々の側面に関する研究
(b) 専門家及び実践する者の提供
(c) すべての必要な職員の養成
(d) 規範の設定及びその他の手段の作成
(e) 基盤の整備及び運用
(f) 設備及びノウハウの供与
(g) 他の形態の財政的及び技術的援助（適当な場合には、低利の貸付け及び贈与を含む。）

第二十二条　国際的な援助に関する条件

1 委員会は、国際的な援助の要請を検討する手続を定め及び当該要請に含める情報（例えば、予定される措置、必要とされる関与、それらに要する費用の見積り）を特定する。
2 緊急の場合においては、委員会は、援助の要請を優先事項として検討する。
3 委員会は、決定を行うために、必要と認める研究及び協議を行う。

第二十三条　国際的な援助の要請

1　締約国は、自国の領域内に存在する無形文化遺産の保護のための国際的な援助の要請を委員会に提出することができる。
2　当該要請は、また、二以上の締約国が共同で提出することができる。
3　当該要請には、必要な資料とともに前条1に定める情報を含める。

第二十四条　受益国となる締約国の役割

1　この条約の規定に従って、供与される国際的な援助は、受益国となる締約国と委員会との間の協定により規律される。
2　受益国となる締約国は、原則として、自己の資金の限度内で、国際的な援助が供与される保護のための措置の経費を負担する。
3　受益国となる締約国は、無形文化遺産の保護のために供与される援助の使途に関する報告を委員会に提出する。

Ⅵ　無形文化遺産基金

第二十五条　基金の性質及び資金

1　この条約により、「無形文化遺産の保護のための基金」（以下「基金」という。）を設立する。
2　基金は、ユネスコの財政規則に従って設置される信託基金とする。
3　基金の資金は、次のものから成る。
(a)　締約国による分担金及び任意拠出金
(b)　ユネスコの総会がこの目的のために充当する資金
(c)　次の者からの拠出金、贈与又は遺贈

(i) 締約国以外の国
(ii) 国際連合の機関(特に国際連合開発計画)その他の国際機関
(iii) 公私の機関又は個人
(d) 基金の資金から生ずる利子
(e) 募金によって調達された資金及び基金のために企画された行事による収入
(f) 委員会が作成する基金の規則によって認められるその他のあらゆる資金

4 委員会は、その資金の使途を締約国会議が定める指針に基づいて決定する。

5 委員会は、特定の事業に関連する一般的及び特別な目的のための拠出金その他の形態による援助を受けることができる。ただし、当該事業が委員会により承認されている場合に限る。

6 基金に対する拠出には、この条約の目的と両立しないいかなる政治的又は経済的条件その他の条件も付することができない。

第二十六条　基金に対する締約国の分担金及び任意拠出金

1 締約国は、追加の任意拠出金とは別に、少なくとも二年に一回、基金に分担金を支払うことを約束する。分担金の額は、締約国会議が決定するすべての締約国について適用される同一の百分率により決定する。この締約国会議の決定は、会議に出席しかつ投票する締約国(2の宣言を行っていない締約国に限る。)の過半数による議決で行う。締約国の分担金の額は、いかなる場合にも、ユネスコの通常予算に対する当該締約国の分担金の額の一パーセントを超えないものとする。

2 もっとも、第三十二条及び第三十三条に規定する国は、批准書、受諾書、承認書又は加入書を寄託する際に、1の規定に拘束されない旨を宣言することができる。

3 2の宣言を行った締約国は、ユネスコ事務局長に通告することにより、その宣言を撤回するよう努める。この場合において、その宣言の撤回は、当該締約国が支払うべき分担金につき、その後の最初の総会の会期が開催される日まで効力を生じない。

4　2の宣言を行った締約国の任意拠出金は、委員会がその活動を実効的に計画することができるようにするため、少なくとも二年に一回定期的に支払う。その任意拠出金の額は、1の規定に拘束される場合に支払うべき分担金の額にできる限り近いものとすべきである。

5　当該年度及びその直前の暦年度についての分担金又は任意拠出金の支払が延滞している締約国は、委員会の構成国に選出される資格を有しない。ただし、この規定は、最初の選挙については適用しない。支払が延滞している締約国であって、委員会の構成国であるものの任期は、第六条に規定する選挙の時に終了する。

第二十七条　基金への追加の任意拠出金

前条に定めるもののほか、任意拠出金の提供を希望する締約国は、委員会がその活動を計画することができるように、できる限り速やかに委員会に通知する。

第二十八条　国際的な募金運動

締約国は、基金の利益のためユネスコの主催の下に組織される国際的な募金運動に対して可能な範囲内で援助を与えるものとする。

Ⅶ　報告

第二十九条　締約国による報告

締約国は、委員会が定める様式及び周期を遵守し、この条約の実施のためにとられた立法措置、規制措置その他の措置に関する報告を委員会に提出する。

第三十条　委員会による報告

1　委員会は、その活動及び前条に規定する締約国による報告に基づいて、締約国会議に対し、その会期ごとに報告を提出する。

2　1の報告については、ユネスコの総会に通知する。

Ⅷ　経過規定

第三十一条　人類の口承及び無形遺産に関する傑作の宣言との関係

1　委員会は、この条約の効力発生前に「人類の口承及び無形遺産に関する傑作」として宣言されたものを、人類の無形文化遺産の代表的な一覧表に記載する。

2　人類の無形文化遺産の代表的な一覧表へのこれらのものの記載は、第十六条2の規定に従って決定する将来の記載基準に何ら予断を与えるものではない。

3　この条約の効力発生の後は、更なる宣言は行われない。

Ⅸ　最終規定

第三十二条　批准、受諾又は承認

1　この条約は、ユネスコの加盟国により、それぞれの自国の憲法上の手続に従って批准され、受諾され又は承認されなければならない。

2　批准書、受諾書又は承認書は、ユネスコ事務局長に寄託する。

第三十三条　加入

1　この条約は、ユネスコの総会が招請するすべてのユネスコの非加盟国による加入のために開放しておく。

2　この条約は、国際連合により完全な内政上の自治権を有していると認められているが、国際連合総会決議第千五百十四号（第十五回会期）に基づく完全な独立を達成していない地域であって、この条約により規律される事項に関する権限（これらの事項に関して条約を締結する権限を含む。）を有するものによる加入のために開放しておく。

3　加入書は、ユネスコ事務局長に寄託する。

第三十四条　効力発生

この条約は、三十番目の批准書、受諾書、承認書又は加入書が寄託された日の後三箇月で、その寄託の日以前に批准書、受諾書、承認書又は加入書を寄託した国についてのみ効力を生ずる。この条約は、その他の国については、その批准書、受諾書、承認書又は加入書の寄託の日の後三箇月で効力を生ずる。

第三十五条　憲法上の連邦制又は非単一制

次の規定は、憲法上連邦制又は非単一制をとっている締約国について適用する。

(a)　この条約の規定であって、連邦又は中央の立法機関の立法権の下で実施されるものについては、連邦又は中央の政府の義務は、連邦制をとっていない締約国の義務と同一とする。

(b)　この条約の規定であって、邦、州又は県の権限の下で実施されるものであり、かつ、連邦の憲法制度によって邦、州又は県が立法措置をとることを義務付けられていないものについては、連邦の政府は、これらの邦、州又は県の権限のある機関に対し、採択についての勧告を付してその規定を通報する。

第三十六条　廃棄

1　締約国は、この条約を廃棄することができる。

2　廃棄は、ユネスコ事務局長に寄託する文書により通告する。

3　廃棄は、廃棄書の受理の後十二箇月で効力を生ずる。廃棄は、脱退が効力を生ずる日までは、廃棄を行う国の財政上の義務に何ら影響を及ぼすものではない。

第三十七条　寄託

ユネスコ事務局長は、この条約の寄託者として、ユネスコの加盟国及び第三十三条に規定するユネスコの非加盟国並びに国際連合に対し、第三十二条及び第三十三条に規定するすべての批准書、受諾書、承認書及び加入書の寄託並びに前条に規定する廃棄を通報する。

第三十八条　改正

1　締約国は、事務局長にあてた書面による通報により、この条約の改正を提案することができる。同事務局長は、当該通報をすべての締約国に送付する。同事務局長は、当該通報の送付の日から六箇月以内に締約国の二分の一以上がその要請に好意的な回答を行った場合には、審議及び採択のため、次の総会の会期にこの提案を提出する。

2　改正案は、出席し、かつ、投票する締約国の三分の二以上の多数による議決で採択する。

3　この条約の改正は、採択された後は、締約国に対し、批准、受諾、承認又は加入のために送付する。

4　改正は、批准し、受諾し、承認し又は加入した締約国に対してのみ、締約国の三分の二が3の文書を寄託した日の後三箇月で効力を生ずる。改正は、その後批准し、受諾し、承認し又は加入する各締約国については、当該締約国がその批准書、受諾書、承認書又は加入書を寄託した日の後三箇月で当該締約国に対して効力を生ずる。

5　3及び4に定める手続は、委員会の構成国の数に関する第五条の改正については、適用しない。これらの改正は、採択された際に効力を生ずる。

6　4の規定により改正が効力を生じた後にこの条約の締約国となる国は、別段の意思を表明しない限り、次のようにみなされる。

(a) 改正された条約の締約国

(b) 改正によって拘束されない締約国との関係においては、改正されていない条約の締約国

第三十九条　正文

この条約は、ひとしく正文であるアラビア語、中国語、英語、フランス語、ロシア語及びスペイン語により作成する。

第四十条　登録

この条約は、ユネスコ事務局長の要請により、国際連合憲章第百二条の規定に従って、国際連合事務局に登録する。

二千三年十一月三日にパリで、総会の第三十二回会期の議長及びユネスコ事務局長の署名を有する本書二通を作成した。これらの本書は、ユネスコに寄託するものとし、その認証謄本は、第三十二条及び第三十三条に規定するすべての国並びに国際連合に送付する。

以上は、ユネスコの総会が、パリで開催されて二千三年十月十七日に閉会を宣言されたその第三十二回会期において、正当に採択した条約の真正な本文である。

以上の証拠として、下名は、二千三年十一月三日にこの条約に署名した。

総会議長　ミカエル・アビオラ・オメレワ

事務局長　松浦　晃一郎

第三章　日本・中国・ロシア・中央アジアほかの村の踊りの昔

一　口頭伝承

（一）　歌の掛け合い

中国の少数民族の歌垣を訪ねて〈中国〉

平成一三年（二〇〇一）のことである。標記テーマでの寄稿を依頼され、同時に野村万之丞氏についても触れよとのコメントがあった。

まず同氏についての〝ひとこと〟を記しておこう。端的に言って、氏は、世情をつかむのが実に巧みで、実行力に富んだ伝統芸能界の御曹司という印象である。昭和天皇御在位六十年のお祝いに、六世野村万蔵氏御一家のそうそうたるメンバーが御所に参内し、狂言をお見せした場に、たまたま筆者も居あわせたことがある。現初代野村萬《まん》氏や野村万作氏など万之丞氏のお父さんの世代が中心になった番組で、隅っこの方で神妙にしておられた同氏の若き頃のイメージがずっとあった。ところが、平成六年（一九九四）、早稲田大学で開催された国際シンポジウム「東アジアにおける民俗と芸能」において、氏が国際会議場の演壇で、マイクを片手に弁舌爽やかに講演しておられるのに接し、伝統芸能界で芸一筋に生きるだけの人とは違う魅力をそなえているのを知った。すでに当時、楽劇《がくげき》「大田楽《だいでんがく》」を成功させていたわけで、私の認識不足であった。同氏は、この種の楽劇公演を市民参加型で、アマチュアも参加できるように運営している点において、時代をつかんでいるのだと思った。現在の大学生など若者世代は、その年代の頃の私達が、芸能を演ずることを億劫がり、芸能人の才能にひれ伏していたのに比べ、今は自ら演ずることに興味を示している。そういう世代感覚にマッチしたことを行っていたのだと思う。

さて本題に入ろう。これまで歌垣に関する文章を草したことがあったので、標記テーマの執筆を要望されたわけだが、実際に私が楽劇創作を試みてみようということではなく、私が感じている歌垣の魅力を述べてみたい。簡単に言うと、その魅力は歌垣に対する羨ましいといった気持ちなのかもしれない。まず歌垣が、『風土記』『万葉集』などといった我が国上代の文献に記されているものであることへの尚古趣味がひとつ。上代文献が伝える、筑波山頂などの歌垣の場で行われたという、不倫を思わせるような男女関係への下ネタ的興味が、そのふたつ目。歌を忘れたカナリヤの現代人は、ラブレターの交換でしか情感の交流ができないのだが、それを、目の前で歌声を張り上げて行っていることの珍しさである。さらに、歌垣などの婚姻習俗も含めた日本人の基層文化の由来を説く「照葉樹林文化論」が歌垣に寄せたような学問的関心等々、思いつくだけでも様々な魅力を数えあげることができる。以下に、上代文献上の歌垣（嬥歌《かがい》）に類似するものではないかと取り沙汰されている、中国の少数民族の伝承について、それらの村を訪れてびっくりしたことを三点紹介しておきたい。

一つは、一九八四年、貴州省のトン族の村を訪問した時のことであった。我々一行を出迎えてくれた娘さん達が、駆けつけ三杯という態で我々に酒を勧めてくれた。トン族独特の衣裳や頭飾りなどに身を包んだ若い女性か

清冽な声で歌い掛けられ――。貴州省トン族の村で

ら、口元まで酒の器を持ってこられて感激したまでは、日本で体験することの延長であったが、この折、同時に清冽な声で歌い掛けられたのは、一度も体験したことのないことだった。歓迎の気持ちを込めた歌の内容とのことであった。本来は、我々の側からも「どうも有難う」とか「とてもおいしかったですよ」とか等々、何らかお礼の気持ちを当意即妙に歌い返さなければならなかったのである。私たち日本人にそれができないのが辛かった。近年いくらカラオケが普及し、素人でもエンターテイナーの気分に浸れるようになったとはいえ、実際の気持ちを歌で伝えることは、今日ではるか忘却の彼方《かなた》のこととなってしまったのである。

二つ目は、一九八七年、雲南省のイ族を取材したときのことである。木陰の草藪に、男女それぞれのグループに分かれて座して、双方交互に歌の掛け合いをしていた。歌垣の現場というのもかくやと思ったものである。しかし驚いたのは、それが情感のやりとりではなく、「古歌《グウゴォ》」と称していたが、天地創世の神話を掛け合い問答で歌っていた点である。『古代歌謡と儀礼の研究』という本（岩波書店　一九六五年発行）は、歌垣を調べる研究者はたいてい目を通す。この本の著者、土橋寛が、歌垣とは、「歌掛け」、つまり歌の掛け合いという意味であろうと説いている。そうであれば、歌垣の内容は必ずしも恋歌のやりとりに限定されるものでもないのである。

先述の酒勧め歌だって歌掛けであり、天地創世の問答だって歌掛けである。広西壮族自治区チワン族の三月三日の「歌墟《ゴォシュ》」という、いわゆる歌垣的行事を現地調査した松平誠文学博士が次のように話していた。なぜか解らないが、この時の歌のやりとりの旋律は単調である。何時間も徹宵してまで歌を掛け合っている人達が、よくもまあこんな単純なメロディーで満足しているものだと、不思議に思ったというのである。私は、このことは、雲南省のイ族で体験した事例から、もともとは天地創世の古歌の問答のような、極めて単調な旋律が基本になっていたからだろうと推測している。情歌のやりとりとても、その範疇の一つにすぎないからだろう。

このように思ったのは、雲南省楚雄イ族自治州の大姚、姚安、永仁三県あたりに伝承されている「梅葛《メーガ》」を少し突っ込んで調べた時である。梅葛というのは当地方イ族の歌のコスモスであり、歌の調子のことであった。神話史詩『梅葛』の出版物があることを知っていて、それは神話謡《うた》いとばかり思い込んでいたのだが、そうではなかったのだ。ここには、老人梅葛、青年梅葛、子供梅葛などの種類のものが包含されていて、歌の調子の基本パターンが共通していた。しかし、祝い事や葬式の時に歌う老人梅葛が、歌の旋律の音高の振幅が狭い（単調なメロディー）のに対して、山歌（情歌）などの青年梅葛においては、旋律の振幅は大きく、メロディーに豊かさが加わっていた。しかし、いずれの種類の歌も問答形式（掛け合い）で歌われるものであった。

三つ目は、一九九七年だったと思うが、雲南省イ族の松明《たいまつ》祭りを取材した時のことである。一週間、彼らの村に滞在して全次第を追った。牛供犠《くぎ》、大ドラを打ち鳴らしての輪踊、アカマタ・クロマタのような男女一対の訪れ神の登場、松明点火、その他、様々な行事から構成されていた。この間、諸処で見かけたのは、人々がいろんな場面で歌を掛け合っている姿であった。ところが、この歌の掛け合いは、この祭りの期間以外には禁止されているとのことだった。なぜなのかよく解らぬ。古歌・神話を掛け合う機会は、祭り時に限られているという意味だったのか？　他方、雲南省ペー族では、情歌を掛け合う祭り行事の際は、無礼講で、今は別々に結婚している昔恋仲の男女とて、この折の逢瀬を大変楽しみにしているという。この折には、互いに現在の連れあいのことを忘れて、かつての恋の熱情を温めなおすのだという。

山歌を掛け合う若者たち。雲南省イ族の村で

〈参考〉

歌垣とは――

これはわが国の上古、古代の記紀、『風土記』『万葉集』などの文献に登場する概念で、今日同様の名称の伝承事例は存在していない。しかしながらこれと内容や形態が近似する民俗伝承は、わが国各地に存在してきたことが指摘されてきたし、中国はじめアジア地域の諸民族にもこれが伝承されていることの指摘が近年盛んに行われるようになった。端的に言ってその主意とするところは、恋の掛け合い歌（歌問答）にある。春先の山入り、山遊び、花見、野遊びの機会にこれを行う民俗が下敷きになっていたかとも考えられ、正月や、秋、夏の盆など他の季節にもこれが催されてきた事例が報告されている。

歌垣（うたがき）の用語の来歴について土橋寛は、「歌掛け」に由来するだろうと説いている。なお、文献の記載によれば、都付近では歌垣と呼称され、東国では嬥歌（かがい）と呼ばれていた。男女の性的交渉を赤裸々に描写したくだりが古文献の記載にあって、このことが歌垣という言葉を人口に膾炙させてきた感がある。以下にそれを紹介する。

『日本書紀』に、武烈《ぶれつ》天皇が太子の時代に、大和の海柘榴市《つばいち》での歌垣において鮪臣《しびのおみ》と影媛《かげひめ》を争い、すでに鮪《しび》を許している媛を知った太子が、怒って彼を殺したとの記事がある。筑波山で、春秋に近郷近在の男女が山頂に参集してこれを行ったことは著名であるが、この折相手を見つけられなかった者を娘とは認めないと『常陸《ひたち》風土記』に記してあり、『万葉集』にはこの嬥歌には、自分が他人の妻と交渉し、他人も自分の妻と交渉することが神によって許されるのだと書いてある。さらに『常陸風土記』の香島《かしま》郡童子女《うない》松原の嬥歌の場面には、見目麗しい若者と娘が互いに遭遇を願っていたのだが、ようやくにして遭うことができ、人目を忍んで松陰に身を潜めて、ひざをくっつけ合い手を携え合って、想いのたけを述べ合ったと記してある。こういった性的解放は、ひとり東国の筑波山などで行われていただけではなく、西国にもあって、『肥前風土記』には、杵島岳《きしまだけ》において、毎年春秋に里の子女が酒を提《さ》げ琴を抱えて、相互に手を取り合って山へ登り、飲食歌舞したことが記されている。また『摂津風土記逸文』には、歌垣山と称する山があって、男女がそこへ登り歌垣を行ったと、記されている。ところが、八世紀半ばの文献にある記述には、このような山へ登ったりしての歌垣の習俗、性的解放のやりとりの、娯楽風流化した様子が描かれている。二四〇余人の男女が聖武天皇の叡覧に浴したとあり、称徳天皇行幸の折の宴遊に、二三〇人の男女による歌垣が登場したとある。ついに八世紀末には、都付近では歌垣が禁ぜられるに至り、以後歌垣は衰退した。歌垣（または嬥歌）の名称が歴史上から姿を消してすでに久しい。

もっとも、これが有していた歌の掛け合いと、そこに展開する男女の色恋沙汰の習俗、そういったことに通ずるものではないかと見なされる伝承が、わが国各地に見出されることが、土橋寛や渡邊昭吾らによってこれまで紹介されてきた。つまり春先の山遊びや花見、あるいは正月、田植、盆などの行事の中に見出されるのである。例えば南西諸島の一つの与論《よろん》島に、正月に老若男女が集い飲食歌舞する習いがあって、これをウタカキアスビと

前々ページ写真の若者の歌に応える娘たち

称している。土橋寛はこの用語は、歌垣に通ずる「歌掛き」の遊びであろうと解釈している。また、時折、盆の踊りが一つの歌垣的機会であったとの説明を耳にするが、その折、夜這いなどの性的解放が行われた事例がその証拠として挙げられている。このことの有名な例として、岡山県蒜山《ひるぜん》地方の大宮踊り、福島県磐城《いわき》地方のヤッチキ踊りなどがある。

ところで、歌垣的習俗が今日まで濃厚に伝承されてきたのは、日本国内よりも中国やヒマラヤ山麓のアジア地域である。近年その方面の伝承に関する資料紹介や、現地フィールドワークの報告、あるいはモノグラフの刊行などがなされている。中国においては、この種の掛け合い歌のことを、「対歌」とか「情歌対唱」、あるいは「玩山歌」、「山歌」などと表記している。中国西南域の少数民族に殊にこれが盛んである。例えば貴州省のミャオ族、トン族の伝承の報告（『節日風情与伝説』貴州人民出版社　一九八三）によると、「爬坡節《パァポージェ》」と称して、わが国の筑波山の歌垣を髣髴とさせるような、山頂に近郷の男女が馳せ登り、歌の掛け合いをする行事が今日まで行われてきた（ミャオ族）。トン族においてもこれが盛んで、「趕歌会《ガンゴォホォイ》」などと称して行っている。ほかにもいろいろの民族に類似伝承が見られるが、広西壮族自治区のチワン族の「歌墟」、中国西北部甘粛省、青海省、寧夏回族自治区の回族、トゥー族、トンシャン族、チベット族伝承の「花児《ホアアル》」はつとに有名である。また類似習俗であるが、踊りに力点を置いたものとして雲南省のイ族あたりの「跳月」、「打跳」もよく知られている。

ヒマラヤ山麓のネパール、ブータンあるいはインドのアッサムあたりのこの種の伝承を紹介したのが、照葉樹林文化論提唱者の中尾佐助であった。同人は、当地域から雲南省などの中国の西南域一帯、そして日本列島へとベルト状に連続分布するシイ、タブなどのいわゆる照葉樹林が繁茂する地帯にこれが色濃く分布することを指摘した。そして、食物などとともに、照葉樹林地帯居住者の基層的文化要素である婚姻形態、妻問い婚の習俗と歌垣とが深く関わっているだろうとの仮説を提示した。歌垣の趣旨・目的について従来様々に議論が展開されてきたが、その機能特徴からこれを規定している要素が三つある。先述のように春に山へ登って行うことを本来としてきた（後に水辺や市場などの街路へと展開）ことが一つで、土橋はこれを国見と位置づけ、五穀豊穣や天下泰平の予祝儀礼が本旨であろうと述べた。二点目は恋愛の自由、性の解放がこの折に許されている点であり、このことから婚姻習俗との関わりが取り沙汰されてきた。三つ目は掛け合い歌（歌問答）が中心となっている点で、歌い手の機智の妙や知識の豊富さが試みられることや、問答にかかわる旋律構造のパターンの分析などについても言及されてきた。

文献　高野辰之『日本歌謡史』（五月書房、一九七八）、土橋寛『古代歌謡と儀礼の研究』（岩波書店、一九六五）、渡邊昭五『歌垣の研究』（三弥井書店、一九八一）、中尾佐助『現代文明のふたつの源流』（朝日新聞社、一九七八）、星野紘『歌垣と反閇の民族誌』（創樹社、一九九六）、手塚恵子『中国広西壮族歌垣調査記録』（大修館書店、二〇〇二）、岡部隆志『中国少数民族歌垣調査全記録』（大修館書店、一九九八）、工藤隆『雲南省ペー族歌垣と日本古代文学』（勉誠出版、二〇〇六）

日本の掛け合い歌——おどり花見（歌）の意味〈日本〉

一　はじめに

昭和五四年（一九七九）の四月三日に「成田のおどり花見」を初めて見学したのだが、私自身の不勉強もあったが、これがどういう意味の踊り（行事）であるのかについての十分な説明は、これまでなされていないのではないかと思った。

これに関して、中央の研究者によって言及されたものはほとんどなく、わずかに本田安次が、数多い全国各地の民俗芸能採訪記録の一つとして簡単に触れている（『日本の民俗芸能Ⅱ　田楽・風流一』）[注1]程度で、それも、一体これは何なのかといった、ちょっとした疑問符を残して素通りしているにすぎない。氏は、地元ではこれが桜花の盛り、花を見ながら踊るものと言い慣わされていることから、鎮花祭（はなしづめのまつり）の一つだろうと記している。花の散りかかるこの時期は、季節の変わり目で流行病などが起こり易く、そういう祟《たた》りなすものを鎮送するため、あるいは、稲の花に見立てた桜花がその散り際がやすらかであるように、秋の実りが豊穣であってほしいとの願いをこめて始められたという、京都今宮《いまみや》神社のやすらい祭などとの共通性を思い描いて述べたものと思われる。しかし、時代的にも、距離的にも両者を一つ糸として結ぶには、想定されていることをもっともっと多言していただかなければならなかったし、そういう見方がまだまだ一般的となっているわけでもないように思う。

この行事次第内容は、成田を訪れて初めて知ったわけだが、その折見せていただいた『成田俚謡《りよう》集』（成田山

参光協会　一九三七年刊）からのこの行事に関する部分のコピーは、次第の実際を理解する上で参考になるものであった。ことに外部の者は、花の下での踊りしか行われないかのごとくに思いがちであり、各町内発行の歌詞集などを見ても、どの歌には踊りがつき、踊りのつかない歌はどんな風にしてうたわれるものであるのかという区別はつけにくいのであるが、その点を、これは言別て記載してある。ただし歌詞の掲載を主としているため、それぞれがどんな風にしてうたわれるのかという点、つまり、これをうたう人々のその場その場の行為や、情景等についてはなお不親切であり、それを補っておいた方がよりよい記録書になるのではないかと思った。

確かに、成田のおどり花見そのものについて触れたものは乏しいのであるが、この行事の中心をなす弥勒踊《みろく》（歌）については、これの発祥地と思われる茨城県の鹿島地方、それにご当地千葉県をはじめ埼玉県その他関東地方の各地には、色濃くこれが伝承をみているのであり、これについては、すでに柳田國男の「みろくの船」をはじめとしたいくつかの論考や調査報告書類も出ている（注2）。また「花見」という言葉遣いにしても、成田の周辺地域には、オビシャやオコトなどの春祭りの行事名として、あるいは神事、結婚式、出産祝いなどの祝儀歌名（注3）として各所で用いられているのである。つまり、成田のおどり花見は、これ一つを切り離して論ずべき筋合いのものではないこと。言い換えれば、成田のこの行事そのものに言及したものの他にも、これを検討するのに適当な論考や記録書類が世に出ているので、それにもあたらねばならないということ、あるいはまたこの行事を考える上で参考となる周辺伝承にも、目を向けねばならないということである。

以上のようなことから、ここでは、実際の見聞メモをもとに、このおどり花見の行事次第を、具体的に描写して、これまでの記録の欠を補うこと。弥勒踊りや花見という用語にスポットを当てながら、周辺地域のそれぞれの伝承と見比べたり、あるいはそれらに関する参考文献を紐解きながら、成田のこの「おどり花見」を解釈する一つの手がかりを提示すること。この二点を試みておきたいと思う。

二　おどり花見の次第（歌と踊り）

行事は、当番町の女人講の一行が、四月三日（戦前までは神武天皇祭の日）の早朝から一日中、郷部の三ノ宮様を最初に、旧成田町各町の社寺を順次詣でるとともに、それぞれの神（仏）前で、それぞれの神様に即応した歌（たたえ歌）をうたいささげ、弥勒をうたい踊り、あるいは、訪問先町内女人講《にょにんこう》の人達の、お茶やごちそうのおもてなしを受けたりするものである。

ところで先述したように、ここでうたい踊られる歌詞の数々を、「弥勒踊（歌）」「たたえ歌」、「女お毘舎《びしゃ》受継式歌」、「祝い歌」、その他に類別して記載した『成田俚謡集』は、確かにこの行事の構成要素までは明らかにしてくれる。しかしなお、それぞれの歌の先後関係、これらをうたい踊る女人講の人達の動きや姿、形を想い描かせてくれるには、まだ言葉足らずのところがあるのである。以下にそれを補うつもりで、私なりに次第を記してみたいと思う。

（1）　たたえ歌及び弥勒踊（歌）

一行が、詣でる社寺に到着すると、まず、神（仏）前に太鼓（締め太鼓）叩きの少女を先頭に、その後方に世話役の人達が威儀を正して居並ぶ。右手の一本撥を、大きく背後から振りかぶるようにして太鼓を叩く少女のトン、トンという拍子に合わせて、一同たたえ歌を唱和する（それぞれの社寺に照応した歌があり、三ノ宮様、薬師様、道祖神、権現様、愛宕様、不動様、新勝寺様、清瀧権現《きよたきごんげん》様、稲荷様、子安様のうちのどれかの歌をうたう）。この後、境内などの広場で、花万灯《まんどう》を中にして一同輪をつくっての弥勒踊（歌）が行われるのである。さらに民謡踊など、最近の振りの踊りも付け加えられて興を添える。これに移る前に、かくの如く打ち揃ってやって来た当番町の一行と、これを迎えて接待をする各町の人達との間の歌のやりとりがある（これが祝い歌）。

（2）祝い歌

これは目立たぬ次第ではあるが、この日の行事にたずさわる女人講の人達の心意気が窺え、その歌のやりとりの晴れやかさは、この行事のゆかしさを物語っているように思う。ここに実見した一例を描写してみよう。当番町（仲之町）の人達が、田町の道祖神様、愛宕様を参拝に来た時の次第である。白髪毛庵《しらばっけ》という堂内に招じ入れられた当番町の世話人達は、田町の人達と対面する形で居並ぶ。はじめに、当番町側からたたえ歌が太鼓入りで唱和された。すると田町側から

今日《こんにち》の　お客様の
花見の声の　うつくしさ
春なれば　梅に鶯
八千八声《はっせんやこえ》の　時鳥《ほととぎす》

と客人の声を讃める歌（讃め歌）が返された。次いでお茶が出て、田町側から

今日の　お客様に
何にか何によと　おもえども
おさかなは　ととのえ申さず
おすすめ申すは　お茶ばかり

と粗末なものしか調えられないが、どうぞ召し上がってくださいとお茶を勧める歌（接待）がうたわれる。する

と、それを受けて当番町側から、いやいやそんなことはありませんよ、大変おいしいお茶ですよと返される（お茶）。

これさまへ　まいり申して
いろよきお茶を　いただいて
手にとれば　しんのかおりで
ふくめば宇治の　かんばしや

この後、白髪毛庵下の駐車場で弥勒踊や余興の踊りとなったが、田町側から赤飯、煮しめなどの祝いのごちそうが当番町の一同に配られた。二十一歳の時この地に嫁いで来たその年から、今日まで六十数年ずうっとこのおどり花見に携わってきた（当番は七年に一ぺんだから七度）という上町の後藤ちよさんによれば、田町というところは昔からごちそうの沢山出るところで、以前は、イモの煮物なども鍋ではなく釜で焚いたといい、それを大きな皿に山盛りして出したものだという。だから田町へ行った時には、

これさまへ　まいり申して
ことのほかの　ごちそうに
やどもとへ　かえりもうして
二《に》や三日《さんにち》の　ものがたり

という御馳走讃めの歌（御馳走）を、決して忘れてはならないぞと言い慣わされてきたという。
いわずもがなではあるが、この日は一つの祝い日なのである。あるいは今日の時勢の中で、これに取り組む女人講の人達には、当番を引き受けることの出費の多さや、このために費やされる時間を厭う気持ちがないとも限らない。またこの日に着飾る衣裳や人に見せる踊りの手ばかりに力が入るということがあるかもしれない。こう

いう時代感覚が先行しがちなのにもかかわらず、右に見たような歌のやりとりの仕来《しきた》りは、講員心を一つにして、年々これを絶やすことなく繰り返してきた人々の、この行事を信じきっている気持ちの表徴であるように思われる。

付け加えて言っておけば、後藤さんの話からも窺えるように、ここでの歌のやりとりは、言葉のやりとりにも似て、その場その場に即応したものでなければならない。ただ一般的に人の心を慰める歌というものとは違って、ここでは、必要性に応じて口が開かれるものと理解されているのである。声の良し悪しだけが取り沙汰される今日の歌とは違って、古風な有り様を見せるものの一つなのである。また、今の祝い歌の引用の中で目を止めたかどうか、田町の人達がうたった客人の声讃めの歌の中に、「今日の　お客様の　花見の声の　うつくしさ」とある「花見」は、後述するつもりではあるが、この行事名称「おどり花見」の「花見」に関わりを持つもののように思う。「花見の声」とあるから、少なくともここでは、うたうということがその一つの意味をなしているように受け取れるし、何らかこの種の祝いの機会が、背後にあるからということをも指し示しているようにも思われる。

（3）女お毘舎

さらにまた、四月三日のおどり花見の次第から遠ざかってしまい気がひけるのだが、二月一八日の女お毘舎のことにも触れておきたいと思う。確かに祭りの日取りは違うのであるが、これを担当する女人講の人達にとっては、これらを一続きの任務と受け取っているような節がある。子安様の御厨子《おずし》の祠守《しもり》役についての、今年の当番町から来年の当番町へ受け渡す受継式がこの女お毘舎である。ここにおいて、一年間の祠守を終えて来年の当番町へ受け渡しの済んだ町内の女人講が、四月のおどり花見を担当するのである。このきまり、これらの両行事間の任務の関連性があることもあって、各町内発行の歌詞集には、両行事の歌詞が全部一冊に書きとめられているのである。つまり、二月の女お毘舎の時には、弥勒踊（歌）や神々へのたたえ歌が行われないし、また、四月のおどり花見には、神様の迎え、神様の送りの歌（受継式歌）が関係ないにも関わらずである（なお、祝い歌のみ両行事に共通）。また、成田の周辺部には、オビシャの折などに、神様（御厨子あるいはところによりオニッキ）の受け渡し歌、祝い歌とともに、弥勒踊（歌）をも併せて一連の次第として執り行っているところもある。（注4）こうしたことから、ここに解こうとしている「おどり花見」の意味を考察する上でも、それらと見比べる必要があり、成田の女お毘舎の次第をも欠かすことができないというのが、ここに頁を割くもう一つの理由である。

昭和五五年二月一八日のお毘舎は、上町から幸町へ御厨子が渡された（したがって昭和五五年四月のおどり花見の当番は上町）。午前九時頃、上町の女人講の諸員、現在宿としている二軒屋さん（料亭）に集合し、（注5）新勝寺のお坊さんを呼んで神様を拝んでもらう（法楽《ほうらく》という）。一一時頃になって、幸町女人講の世話人が紋付きに威儀を正して神様をお迎えに来る（これを一番迎えという）。二階座敷に招じ入れられた幸町の人達と、これを迎えた上町の面々との間で、以下のような受継ぎのやりとり（歌）（注6）が行われる。なお上座の方には子安観音の掛軸が吊るされてあり、その前には、御厨子を包み込んだ俵（これにはコンニャクやゴボウ、ニンジンなどが串刺しにして刺し飾られている。これをベンケイという）をはじめ、果物やお菓子その他のお供え物が置かれている。これから下座の方へ、両町の世話人達が二手に分かれて対面するような配置（幸町の人達はお客様なので、入り口から遠い奥の側）となる。まず座敷に招じ入れられた幸町側からごあいさつの歌（座ならし）。

これさまへ　まいりもうして
かくのおざに　なおされて
かくしきは　ぞんじ申さぬ

ごめん下され　おざのしゅう

引き続いて、幸町側から神様をいただきたいという意で、神様を迎える歌（三社迎え。仲之町の歌詞集ではお迎えの子安様）。

こんにちは　きちにちなれば

さんじゃのかみを　おむかえに

手をきよめ　水をあらため

おむかえ申して　おめでたい

すると今度は、上町側から神様をお送りする歌（三社送り。仲之町の歌詞集ではお送りの子安様）。

ふるどしに　三社の神を

お迎えいたし　なにごとも

さわりござなく

おわたしもうして　おめでたい

右のような儀式的なやりとりが終わると、上町側からお客様に対してお茶やごちそうの接待があり、おどり花見の祝い歌の項で描写したのと同様の歌のやりとりとなる。お茶を出された幸町側から、お茶讃めの歌（お茶）、それを受けて上町側から、今の声は素晴らしいという意の声讃め（讃め歌）の返し、続いてごちそうが出るにおよんで、幸町側からごちそう讃め（御馳走）、それを受けて上町側から、いやいやたいしたごちそうもなくてと返される（接待）。

座は追々とくだけてきて、この日のために諸員思い思いに稽古してきたという歌や踊りが披露される。まず上町から、お客様をもてなす意で演ぜられ、続いて幸町からもこれが返される。そうこうしているうちに、今や神様の到着遅しという態で、幸町の方から二番迎えがやって来る。これらの人達をも招じ入れて接待しているうちに、また三番迎えが来るという寸法である。（注7）やがて時過ぎて、両町諸員一同声を合わせて千秋楽を唱和してお開きとなる。

なお、座を辞して、幸町の人達は列をなし、子安観音の旗を先頭に、御厨子を恭々しくいただきながら、自分の町へと帰って行くが、この紋付き晴れ着姿の一行のお練りは、現代の成田の商店街には異様で、外人などは目を輝かしていたという。神事を祝うというこの行事がそれだけ昔風であり、なお、今日それが信じられていることの証しのようにも思える。またこの行列には、上町の人達も後について幸町まで送って行き、彼女等は幸町の宿で返礼のごちそうになり、また上町の宿に戻って来て、夜中の十二時頃まで飲み食いしたものだという。この日は女の春休みといって、一年一ぺんの女性のハメを外してもいい日なのだが、遊山講《ゆさんこう》などと称し、この種オビシャの折に様々の歌や踊りが興じられてきたこの利根川下流域地帯は、何か芸能を多彩とするような土壌であることを感ずるのである。

三　おどり花見ということ

このおどり花見は、花見踊ではなく、なぜか「おどり花見」と言わねばならないのだということがよく取り沙汰されている。花見踊と誤解するのは、この行事の中心は桜花の下での踊り（弥勒踊）にありとする見方からであり、花見踊という方が、より一般的な言い方であろうという理解があるのではないかと思う。花より団子などという、花の美しさに誘われて、その下でドンチャン騒ぎをする現代の公園かどこかでの行楽としての花見には、花見踊という名称のものがふさわしい。どこかの舞踊グループかレコード会社あたりが、その名称のものを創作して踊っていてもおかしくないような気がする。ところで、おどり花見の花見には、ここでいう花見物というものとは違った意味があるように思えてならない。

まず、成田のこのおどり花見の時期は丁度桜の花の盛りの頃であるが、三月三日の小見川町《おみがわ》織幡《おりはた》の花見祭や、二月、三月に多い周辺地域のオビシャなどの花見の次第などは、桜を見るにはまだ早い時期のことであり、一般の人は、へーえこの頃に花見とは不思議だねという風になる。もっとも梅や桃は咲いているのであり、花を桜に限定しなければやはり花の季節といっていいのであるが、こちらは梅見であり、桃の節供という言い方の方が一般的である。ところで四月三日のこの日の行事を、成田市の赤荻《あかおぎ》や幡谷《はたや》でも花見と称しているというから、(注8)これがひとり成田のおどり花見だけにある言い方ではないのだが、この種の四月の祭りのことは、産土《うぶすな》様の春祭りとかオコトとかという呼び方の方がむしろ多いようである。

次に、もとよりオビシャにしてもオコトにしてもいずれも神事なので、花の観賞遊楽というのとは趣を異にしているのは言うまでもない。おどり花見の資料に、花見という言葉を探してみると、前項でもみたように、歌詞の中に「花見の声」というくだりがあり、あるいは「立ち花見」といった、歌一番の名称があり、さらには上町発行の歌詞集の標題が、『はなみ歌』となっているように、この折の歌全体の呼称となっているといったあたりである。まずは、この折の歌との関連で「花見」と言っていると解していいように思うのである。ちなみに、成田の女お毘舎と同様の、子安様の女オビシャをやっている成田市新妻《にっつま》、赤荻、押畑《おしはた》あたりの伝承でも同じことが言え、(注9)子安様の女オビシャ以外でも、一般にこの辺一帯のオビシャの折の老婆連中のうたう歌はほとんど花見と称されている。また、成田と違い、祝いの讃め歌に加えて弥勒がうたい踊られるオビシャとて、全体を含め花見と称しているのである(注10)。

なぜまたこの種の祝い歌のことを花見と呼ぶに至ったかについては、今のところ直接に言及されている資料は見当らず、また、ここで説明するだけの材料を持ち合わせているわけでもないが、房総辺では、この種オビシャなどの神事の折に限らず、広く種々の祝いの席でうたわれる歌のことを指して、花見と称する慣わしがあるようである。例えば、『日本民謡大観　関東編』には、「花見（祝儀唄）」と題する多古《たこ》町の伝承を一曲採録している。ここでは、里方にもどって出産した嫁が、三週間ばかりしてオボヤキ（産屋明）となって、乳飲み子とともに嫁ぎ先に帰るが、その折、里方から渡す時の歌、嫁ぎ先で受け取るときの歌、それらのやりとりの歌詞が記載されている。その受け渡しは、丁度オビシャ、婚礼式、新築披露などの折にそれぞれにふさわしい詞を連ねてうたわれるといい、多古町付近一帯の伝承であるという。

また、武蔵、相模、房総辺に初瀬《はつせ》、これさま、五反田《ごたんだ》などといった名称の祝い歌が広く分布していることは、民謡研究者によって指摘されているところであるが(注11)、相模の初瀬の歌には、ほとんど花見（歌）と同趣向のものまで見い出せるなど、両者共通のものがあるように思われる。例えば、

これ様へ参り申して結構な　お茶を頂いて　手にとれば

金の色よ　呑めば宇治の香りする。

などは、前におどり花見でみた「お茶」とそっくりである。なお初瀬には招待、嫁入り、お酒盛りなどのほかに、年忌はつせなどというのもある(注12)。こういったことを考え合わせてみても、やはり、房総辺の祝い歌がなぜに花見と命名されているのかといった点は問題として残る。しかしながら今のところは、旧の三月三日のことを房総では花見と言うといった、年中行事の側からの考察しかなされていないのである。行事と歌との関わりについては、これら説明の暗示するところを、いかに敷衍するかということしかなし得ない。

三月節供の花見という日は、花開く春の一日、人々総出で山野へ出かけて花を見、飲み食いして終日遊び暮らす、山遊びなどとも称される日である。花の咲くのがこれより遅くなる地帯では、多くこれを卯月八日の行事と

しているところが一般的である。今日の遊楽としての花見に相通ずる行事ではあるが、そろそろ始まる農作業を控えて、山から田の神を迎える、あるいは、花を稲の花に見立て秋の実り具合を占い、豊作を願うといった農耕民の信仰行事としての性格を帯びたものである。これが民俗行事としての花見の概念であるが、この日に行われる神事をも、花見と称するとまでは説明されていない。もしそうであるならば、この折にやりとりされる歌をも花見と称するに至ることは容易なことのように考えられるのだが。

ところでこの行事日は、春の花の開花期という植物の自然の推移を前提としたものである。花という言葉は、例えば人生の花などというように、直接に植物としての花を指さずに使用されることのあるのは周知の通りである。花に関し和歌森太郎が、神事に際しての供饌《くせん》用の洗米《せんまい》をさしての花米《はなごめ》、芸人や力士などに対して出されるご祝儀としてのはな、花嫁、花婿などという場合の花などは、神事等ハレの儀に基づくがゆえにそれと呼ばれているのだと述べていたが(注13)、当花見も、実際の春の花見行為というよりも、ハレの儀に関わる抽象表現であり、そう考えれば、ハレの歌に結びついたとみても抵抗は少なくなる。

歌としての花見がどこから来ているのか、三月三日節供の日を花見ということとの関係など不十分ではあるが、一応右にみてきたことから、おどり花見という行事名称の成り立ちについては、以下のように考えることができる。まず考えられるのは、女お毘舎の時には神様の受継式歌と祝い歌ばかりであったが、四月のこちらには弥勒踊があり、むしろこれが中心の行事であるという、両行事をともに担当する女人講の人達の両者の区別の仕方の上から出てきているように思われる点である。次に、それがなぜ花見おどりではなくて、おどり花見と称されてきたのかという点について言えば、女人講の人達にとっては、四月三日とても二月の女お毘舎同様花見なのではないかと思う(事実先にみたように祝い歌もうたわれる)。だから、四月の方では、弥勒踊が中心だからといって、それを強調して言う場合にも、「花見の中のおどり」とは言えても、「花見おどり」にはならないのである。

「花見の中のおどり」を簡潔な名称として表現しようとすれば、これが「おどり花見」ということになるのは当然のようにも思うのであるが、いかがなものであろうか。

追稿

本稿は千葉県成田市の「おどり花見」の解釈について考察したものだが、これが、神奈川、埼玉、千葉、茨城といった東京周辺の関東一円に伝承されてきた祝い歌、初瀬、これさま、五反田、花見などと称するものの一例であることを示した。これは歌を掛け合う「掛け合い歌」であり、我が国上代に盛んだった「歌垣」と歌の形式は同じである。しかしながら、それとの系脈を証拠づけるものは今は何もない。ただ、歌といえば、今は、独唱と斉唱・合唱のことしか思い浮かばなくなっているが、こういう掛け合い形式のものも歌であること、それを示してくれる稀少な伝承である。もっと注目して、研究が展開されるべき対象である。

注

（1）『日本民謡大観　関東編』（日本放送協会、一九五三年刊）に民謡の一つとして採録されたりしている例もあるのだが。
（2）宮田登『ミロク信仰の研究』（未来社、一九七〇年刊）、『鹿島みろく』（鹿島文化研究会、一九七三年刊）など。
（3）注1に同じ。
（4）「利根川下流域のオビシャ」（桜井徳太郎『日本民間信仰論』弘文堂、一九七〇年刊）所載の茨城県稲敷郡金江津村平川集落水神社ビシャ。今井福次郎『房総の祭』（桜楓社、一九六五年刊）所載の千葉県香取郡小見川町一ノ分目境宮神社初午祭。成田市赤荻子安様女オビシャ（『成田市の文化財』第七・八輯、一九七七年刊）

（5）宿は以前は個人の家であった。一時成田山（不動様）を借りてやったこともある由。
（6）歌詞は上町の歌詞集から記載。
（7）一番迎え、二番迎え、三番迎えそれぞれに七人、五人、三人の人数で別々にやって来るのがきまりであったが、今は二番迎え、三番迎えを一緒にして行う。したがってこの折八人の者がやって来た。
（8）赤荻オボスナのハナミ（『成田市の文化財』第七・八輯、一九七七年刊）。幡谷オボスナ様の春祭（『成田市の文化財』第十輯、一九七九年刊）
（9）新妻子安神社オビシャ（『成田史談』四号、一九五八年刊）
（10）前注4の金江津村水神社ビシャ、小見川町境宮神社初午祭など。
（11）町田嘉章「日本民謡の詞曲形態から見た時代性と地域性」（『日本民俗学大系10　口承文芸』平凡社、一九七六年刊）
（12）田村実『房総の民唄をたずねて』（崙書房、一九七四年刊）
（13）和歌森太郎「〝花〟の民俗」（『日本の古典芸能5　茶・花・香』平凡社、一九七〇年刊）

（二）語り物

アイヌの「ユーカラ」とユーラシアの英雄叙事詩の比較〈日本・中央アジア・ロシア〉

本稿は、平成一八年（二〇〇六）一月一三日に、中部大学で開催された中部高等学術研究所の学術共同研究会「アジアにおける文化クラスター―叙事詩の系譜―」（中部高等学術研究所　藤井知昭教授主宰）において、筆者の研究発表したスピーチ及び聴講者との質疑応答を文字化したものである。

星野です。どうぞよろしくお願いします。本日、発表の機会を与えてくださいました藤井先生や皆様方に心より感謝申しあげます。それから、私のテーマについては、鈴木道子先生（中京大学教授）が「中央アジアの英雄叙事詩」というテーマで話された先ほどのご発表が、実は「ユーラシアの英雄叙事詩について」と題してもよかったほど、たいへん幅広い視点からのお話でしたので、私の方が「ユーラシア云々」というテーマ名称になっているのはおこがましい気がいたします。私の方はユーラシアの一部、特にユーラシアの北の方の叙事詩について触れるということです。中には英雄叙事詩も含まれておりますが。

当然、日本のアイヌのものにも触れるわけですが、アイヌの「ユーカラ」につきましては、ここにご出席の谷本一之先生がお詳しい分野ですので、是非ご教示いただきたいと思います。それから谷本先生にお世話になったのは、後で紹介しますが、西シベリアのハンティ族の熊祭り（熊の霊送り儀礼）を、今から七年前の一九九八年一二月に、ご一緒に見学させていただいたことです。谷本先生、どうぞよろしくお願いいたします。

私の話ですが、時間もございませんので、要点だけを述べることにします。レジュメと配布資料について説明を加えながら進めさせていただきます。レジュメの「1、アイヌの「ユーカラ」とユーラシアの英雄叙事詩との異同」と、「2、熊祭り（熊の霊送り儀礼）に見る叙事詩の古層（一人称語り）」という二つに分けて申しあげます。なお、「ユーカラ」という名称の表記法は、従来の金田一京助さんなどのものに従ったわけですが、最近の中川裕さんの指摘によると、「ユカㇻ」と表記する方が正確なのだそうでございます。その辺はまた谷本先生からコメントをいただきたいと思います。ここでは、一般に通用している方の「ユーカラ」を使わせていただきました。

レジュメの1の項で申しあげたいことは、私はユーラシアのほんの一部にしか触れませんけれども、ユーラシアでのいわゆる英雄叙事詩と言われているものと、アイヌの「ユーカラ」（その中に英雄叙事詩的な部分がございます）、この両者を並べて論ずることが、これまであまりなかったのではないかということです。ところで、比較というのは、同じところもあれば、違うように思えるところもある、いつもそういう両方の要素に当面することだと思います。その二つの側面から申しあげたいと思います。

それからレジュメの2の項に、その違うところに関連してくるわけですが、アイヌや西シベリアのハンティ族の叙事詩の場合、非常にはっきりと一人称語りが行われておりますので、そこを注目すべきだと思っています。この一人称語りは、かつてはユーラシア全域に見られた形式ではなかったかと想像しています。そこにこそ、英雄叙事詩の古層があったのではないかと思っております。ちなみに、アイヌの「ユーカラ」において、カムイユーカラの部分は完全に一人称語りであり、また英雄ユーカラと称される部分とても、そういう色合いのものです。以上の二点について申し上げます。

参考

レジュメ

1、アイヌの「ユーカラ」とユーラシアの英雄叙事詩との異同
（1）アイヌの「ユーカラ」（英雄叙事詩）
参照文献――中川裕『アイヌの物語世界』（平凡社　2001）
a 主人公：超人
b 語り方：・喉に力を入れる　・拍子を取りながら
・雅語による常套句
・聞き手の合いの手が「へーへイッへイッ」
c 叙事詩の構成：「陸の住民」と「沖の住民」の戦い
（2）ユーラシアの叙事詩とアイヌの「ユーカラ」との異同
a ホジェン族の「イマカン」（ナーナイ族の「ニングマン」）との異同
参照文献――于暁飛『消滅の危機に瀕した中国少数民族の言語と文化』（明石書店）所載「ホジェンの伝承文学」
b エヴェンキ族の「ニムンガカン」との異同
参照文献――千葉大学大学院
『ユーラシア諸民族の叙事詩研究（1）』（2001）
所載　荻原眞子「エヴェンキの英雄叙事詩」
c「ゲゼル・ハーン物語」「ジャンガル」との異同
参照文献――若松寛訳『ゲゼル・ハーン物語』（平凡社　1993）
若松寛訳『ジャンガル』（平凡社　1995）

2、熊祭り（熊の霊送り儀礼）に見る叙事詩の古層（一人称語り）
（1）アイヌの「ユーカラ」とシベリア・ハンティ族の熊祭り（熊の霊送り儀礼）の歌謡の特徴（一人称語り）
a アイヌの「ユーカラ」の歌謡（一人称語り）
b シベリア・ハンティ族の熊祭り（熊の霊送り儀礼）の歌謡（一人称語り）
（2）一人称語りは巫女の神語に始まるという説（金田一京助や久保寺逸彦の説）は本当か？

一　アイヌの「ユーカラ」とユーラシアの英雄叙事詩との異同

双方の叙事詩の間の同じところと違うところですが、まず、資料1をご覧下さい。「英雄叙事詩所在地」地図です。ユーラシアには、アイヌの「ユーカラ」があり、ただ今の鈴木先生のお話に出ましたような「ゲゼル・ハーン物語」「ケサル王物語」があり、これから藤井麻湖（愛知淑徳大学准教授）さんのご発表にもありますモンゴル方面の「ジャンガル」、キルギスの「マナス」、それから中国のホジェン族の「イマカン」ほかがあります。ロシアのナーナイ族は、呼び方が違っていますけれども中国のホジェンと同じ民族で、ロシア側に居住しているわけです。そこでは、「イマカン」に相当します叙事詩のことを「ニングマン」と言っています。この所在地図でわかりますように、「ユーカラ」とそれらとの位置関係がわかります。

今まで紹介が少なかったのは、「イマカン」（「ニングマン」）の存在です。それから、バイカル湖からさらに北の方に向かってといいますか、ヤクーツク市の東や西側といいますか、そのあたりに多く分布している少数民族が、エヴェンキ族です。この民族にも壮大な英雄叙事詩が伝承されています。最初にレジュメ1、の（1）のところ、続いて（2）のところを述べます。資料1の所在地図上に表記しました（2）のａｂｃのユーラシアの各英雄叙事詩と、アイヌの「ユーカラ」が同じところもあれば、違うところもある、そのことを簡単に述べたいと思います。

まず（1）のアイヌの叙事詩につきましては、中川裕さんが『アイヌの物語世界』（平凡社、二〇〇一）で要領よく整理されていますので、それを使わせていただきます。まず、ａの〝主人公〟についてですが、それは超人的な活躍を見せる。ｂの〝語り方〟は、喉に力を入れ、拍子を取りながら語るとあります。その拍子の取り方

資料１　「英雄叙事詩所在地」地図

としては、アイヌの場合、炉端を棒のようなものでたたきながら、あるいは昔は、裸になって自らの胸をたたきながら語ったそうです。それから、雅語による常套句が語りに含まれていることが、叙事詩伝承の上できわめて重要な要素となっています。その説明は後回しにします。次に、聞き手の方から合いの手が入ります。アイヌの場合は「ヘーヘイッヘイッ」と言うのだそうですけれども、この点が、実は「イマカン」とか「ニムンガカン」の方にも関連してきます。

もう一点は、cの〝叙事詩の構成〟についてです。あまり細かくは申しあげられませんけれども、全体的にこんなような構成だということで要約しますと、陸の住民と沖の住民との戦いである。陸の住民ポイヤウンペという力の強い者が主人公で、彼が沖の人々と、ほとんど一人で戦いを展開するプロセスが、ストーリーとなっております。

続いてレジュメの（2）の、ほかの英雄叙事詩とアイヌの「ユーカラ」との比較です。まず、aホジェン族の「イマカン」については、そこに書きましたように、于暁飛さん（日本大学准教授）の「ホジェンの伝承文学」という文章を参考にいたしました。まずホジェン族の「イマカン」とアイヌの「ユーカラ」との異同の件でございます。類似点としては、主人公が双方とも超人的な活躍をみせる点と、もうひとつ聞き手の合いの手が、「ケッケッケー」とか「カッカッカー」とか囃《はや》されている点ですね（ちなみに、bのエヴェンキ族の「ニムンガカン」においても、「ケッケ」とか「ヘッヘ」と囃されているようです。もちろんそのほかにも「ケデー」とか、違う合いの手も入ることもあるようですけれども）。そういったところが似ているように思います（ここでは叙事詩そのもの、叙事詩の語り方を対象として比較しておりますので、その背景にある文化的な事は今のところ除外しております）。

それでは次に、異なる点はどこにあるのかということですが、特に叙事詩の物語として、アイヌの場合が陸の住民と沖の住民の戦いであるのに対して、a「イマカン」においては、親が悪者によって、かどわかされたり殺されたりしたために孤児となった息子が、親の敵《かたき》を討つ。そのために西の方へ行って、最終的には敵を討ち果たすというストーリーとなっていますので、違うと言えばそこが違っています。

もう一つは、「イマカン」においては、主人公が危機的状況となった時に、必ずコリ（神鷹《しんよう》）という美しい女のシャマンが現れて、鳥と化して主人公の危機を救います。そのコリに変身する女の人と主人公とは、最後に結婚するという形になります。アイヌにおける、こういう主人公の危機を救ってくれるものとしては、金田一京助が翻訳しています「虎杖丸（いたどりまる）」（『アイヌ叙事詩ユーカラ』岩波書店、一九九四 所載）の中の刀があります。虎杖丸という刀は、妖怪風な話がつきまとっているわけですが、これが主人公の危機を救うのに大きな役割を果たします。なお、細かいことを言いますと、アイヌの「ユーカラ」の「虎杖丸」の話におきましても、シャマン（女）が出てまいります。そのシャマンと主人公が後で結婚するわけです。その点が似ていると言えば似ています。

次に細かいことは省きまして、bエヴェンキ族の「ニムンガカン」との比較です。ホジェン族で「イマカン」

（ナーナイ族では「ニングマン」と称している）、エヴェンキ族で「ニムンガカン」と称していることを考えると、ツングース、満州族系の民族の叙事詩の名称は、みんなどこか似たような感じがいたします。

それはともかく、エヴェンキ族の場合とアイヌの場合との異同を申しあげますと、先ほど言ったように囃子詞《はやしことば》が似ています。それから、主人公が超人的な働きをします。その超人的な働きを、中川氏は、アニメ漫画に出てくる主人公のような活躍だと述べておりますが、刀で切り落としたはずの敵の身体が、またいつの間にかくっついているとか、死んだ者を蘇生させるとか（例えば日本の小栗判官《おぐりはんがん》みたいな話があって、骨をもとにして死者を生き返らせるとか）、そういった類いの超現実的な話がいろいろとございます。よく似ています。

異なるところですけれども、ストーリー全体の構成が異なっております。例えば、荻原眞子《おぎはらしんこ》先生（千葉大学教授）の調査報告書に載っております「イルキスモンジャ勇者」という物語では、イルキスモンジャ勇者が主人公で、敵はアバヒと言いまして、鬼とか妖怪とか地下界の人間です。ストーリー全体は勇者の世代、その子供の世代、続いてその孫の世代、曾孫の世代と延々と物語が展開しますが、この間、英雄の勇者とアバヒとの戦いが何度もくり返されます。ここで類似点、相違点とは別に記憶しておいていただきたいのは、天上界、地上界、地下界という世界を三層に分ける北方シャーマニズムの宇宙観が、明確にストーリーの中で出てくるという点です。それからもう一点、ここでも女性のシャマンがよく鳥に変身します。ここでは神鷹（コリ）ではないのですけれども、いろいろな鳥に変身します。

それから、cの、私の話の後で藤井麻湖さんがお話をなさるモンゴルの「ゲゼル・ハーン物語」とか「ジャンガル」とかとの関わりです。先ほど実は先送りいたしましたが、アイヌの「ユーカラ」の中には、雅語による常套句があるという点ですが、これがユーラシア各地の英雄叙事詩にみんなあって、語り手の、何万行にもわたる長編の叙事詩の語り手の、記憶を助けていると言われております。

雅語による決まり切った文句を頭にちゃんと入れておけば、後は、人名が変わったり場所が変わったりするところを適宜入れ替えれば、次々と語り続けていくことができるのだそうです。そういった常套句が随所に挿入されているところが、非常に似ているといえば似ています。例えば、「ジャンガル」では馬がたくさん出てまいります。馬の活躍がものすごいのです。読んでみますと、次のような馬に関したこの種の常套句が、繰り返し出てまいります。「馬は前脚を一日行程の間隔に、後脚を一夜行程の間隔に運んで、顎を地にすり、胸を顎に打ち当てて、鼻息で地面の草を二手になびかせて疾走し」とあります。要するに馬が疾走している場面なのですが、いかに馬が早く走っているかが想像できるものですね。脚と身体がひっつきそうになりながら、しかも地面すれすれに走っている。こういった常套句が至る所でくり返されます。そのほかにもございますけれども、この場合、馬にかかわるところが、特に見事だと思います。

アイヌの「ユーカラ」の場合のも例示します。例えば「オイナ」の中では、鹿を描写するときに、「近場の草を食う鹿は角を高々と押し立てて食べる。遠くを食い取るには角をわが背に寝かせて食べる」といったふうなものがありまして、先ほどの「ジャンガル」における馬の場合の雅語と非常によく似ているわけです。同じようなことが「カムイユーカラ」にもあるのです。例えば、サケがいっぱい川の流れを泳ぎ上《のぼ》ってきているのを表現するときには、「下の魚の腹びれが底の石にすれ、上の魚の背びれが天日に焦げ付くそのごとし」といったふうな表現ですね。つまり、川の水が真っ黒になるくらいのサケの大群が、川を上ってくる様子なのですね。これは一例にすぎませんけれども、このような常套句、雅語が至る所にちりばめてあるわけです。そういう点がみんな共通しています。

次に異なる点ですが、坂井弘紀氏の指摘（『中央アジアの英雄叙事詩』東洋書店　二〇〇二）によりますと、キルギス族の「マナス」の伝承地から西の方へ、特にロシアの南の方へ行きますと、そのストーリー展開は大体が歴史物語風になっているそうです。ところが、「ケサル王物語」「ゲゼル・ハーン物語」、あるいは特に「ニムンガカン」や「イマカン」等々になりますと、魔王、妖怪、魔人など地下界のものなどの神霊的なものとの戦いに終始するという点があり、双方に相違がございます。もちろん、アイヌの場合も後者の要素が濃厚です。

それはそうとして、個別的には、こういうふうに同じ所があったり、違うところがあったりするわけですが、私の考えていることとしては、大きく言いまして、ひとつには、北の方の叙事詩はシャーマニスティックな表現が多いと思います。そのシャーマニズムが背後にあって、それが叙事詩に大きく影響してきたと言えるのではないかと思います。一例としては、鳥が大きな役割をはたしている点です。それからもう一つは、天上界、地上界、地下界という三層世界区分の意識が、非常に明確にストーリーに反映していると思います。例えば、先述の荻原眞子先生解説の調査報告書に、西シベリアのハンティ族の「いとしい勇士=下界の商人・上界の商人にまつわる聖なる物語」という話が載っておりまして、これは英雄叙事詩ではなくて、聖なる物語とでも称した方がよいのかもしれません。明確に天上界、地上界、地下界を聖人が移動しながらストーリーを展開させております。こういう三層の世界観、そういう発想法は、やはりシャーマニスティックなものではないかと思いますし、それの広がりの大きさを感じます。

それから、アイヌの「ユーカラ」とユーラシアの英雄叙事詩とが大きく異なっている点はどこかと言いますと、今までその説明を抜かしてまいりましたが、やはりアイヌの「ユーカラ」は、「オイナ」もそうですけれども、英雄叙事詩になると多少それが希薄化するにせよ、「カムイユーカラ」が象徴しているように、やはりそれが一人称語りであるという点です。我を語ること、自分語りであること。一人称の語り方は、アイヌの叙事詩とか、シベリアのハンティ族の叙事詩の場合においては明確な特徴となっています。ハンティ族の叙事詩や歌謡は、特に熊祭り（熊の霊送り儀礼）の歌はすべて一人称語りとなっております。大きく言えば、アイヌの場合とその他の英雄叙事詩を比べた場合、右に述べたような共通点と相違点があろうかと思います。

二　熊祭り（熊の霊送り儀礼）に見る叙事詩の古層（一人称語り）

最後に、もう時間も押してきましたので、一人称語りについて紹介しておきたいと思います。まず、アイヌの場合は、久保寺逸彦さんの有名な『アイヌ叙事詩　神謡・聖伝の研究』によりますと、親熊が捕獲された後、小熊は家に持ち帰られて一、二年育てられ、その後殺されて、熊の霊送り儀礼が執り行われ、お酒とイナウ（御幣《ごへい》）をお土産にもらって、お父さんとお母さんがいる熊の国に帰される。こういった一部始終を、熊が自分語りの形式で述べ、さらに手厚いもてなしを受けた人間世界に、また戻りたいですというようなことも述べます。まず親が殺されて、それから、小熊である自分が家に連れて行かれて飼われ、そして殺されて熊祭りを受けて天に帰る。そしてまた、天に帰ってから、人間界であまりにも丁重にもてなされたものですから、お父さんお母さん熊とともに、その熊の家にいろいろな神様を招いて再度饗宴が催される。アイヌの場合の熊の歌（カムイユーカラ）は、そういった風なストーリーになっております。これはあくまでも熊のカムイの話ですけれども、先ほど鈴木道子先生がご紹介になったシマフクロウを送る話も同様なものであり、それも同趣旨の内容です。

それでは、ハンティ族の熊祭り（熊の霊送り儀礼）を、谷本先生と一緒に見たその時の様子の一部を、モスクワのテレビ番組で放送されたものらしいのですが、そのビデオを入手しておりますので、ご覧下さい。

〈ビデオ上映〉

森で撲殺された熊が、猟師小屋へ入れられて、祭り（歌や踊り）の饗宴が始まるのですが、今の場面は熊の頭が小屋へ入ってくるところです。周囲の者達が投げつけているのは雪です。悪いものを雪で払い清めております。他所では水をかけたりもするそうです。続いて場面は、祭壇に据えられた、解体された後のぬいぐるみ状態の熊の頭です。今のは、祭壇の前で人々が踊っている場面ですね。男はかまわないのですが、女の人は顔を見せてはいけないということで、ショールをかぶって踊ります。引き続いて「熊の歌」です。熊になりかわって熊の歌をうたっています。数人が熊の頭の前に立ってうたっていますが、実は真ん中の人しか口を開いておりません。この「熊の歌」が終わって、それから、白樺の皮で作った仮面をかぶっての寸劇がたくさん演じられます。

〈ビデオ終わり〉

今度はスライドをお願いします。今のビデオ映像には出てこなかった種類の演目のショットがいくつかありま

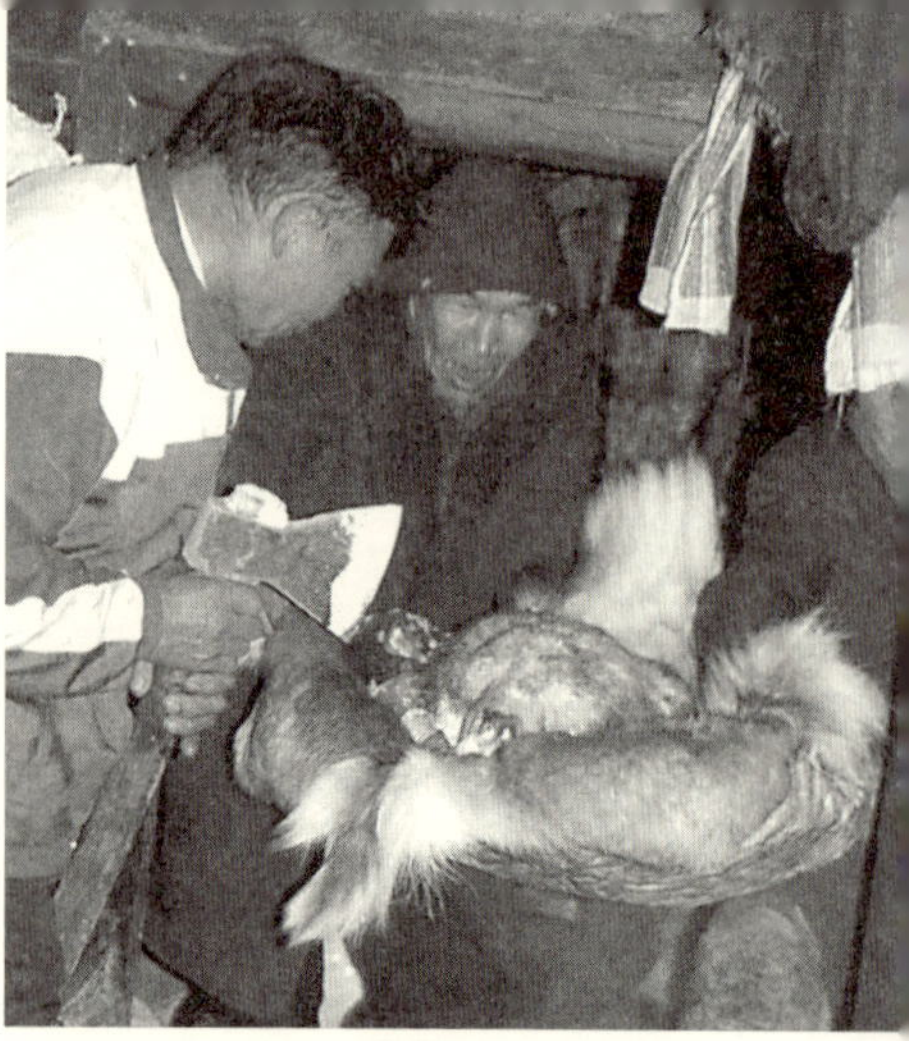

熊の頭を迎え入れる

ショールをかぶって踊る

ハンティ族の「熊祭り」のシーン

す。精霊のことをミシと呼んでいますけれども、これがそのミシの演目です。面はかぶっていなくて、ショールをかぶっただけで杖をついて出てきます。森、川、湖沼など、それぞれの土地の精霊達です。それから、そういう神霊の中でも、偉大な霊と称される霊位の高いもの達がおりまして、それは最終日（第四日目）にたくさん登場してきます。基本的には先刻のミシの場合と同じような様相をしております。こういうもの達が次々と熊祭り（熊の霊送り儀礼）の場へやってきて、ハンティ人にとって魚や動物などがたくさん捕れますようにと祈って、その後で踊りを踊って帰って行くというストーリーになっています。

いろいろな演目があるのですけれども、ここでうたわれる歌は全部一人称語りです。例えば、先ほど数人の者が手をつないで「熊の歌」をうたっていましたが、それはこの本、『シベリア・ハンティ族の熊送りと芸能』（星野紘、チモフェイ・モルダノフ共著　勉誠出版　二〇〇一）に歌詞の日本語訳を載せております。「ポトム川の歌」というのがありますが、その熊の話の顛末はアイヌの場合とそっくりです。子連れの母熊が、熊穴の所で人間に捕まって殺され、今、熊祭り（霊送り儀礼）を受けていますということを語るのですが、その時に綿々と歌われる内容は、まず自分が生まれてから死に至るまでのことです。自分や子供のためにどれだけ餌あさりをして野山を歩き回ったことかということです。春にはどれだけ野イチゴを取ったことか。夏にはどれだけ虻《あぶ》に悩まされたことか。秋にはどれだけドングリをいっぱい食べたことか、クルミを食べたことか。今はもう食べ過ぎて、体が脂肪でいっぱいだということを自分の言葉で述べまして、そしてとうとう熊穴の所で捕らえられ、殺害解体されて、今はここに鎮座していますという一人称語りです。他方精霊の方の歌も、このようにみんな一人称語りが特徴です。

ところで、金田一京助さんや久保寺逸彦さんは、アイヌの文学はシャマンの神語《しんご》、巫女《ふじょ》の託宣歌に始まるという言い方をされていますが（例えば、久保寺逸彦『アイヌの文学』岩波書店　一九七七）、果たしてそういう言

〈シベリア・ハンティ族の熊祭りに見る歌と踊りの始まり〉

A遠来の訪れ神の饗宴（折口信夫）と、Bハンティ族の熊祭りの饗宴との異同

	A	B
異なる点	遠来の訪れ神	熊の捕獲→撲殺
	伴神	森、湖、川などの霊（ミシ） 偉大なる霊（ミシ）
	海の彼方（常世）から出現	地上（ペリム川）あるいは天上から出現
類似点	目に見える神	目に見える熊（赤ん坊への見立て）
	目に見える伴神	目に見える森、湖、川の霊（地図化） 目に見える偉大なる神霊（地図化）
	饗宴	饗宴
AとBとの対応する歌と踊り	遠来の訪れ神の歌・舞（踊）	熊の歌
	伴神の歌・舞（踊）	森、湖、川などの霊の歌・舞 偉大なる霊の歌・舞 メンクの歌・舞 仮面（ルンガルトゥプ）の歌・舞
	主（人間）の歌・舞（踊）	仮面（ルンガルトゥプ）の寸劇 男の踊り、女の踊り

い方が正しいのかどうか、私の問題提起したいところです。つまり、私は、シャーマニズムは、より新しい時代のものではないかという気がいたしております。ちょっと十分には説明できないのですけれども、結論的に言えば、自然との共生感が確固としていた時代、神の世界も地獄の世界も人間の世界も一緒くたになった、これらの三層世界を融通無碍に考えている、そういう状態が背景にあって創出された叙事歌が、熊祭り（熊の霊送り儀礼）の歌ではないかと私は考えております。

ご質問があればまた説明したいと思いますが、実はそのことを説明しようと、以下に述べることに関連した資料〈シベリア・ハンティ族の熊祭りに見る歌と踊りの始まり〉を用意いたしました。

かの折口信夫は、遠来の訪れ神との饗宴に芸能は始まるという説を述べていましたが、それと、ハンティ族の熊祭り（熊の霊送り儀礼）の饗

宴の場における歌と踊りのあり方を比較した対照表でございます。比較して何が解るのでしょうか。折口は〝まれびと〟が毎年祭りの場にやってきて、主（あるじ）側の人間と一緒に饗宴を行ったが、その場で、歌と踊りが始まったと言っています（「日本藝能史六講」）。これは、人間にとって〝まれびと〟という神霊が見えるはずがないわけですから、この言い方をまともに解釈しますと、実は非常に不思議な話なのです。おそらくそれが目に見えている状態のことを、折口は書いたのではなかったかと私は推察いたしております。

その一方で、ハンティの熊祭り（熊の霊送り儀礼）においても、人々が、折口と似たような信じ込みかたをしているふしがあります。その証拠が二つあります。一つは何かというと、配布資料3「熊の霊送り儀礼の芸能の進行次第と歌の量」（本書第三章第二節(三)238ページに所載）を見てください。四日間にわたって熊祭り（熊の霊送り儀礼）がありまして、一日目に「朝の目覚めの歌」「夕べのお休みの歌」、二日目も「朝の目覚めの歌」、最後が「夕べのお休みの歌」です。三日目も同じです。これはどういうことかと申しますと、祭壇に載せてある撲殺された熊の頭を〝赤ん坊〟に見立てているのです。熊祭り（熊の霊送り儀礼）をやっている家の猟師が熊の父親がわり、奥さんが母親がわりとなって四日間の祭りをやります。そして、その生きていると見立てている〝赤ちゃん〟にみせるために、熊祭り（熊の霊送り儀礼）を行っているとも言い、そういった発想、物の考え方は、シャーマニズム以前の時代のものと言っていいのではないかと思います。なぜなら、これは、シャーマニスティックな特殊技術を用いて始めて一般庶民に信用されるというのとは違って、此岸《しがん》から彼岸《ひがん》の世界へ苦もなく飛躍し得る心情を、一般の人々が有していた時代のことではないかと思うからです。

もう一点の証拠は、目に見えないはずの精霊（ミシ）所在地を資料4に示してありますように、全部地図に落とせるのです（抽象的な偉大なる霊も含まれるのですが）。演目として登場してくる精霊たちは、どこの森の、どこの川の、どこの沼の、どこの湖のどこに居るものかということが、全部歌の中に出てくるわけです。それが

資料4　ボルノバト熊送りの歌にみる霊の散在地と熊の捕獲場所

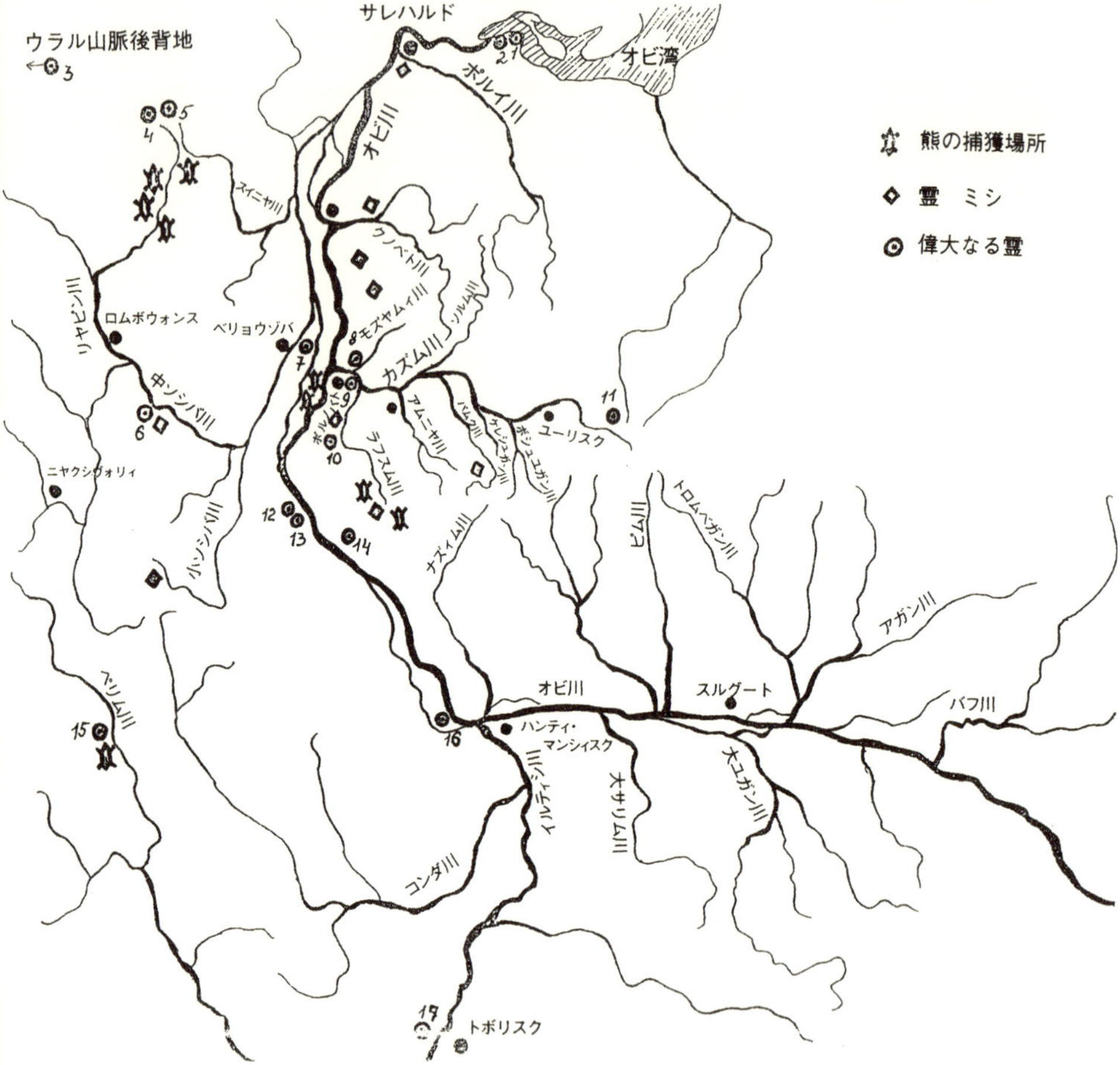

1-ホイマス　2-ヒン・イキ
3-アイ・ベルト　4-パシトベルト
5-パシト・ベルト・アイ・エビ
6-レフ・クトウプ・イキ
7-ベイト・イキ
8-ムウシヤン・ヨーフ
9-ユハン・オバン・ラパト・ベルト
10-トゥフラン・イキ
11-カスウム・イミ
12-アイ・カルタシ
13-カルタシ
14-エム・ヴォシ・イキ
15-プルウム・トルム
16-アス・トゥイ・イキ
17-ヴスィ・ヨーヴァルトィ・カトナン

全部地図に落とせるということは、霊という目に見えないはずの存在が、ハンティ人たちの間では、かなり具体的なものとして意識されているからだろうと、私は推定します。間違いがあるかもしれませんが、以上のような二点から、先ほど折口のところで申し上げたことに、つまり、歌や踊りの古層を考える上で熊祭り（熊の霊送り）が、かなり参考となるところがあるのではないかという気がします。

大分時間をオーバーしてしまって申し訳ありませんが、あとは御質問への答えの中でまた説明させていただきます。

〈質疑応答〉

藤井（知）ありがとうございました。谷本さん、「ユーカラ」をめぐって何か御意見がありませんか。

谷本 本当に広範なお話をうかがって、頭の中でどうやってお話をまとめたらいいのかわからないのですけれども、何かと何かを比較する場合の方法論みたいなもので考えると、アイヌの叙事詩として一括し、ほかの叙事詩と比べるとすれば、サハ（ヤクート）族の場合には「オロンホ」という叙事詩があるので、それとアイヌの叙事詩、今お話になった「オイナ」とか「ユーカラ」とかを比べることになります。でも、最近の研究では、特に「オイナ」は女の物語で、英雄物語である「ユーカラ」は男の語るものだと厳密に分けております。そうすると、叙事詩として一括していいのか、わるいのか。叙事詩というよりは、むしろ女の物語、男の物語と分けるべきではないか。叙事詩というひとまとめで言うのは問題があるというのが最近の研究の方向なのですね。

そういうことから言うと、男の場合は、シャーマニズムと民族闘争といったようなことで、陸と沖の戦いでアイヌ民族が民族として団結をせざるをえなかった時代は大体八〇〇年ぐらい前に、男の物語ができてきた。女の物語はその前です。ですから、非常にこれはシャーマニズムに関係があるのだということです。男の物語と女の物語だとか、ある意味での叙事詩と政治との関わり、それから、叙事詩の物語の関係などを並べて考えてみると、アイヌの叙事詩と一括してほかのものと比べるのはなかなか難しいのではないかと、うかがっていて気がつきました。

それから、熊送りのお話があったのですけれども、やはりアイヌの場合には、儀礼そのものに、熊を檻《おり》から出して、殺して肉を食べてという、一連の殺すプロセスの式次第がちゃんとあるのですね。だから、常に熊で、熊を一時も離れないのがアイヌの熊祭りの特徴です。しかし、星野さんと一緒に行ったハンティの場合は、全体の次第を見ると、熊そのものがでてくることが少ないですね。それよりむしろ地域の川の精霊の物語が延々と語られたりします。そういう点から言うと、同じ熊送りでもかなり性格が違っていて、それを比較するには相当別の工夫が要るという感じがしております。熊を殺すことが儀礼の一つの目的かどうかと言ってはおかしいのですけれども、もう殺してしまっている熊の魂を送るというハンティの場合と、殺しながら熊の魂を送る場合では、やはり相当仕分けしながら考えてみたいと思っております。

いずれにしても、大変広範な比較をされている点で興味あるお話を聞かせていただきました。ありがとうございました。

星野　問題点を二つ御指摘いただきまして、ありがとうございました。その通りのところもございます。

一番目の、叙事詩として一括していいかどうかということは、確かに、先年アムール川流域のナーナイ族の所へ行きまして話を聞いた時も、節を付けて歌うようにして語る「ニングマン」は男しかできず、女は散文体でしか語れないという話がありました。今の谷本先生の御指摘のようなことが、あるいはあるのかとは思います。ここではそれを一括して述べたわけですが、今回は一人称語りというところを問題にしたかったものですから、細かいところの説明抜きで進めさせていただきました。

二点目の、熊祭りの仕方、熊の霊の送り方について、アイヌの場合とハンティの場合を一括できないという点ですが、確かに相違がございます。アイヌのように小熊を飼って殺してから送るやり方は、アムールランドのものの特徴であるということを大林先生が述べていたわけですね。これは「ニングマン」とか「イマカン」が分布しているあたりの、ハバロフスクからサハリン方面にかけての一帯の熊祭りだけのですね。そこ以外の地にはないのだそうで、そこの違いをはっきりさせた上で議論すべきだというのは確かに考慮すべき点かと思います。ところで、この両者の相違についてどちらが古いのか新しいのか解りませんけれども、一言申し上げたいと思いますのは、資料3のハンティ族の場合の演目次第の第四日目の最後のくだりを御覧ください。ここが両者が異なっている点だと思います。「熊を殺す」と書いております。祭りの期間中は熊は生きているものと見なし、この時点に至ってもうこれ以上は歌をうたってはいけない、笑ってはいけないということで、演目を止めてしまうということなのですけれども。そういうことをやりまして、その後で〝埋葬〟と記してあり、熊の葬式をやる。形としてはここで熊を殺しているのです（ここでは儀礼としての殺しですが、二度目の殺しといってよいかと思います）。ハンティの場合も、熊を殺すプロセス（儀礼）を主目的としていると言えるのではないでしょうか。ただ、谷本先生が御指摘のように、形式としては大分性格が異なっていると思います。

藤井（知）　時間が押しつつありますので、次の御報告に移りたいと思います。どうもありがとうございました。

二　身体伝承

（一）踊　り

日本の踊り「盆の踊り」から——ナニャドヤラ〈日本〉

一　イベントとナニャドヤラ

青森県の東半分から岩手県北部の旧南部藩領域に、ナニャドヤラという盆の踊りが踊られていることは、柳田國男の紹介(注1)があったりして、つとに知られている。全国民俗芸能大会には、この種のものが一度も上演されたことがないので、どこかふさわしい伝承地（伝承グループ）が見つかれば招聘しよう、と企画委員会で話が出た。その折、青森県三戸《さんのへ》郡階上《はしかみ》町晴山沢《はれやまさわ》のものを推薦する声があり、青森県内の状況を青森県教育委員会に問い合わせたところ、そこが良いでしょうとの返事だった。平成一〇年（一九九八）八月中旬、現地の様子を確かめるために出かけた。

八月一四日朝、故郷（新潟県新発田市）の盆の行事を早めに切り上げて、ＪＲ羽越線を北上し、青森駅で乗り換えて八戸駅に向かう。特急を乗り継いだので、夕四時過ぎには目的地に着いた。暑い暑いと不平をもらしていた関東や越後方面の夏に比べ、当地は気温が五度程度低く、過ごしやすい夏ではなかったかと思う。

ホテルでくつろぎ夕刊（地元紙）をめくると、昨一三日の夕べ（墓参りの日）の、階上町平内《ひらない》の墓地での鶏舞《とりまい》の供養踊りのカラー写真が一面に載っていた。鶏舞は、岩手の剣舞《けんばい》に類似する念仏系の踊りである。いかにも盆を飾る風景にふさわしいものと判断されて載せられたのだろう。なお記事には、翌一五日には八戸市内の某寺で、墓獅子《はかじし》（獅子踊）が踊られる、との予告も記されてあった。しかし、私が目当てとしてきた階上町晴山沢のナニヤドヤラについては、一行も記されていなかった。

ナニャドヤラも盆の踊りではないか、これは一体どういうことなのだろう。

八戸地方では記事にもならないくらいあちこちでナニャドヤラは伝承されており、それはいかにもありふれた話題だったからなのだろうか。それとも、精霊《しょうりょう》の迎え送りの盆行事を、ずばり目に見せるような形、すなわち墓や寺の風景が、ナニャドヤラの必須の条件ではなかったからか、などと考えてみた。階上町晴山沢では、浄土宗の西光寺《さいこうじ》境内で踊っているが、このようなケースは珍しく、ふつうは農家の庭や道の辻などで踊り、また盆以外にも踊られる。産土神《うぶすながみ》の宵宮《よいみや》や収穫の終わった十月頃や、田植えの終わった六月頃にも、この踊りは踊られたという(注2)。

夕食をすませ、階上町教育委員会社会教育課課長補佐、澤田敏男氏のご案内（車）で、八戸のホテルから階上町晴山沢の西光寺境内へ出向いた。七時半過ぎ、保存会の人達が明日の本番に向けて踊りの稽古をしている場所に到着した。そこで、小澤勝司保存会長にいくつかお話をうかがった。

そのなかで、ナニャドヤラは今日、当地方の地域おこしに大いに利用されていることを知った。差し出された観光パンフレットを見ると、「ナニャドヤラロード」というカタカナ英語が目に飛び込んできた。今夏、隣り町の種市町《たねいち》で開催されるというイベントの案内には、「ふるさとの心　ダイナミックに」という副題が添えられ、「日本三大盆踊りサミット」と書かれていた。三大盆踊りの内容として、富山県の越中おわら、秋田県の西馬音内《にしもない》盆踊り、それと並んで当地のナニャドヤラがその一つに位置づけられている。八月一八日には晴山沢の保存会の人達が、車で四十分ほどの距離にある大野村（現岩手県洋野町《ひろの》）主催のナニャドヤラ全国大会に招聘されているとのことであった。上演時間はわずか五分ほどで、コンクールの対象ということではなく、エキジビションとして出演する由。また一九九五年には、青森市の青い海公園で開かれた「北の踊りフェスタ」というイベントにも出演したという。

いったい、ナニャドヤラのどういう点が注目されているのだろうか。この目立たぬ民俗伝承を華やかなイベントに結びつけているのは、次のような点ではないかと思う。一つは、これがただナニャドヤラ云々というきわめて短い言葉を繰り返すだけで踊られることの珍しさ、またそれなるがゆえに、盆の踊りの中でも最も原初的なものだろうとの指摘もあるからであろう。二つには、ナニャドヤラという文句の意味はいったい何なのか、それがはっきりしていないこと、つまり謎があるということではないか。この語義をめぐっては、ヘブライ語から来ているとか、いや梵語《ぼんご》からであるとか等々さまざまな説がある。武田忠一郎『東北の民謡　第一篇　岩手県の巻』(注3)によれば、八つの説が紹介され、『軽米町誌《かるまい》』(注4)によれば、十の説が紹介されている。どうやら今日の世相は、民俗的な本物への志向とか、謎めいたことへの関心の高まりとかが一般的となっており、そういったことの反映なのかもしれない。

二　ナニャドヤラの変遷、性格の問題

八月一五日、今晩が晴山沢ナニャドヤラ本番の日である。昼は八戸市立図書館へ、何か参考となるものがないかと思って出かけた。まずは、青森県の三八地区《さんぱち》（三戸郡・八戸市地区）をはじめナニャドヤラが所在する一五ほどの市町村の史誌をめくってみたが、盆踊に関する記述はきわめて少なかった。どこでも同じ状況かと思うが、せいぜい民謡の項の盆踊唄の中に、若干、盆踊に触れている程度である。このことに関しては、次のような二つのことが言えると思う。

芸能としてみた場合、盆踊は老若男女誰でも踊れる形のものが一般的だから、それは、とりたてて記述するほどのことはない、住民のごくありふれた生活行為と見過ごされていることが一つ。他方、郷土芸能とか無形文化財の章を設けて、神楽、えんぶり、鶏舞、獅子踊、駒踊《こまおどり》など技巧を必要とする芸能については、どの市町村史誌もページを割いているのとは、きわめて対照的なことであった。端的に言えば、民謡（唄）についての研究が一般化されているのに比して、この種踊りの場合の研究が遅れている。裏返して言えば、芸能研究と言えば、従来、芸術的芸能の研究に重きが置かれてきたからなのだろう。

こういう思いが間違っていないことを、小寺融吉が「盆踊の研究（注5）」の中で同様に述べているくだりがあり、意を強くした。少しくどいが引用させていただく。

また昔の盆踊の振は非常にやさしく、誰もが一寸見て直ぐ覚え、輪に入って一所に踊った――と云ふ人もあるが、これは間違いである。…（中略）…また昔の盆踊は動作の数が少ないから覚え易いとも云ふが、前に記した「高い山から谷底見れば」のやうなものばかりではない。大分県のヤンソレサは動作の数は四つで、手を振り足をあげて一廻りするだけだが、それが非常にむづかしい。

しかしながら、このたび目にした市町村史誌のうち、『七戸《しちのへ》町史』(注6)だけは例外で、民謡の項の盆踊の唄の中で、ナニャドヤラの踊りについても詳しく言及している。この方面の精通者がたまたま執筆者の中にいたというわけだが、このように目配りしてくれる研究者の各地に増えてくれることを望むものである。それはともあれ、『七戸町史』のこの記述を借りて、ナニャドヤラの変遷、性格の問題について触れておきたい。

現在、ナニャドヤラ系統の踊りは、何種類か存在しているが、それを詩型の上から分析すると、大きく次の三種があるということになる。一つは、〽ナニャドヤーラ　ナーニャドナサレノ　ナーニャドヤーラー　で五七五の詩型である。それが、いつの時代に始まるかはともかく、原初の型であろうとは大方の見方であるが、後述するように、異論もなくはなかった。次に、詩型は五七五と同じなのだが、それがナニャドヤーラ云々ではなく、その替え唄となっているものである。例えば、〽虎《とら》じょさま　酒買ってけろ　虎じょさま、といったようなものである。そして三つ目が、江戸時代も後期に入ってからの、近世甚句調の七七七五型の歌詞が用いられるようになったものである。これには、ナニャドヤーラ云々の文句は一切ない。例えば　親父貰うた　嬶《かか》欲しくない　ならば天間《てんま》の　美代子《みよこ》欲し、といったもの。次項三で記すように、今回上演の晴山沢においても、この三種があり、舞台でも紹介された。

このような、当初の五七五型のものから、近世に入って七七七五型のものが生まれた、つまり、五七五型のものが古い、という見方に対する異論もなくはなかった。例えば、後で訂正されたようではあるが、昭和一二年(一九三七)、仙台中央放送局発行の『東北の民謡』では、ナニャドヤーラ云々の文句について次のように述べている。

この歌詞は元来七七七五型のものであるが、五七五調の如く、途中から唄って行くのは「まぬけ節」の方法と同じである。

つまり、七七七五型の方が古いだろうという見方であった。

『七戸町史』のこの執筆者の記述には、ちょっと問題視されるようなくだりもある。つまり、今日、研究者間で常識とされていることと異なることを述べている。すなわち、「盆踊は古代の歌垣（又かがい）の流れを汲むものであろうかと思われるから、恋の唄が歌われても何の不思議もなく、現に盆踊の大半がそれであるといっても過言でなく…」と、盆踊の歌垣発生説を採用している点である。こういった説については、折口信夫（注7）も小寺融吉（注8）も、盆踊の歌垣発生説は違うだろう、と言明しており、今日の研究者においても、これを支持する人は少ないところである。『七戸町史』の執筆者は、柳田國男が「清光館哀史（注9）」の一文の中で、「なにャとやーれ　なにャとなされのう」の文句について、「要するに何なりともせよかし、どうなりとなさるがよいと、男に向つて呼びかけた恋の歌である」と記したくだりからそう断じているのであるが、文句は確かに恋歌かもしれないが、それで柳田が盆踊の歌垣発生説まで考えていたかどうかは解らないのである。また、私は、恋歌というと興味本位で語られ易いが、このナニャドヤラ云々には、どうにでも料理してくれ、という捨てばちの情感、庶民の哀苦とでもいった気持ちの方に、柳田は力点を置いてこの文句を読み取っていたのだと思う。

実際に、晴山沢のナニャドヤラの歌声を耳にしたが、なんともいえない哀れさがただよっていた。これは、いったい何なのだろうか。盆踊といえば、盆にやって来る精霊《しょうりょう》を迎え、新仏《にいぼとけ》の家などへ行列して訪問し、そこで踊り、そして精霊送りの日にも足を踏み鳴らすものである。これを念仏踊と関係づけて記述するのが一般的であったが、ナニャドヤラにそういう要素や性格を見つけにくいのもまた事実である。

青森県の三八地区のナニャドヤラには、旧八戸領域のものと盛岡領域のものとの二系統があり、八戸領域のものは、全く太鼓はついていないか、今はついていても昔はついていなかったという(注10)(晴山沢では太鼓はつかない)。先年、新郷村《しんごう》(青森県)の西越《さいごし》のナニャドヤラを見た時は、太鼓がついていた。そこでは、ナニャドヤラの合間にサンサ踊がよく踊られており、ナニャドヤラの太鼓はサンサ踊の太鼓と同じであった。この太鼓入りという件は、ナニャドヤラへのサンサ踊の影響かとも受け取れるが、逆のケースもあったかもしれない。

森口多里が、『岩手県民俗芸能誌』(注11)の中で、雫石《しずくいし》の御明神《ごみょうじん》さんさ踊の中の「長者《ちょうじゃ》の山《やま》」の曲について、「手振のゆるやかな、テンポののろい踊で、調子がニャニャトヤラに似ている」と述べている一行がある。おそらく、ナニャドヤラがサンサ踊に影響を与えたこともあったのだろう。サンサ踊と念仏踊がどういう関係にあるかも不明であるが、例えば、サンサ踊など、ナニャドヤラ周辺の盆踊と比較検討してみることが、ナニャドヤラの性格を明らかにしていく一つの方法のように思う。

ともあれ盆踊の念仏踊からの分化説だけが、その発生論の謎を解く鍵なのではないことを、ナニャドヤラは暗示しているのかもしれない。

三　階上町晴山沢のナニャドヤラ

階上町は青森県の東南端に位置し、八戸市と岩手県の種市町にはさまれている。東部は太平洋に面している。採訪当時の人口は一万一四六〇人余で、三八地区の中心都市、八戸市の近郊であるから、ここは過疎とは逆に人口が漸増しているとのことだった。晴山沢を含む八つの村が明治二二年(一八八九)に合併して階上村となり、昭和五五年(一九八〇)に町制を施行した。

晴山沢地区は、農村地帯といった感じのところであったが、山背《やませ》の強い土地柄で、稲作収量を上げることができなく、水田はほとんどないとのこと。葉タバコの栽培が盛んであった。当地の盆は、かつて八月一三日から一六日まで行われ、毎夜盆踊が踊られたというが、今は一五日の夜のみ。小澤勝司保存会長宅に押しかけ、盆の農家の雰囲気の一端を垣間見させていただいた。一三日から一五日までの三日間とも各家々では門火《かどび》を焚き、仏壇を拝し、夕食後、西光寺へ墓参りするとのこと。一三日のみ墓参りをしている筆者の周辺地域の習慣からすると、たいへん丁重に先祖供養をしているなという印象である。

階上町晴山沢の西光寺境内で踊られる「ナニャドヤラ」

晴山沢の盆踊について述べよう。先述の澤田敏男氏によれば、階上町内の何ヶ所かでナニャドヤラが踊られているが、晴山沢のものが一番きちんとしている。特に「十二足《あし》」の曲をちゃんと踊っているとのこと。ナニャドヤラは原初的な踊りなり、という概念に捉われていて、うかつにも素朴な手振りだろうなどと予想していたが、そんなことはない。身をくねらす複雑な手振りの、岩手のサンサ踊ほどではないものの、見栄えのする踊りぶりである。

ここでは、「十二足」(十二拍で、十五ないし十六の動作がひとフレーズの中にあるとのこと)「ナニャドヤラ」「桑《くわ》ヶ岬《さき》」の三曲が踊られているが、いずれも一同輪になっての右回りの踊りである。踊りぶりは、足を摺るように前進、両手を顔の上あたりで大きく動かしつつ歩幅大きく足を動かし、ちょっと後退しての振りがあり、そして元に直る。三曲ともこんな感じの動作だったと思うが、テンポがゆったりしたもの（「十二足」）と、忙しく速いものとの両者がある。歌詞の詩型は前項で予告したとおりで、「十二足」がナニャドヤラ云々の五七五型。「ナニャドヤラ」が五七五型で、ナニャドヤラの文句の一部が替え歌となっているもの。「桑ヶ岬」は七七七五型である。小澤保存会長に書き出していただいた歌詞を左に記す。

「十二足」
ドヤラ　ナニャドナウンサレダウダエ
　ナニャドヤラー
ドヤラ　ナニャドナウンサレ　ダウダエ
　ナニャド　ヤラー
　　右の歌詞をくりかえし唄う。

「ナニャドヤラ」
ナニャドヤラ　ナニャドナサレノ　ナニャドヤラ
　盆が来た　どこの村にも　盆が来た
ナニャドヤラ　ナニャドナサレノ　ナニャドヤラ
　盆が来た　ゆかた姿の　袖ッこ振れ
ナニャドヤラ　ナニャドナサレノ　ナニャドヤラ
　袖ッこ振れ　袖コ振らねば　品ッこ出ぬ
ナニャドヤラ　ナニャドナサレノ　ナニャドヤラ

品ッこ出せ　品のよい人　わしァ嫁に
ナニャドヤラ　ナニャドナサレノ　ナニャドヤラ
渡るまで　夜明けがらすの　渡るまで
ナニャドヤラ　ナニャドナサレノ　ナニャドヤラ

「桑ヶ岬」
江戸じゃ吉原　南部じゃ宮古ョ　ドッコイショ
宮古まさりの　桑ヶ岬　ホサヨイヨイ
お盆待ってたョ　心がおどるョ　ドッコイショ
思い出します　踊ります　ホサヨイヨイ
声のよいのと　踊りのよいのョ　ドッコイショ
誰も見たがる　知りたがる　ホサヨイヨイ
ほれたほれたョ　川ばた柳ョ　ドッコイショ
水の流れで　根っこほれた　ホサヨイヨイ
あなた行くなら　わしゃどこまでもョ　ドッコイショ
二戸《にのへ》三戸の　はてまでも　ホサヨイヨイ
わたしァ音頭取って　踊らせるからョ　ドッコイショ
夜明けがらすの　渡るまで　ホサヨイヨイ

踊りの興趣について若干記しておきたい。右三曲のうち、「十二足」の踊りが全体の基本になっていて、テンポが一番ゆったりしている。この曲は、踊りの輪の全員がピタッと息の合うものなので、踊り手の人数が増えるほど壮観を呈してくるという。しかもこれは長時間踊り続けていても疲れないという。それに反して「桑ヶ岬」は、テンポがきわめて速い。踊りのほうが唄についていくのが精一杯となる。したがって、踊りの輪のあちらこちらが、それぞれ勝手に踊るかのような状態になるという。踊りの輪全体の統一をとろうとしても、なかなかできかねる状態になるという。踊りもたいへん疲れるらしい。「十二足」のゆったりとしたテンポの踊りにあきたらなくなって、こういう変化を求めて踊るのだろうが、皮肉にもそれなりの代償を求められるというわけである。

注

（1）『定本柳田國男集　第二巻』筑摩書房
（2）阿部達『別冊　青森県の民謡―三八地区―』一九九八年　阿部達氏の八戸市立図書館への寄贈資料
（3）武田忠一郎『東北の民謡　第一篇　岩手県の巻』一九四二年　日本放送出版協会
（4）軽米町誌編纂委員会『軽米町誌』一九七五年
（5）小寺融吉『民俗舞踊研究』一九七五年　国書刊行会
（6）七戸町史刊行委員会『七戸町史』一九八二年
（7）『折口信夫全集　第二巻』中央公論社
（8）注5に同じ
（9）注1に同じ
（10）注2に同じ
（11）森口多里『岩手県民俗芸能誌』一九七一年　錦正社

チベット族などの輪踊にみる踊りの本質〈中国・日本・ロシア〉

一　汎ユーラシア的な輪踊

写真１　クリスマスの輪舞（ロシア）

チベット族の芸能の中で知られているものは、チャム（羌姆）という仮面舞踊と、グオッジョ（鍋荘とか果卓と漢字では表記される）などの輪踊であるが、ヤクとか獅子（ライオン）などの動物を象った舞、ラマ教の教えを盛りこんだりのチベット演劇（蔵戯《ザンシー》と表記される）などもあって、中国内にあってもチベット族特有の芸能文化圏を形成しているといった感がある（参照『中国民族民間舞踏集成―西蔵巻』中国ＩＳＢＮ中心　二〇〇〇年）。

ところで、チベットで盛んな輪踊形式の集団舞踊は汎ユーラシア的な存在と言ってよい。中国の国境周辺沿いに居住している少数民族の多くに伝承をみているものである。

ハンガリー舞踊と称して日本の学校で踊られている一同手をつなぎあっての例の輪踊は、ヨーロッパ方面で一般的存在のようである。ロシアでも、スラヴ系の人々の間で盛んである。手元に、ノヴゴルド近郊農村のクリスマス（一月七日）の遊びの中で行われたこの種輪踊の写真が一葉あるので掲載しておく（写真１）。ご覧のように、わが国の子供たちのカゴメカゴメ遊びと同じようなものである。この種輪踊の源流がチベット族にあるなどと言うつもりはない。ただ、その特徴を典型的に示していると思われるチベット族の伝承事例を、今回の科学研究費による研究事業の中で現地採訪調査ができ、それに基づき、踊りの本質に関わる輪踊の特徴について、いささか考察してみたので、それをここに報告しておく。

二　屋内の輪踊

雲南省迪慶蔵族（チベット族）自治州徳欽県で実地調査をした「グオッジョ」（写真2）は、チベット族の輪踊の一種で、この種の輪踊は西蔵（チベット）自治区の東部から四川省・雲南省にかけて多く伝承されている。その概要について、前掲『中国民族民間舞踏集成―西蔵巻』が記しているものを、かいつまんで紹介（翻訳）しておこう〈（　）内は筆者が付け加えたもの〉。

「グオッジョ」の意味は、輪になって歌い踊る、ということである。これは、地を踏みつつ踊る集団舞踊である。原始時代の人々は主に狩猟を生業としていて、猟を終えて帰ってくると、獲物を捕えた勝利感にひたり、一同集団となって喜び合い、射止めた動物のしぐさをしながら皆で踊った。これは、そういった所為に出発する踊りと考えられる。

グオッジョは、手をつなぎあって踊ることもあるので、手の動作が制約されざるをえない。そのかわり足の動作、運びがたいへん多彩なものとなっている。

これには、農耕地域のもの、牧畜地域のものと、それに寺院でのものの三種類がある。寺院のものをチュジュ

写真２　屋内でグオッジョを踊る

オ（曲卓）というが、これは、西蔵自治区昌都《チャムド》市の強巴林《チャムバリン》寺の僧侶達の踊るものを指す。ただし、現在は寺院では演じることができなくて、公園で踊られている（かつて寺院内で踊られていたということは、そうとは書かれてはいないけれども、ひょっとして寺院の屋内、板張りの床の上でも踊られていたのではなかろうか）。チュジュオは、強巴林寺の僧侶が踊る以外に一般の人も踊る。

これを踊る機会は、チベット族の三つの大きな祭祀行事においてである。一つは、チベット暦の正月一日に始まる新年に踊るもの。一同集まって互いに青稞酒《チンコォ》とか食べ物を勧め合い、祝いの言葉を交し合ってから、皆でこれを踊る。徹夜で踊り明かし、新しい一年の風雨順調、五穀豊穣などを予祝する（写真2の雲南省徳欽県奔子欄郷のものは、この時の踊りである）。二つ目は、八月節とか九月節とかいう作物収穫後の儀礼で踊られるもの。当日の午前、ある者は神の山を巡り樹木の枝を煙で燻《いぶ》して神を拝し、ある者は寺院へ行って仏を拝む。その日の午後に一同集ってこの踊りを楽しみ、翌日明け方まで踊る。三つ目は、寺院の法会の折のもので、各寺院の僧侶が、祭祀舞踊のチャムを演じた後、一般人が自発的に寄り集まって、これを踊る。これをもって法会はお開きになる。

このグオッジョの特殊な踊り方として、人差し指と中指を人間の二本足に見立て、相対した二人がリズミカルに二本の指を動かしあって、この踊りの真似をして見せるものがある。また、竹で作った円形のものに小さな木製人形五、六個を結わえつけ、さらに楽器につけた三本の糸もそれに結わえる。そうして歌いなが

写真3　屋内での輪踊（岡山県の大宮踊）

らこの楽器を奏すると、楽器の上下動に合わせて木製人形がリズミカルに踊り出す（いかにも変わったグオッジョの踊り形式であるが、チベット族がいかにこの踊りに熱中しているかを物語る話である）。

冗長な紹介説明となったが、三つ目の寺院でのグオッジョは注目すべきである。奔子欄のシッコーン（経堂）屋内でのグオッジョと同形式のものが、ラマ教（チベット仏教）信仰との関わりで、他地域のチベット族においても多く存在している可能性をにおわす記事である。

実は、屋内での輪踊は日本でも伝承されているのである。屋内の板張りの床の上を下駄履きでガタガタいわせながら踊っているのである。岡山県真庭《まにわ》郡の蒜山《ひるぜん》高原麓の大宮踊（重要無形民俗文化財）（写真3）はその一つだ。この種の屋内の輪踊をここ二十年ばかりずうっと探し求めてきた筆者であるが、この岡山県の伝承のほかに、鳥取県、徳島県（写真4）、京都府、奈良県、和歌山県、岐阜県、富山県など西日本から中部地方にかけての山間地で今なお命脈を保っているのである。これらの多くが茶堂とか辻堂とかと称される観音堂、阿弥陀堂、薬師堂、地蔵堂、大師堂などといった仏堂（寺院ではなく村人の民俗仏教信仰の拠点としての公堂）で踊られている。これらは、中国雲南省のチベット族の輪踊で、シッコーンというラマ教の経堂（村人の民俗信仰の拠点としての公堂）で踊られるものと、あるいは仏教信仰を介して一つ糸で結ばれているものかもしれない。もっとも、このことを証明するには、やっかいな手続きを必要とするのだが。

もう一つ、これに関連して飛躍した例を述べたい。それは、わが国一三世紀、一遍上人《いっぺんしょうにん》の踊躍念仏《ゆやくねんぶつ》の踊り絵図（「一遍聖絵《ひじりえ》」）のことだ。踊屋という床高の吹抜けの堂を構え、その床板の上を大勢の踊手が輪になり、鉦を打って、足踏み鳴らして踊っている。しかも、屋内の狭い空間に踊り手がすし詰め状態となって、まるで、おしくらまんじゅうをしているみたいなのだ。ともかく、この屋内という踊り空間、そして踊り振りの息吹は東西のこれら伝承間の近縁関係に思いを走らせる。

写真4　お堂床板上で踊られる踊り念仏（旧美馬郡貞光町）

三　踊りの場所の変容とその本質

踊りの場所の変容

前項二で記した日本の屋内の踊りは、状況として、今日その伝承が絶滅の危機にあると言っていい。そのことを物語る三つの事例を述べてみよう。一つは、日本放送協会（NHK）の『日本民謡大観　中部編』の富山県の項に記載されている、五箇山《ごかやま》の平《たいら》村上梨《かみなし》集落の「まいまい」と呼称されていた踊りの場合である。当地は、岐阜県の大野郡と接した所にあり、これも、前項二で紹介した事例の岐阜県に集中的に分布伝承されてきた神社の拝殿などでの踊りに連なるものと推測される。上梨集落の白山宮《はくさんぐう》の拝殿の中で、村の青年男女が、猥雑な感じで踊っていたものである。「まいまい」盛行時の様子を伝える某人の手紙によると次のようである。互いに手をつなぎあって踊る男女の、握

写真5　廻り踊が踊られなくなったお堂（徳島県旧美馬郡半田町山間部）

りあった両手のうちの片方の手が、隣接する後者の踊り手の秘所に触れるというエロチックな踊り振りであった。歌詞も卑猥な内容のものだったという。いかにも結婚適齢期の若い男女の秘密めかした興じ振りをうかがわせるものだ。昭和四〇年頃まで踊られていたというが、今は廃絶となっている。

ちなみに、現在この白山宮の拝殿は、重要文化財の建造物に指定されている白山宮の鞘堂《さやどう》に代用されている。昭和三〇年頃までは、地方の山村では夜這いの習俗が結構盛んであったと故老のインフォーマントからよく聞かされたが、この「まいまい」が衰退してしまったのは、ひとつには、夜這いの習俗を陋習、旧弊と断じてきた第二次大戦後の健康的倫理観の普及の所為《せい》であろう。このことは、踊りの側からすると、堂内という閉された空間、密室性が有していた緊迫したエネルギーが拡散されてしまったことを物語るのではないだろうか。

二つ目の衰退の状況は、踊りが行われる堂屋そのものの存続が危ぶまれていることである。昭和六三年（一九八八）に刊行された『阿波のお堂――氏堂・辻堂・茶堂・四ツ足堂』（徳島県出版文化協会刊）によれば、昭和五〇年代に徳島県全域で六〇六ヶ所のこの種のお堂を調査したとのことであるが、当時すでにその存続は危ぶまれており、各集落の村人の、仏教的民俗信仰のセンター的施設としての役割（そこは大師堂、薬師堂、地蔵堂などと呼称され、小仏像が祀ってある。また巡礼のお遍路さん達を迎えて村人がここでお茶の接待をしたところで

「一遍聖絵」踊躍念仏の踊り絵図（部分）
国宝・東京国立博物館蔵

もある）が忘れられ、公民館、農家の作業場、倉庫・物置などに転用された。そのため、種々の民俗行事（踊りを含めて）が消失していた。廃屋となったものも多く、建物は存在しているが、堂内の板張りの床の上を下駄履きで踊る盆踊は姿を消してしまった。高度経済成長期以後の極度の山村の疲弊、過疎化、高齢化が大きく影響しているのである（写真5）。

三つ目の現象は、学校のグラウンドとか公園といった公共の空間に音頭櫓《おんどやぐら》を立てて踊る形式、つまり踊りのイベント化が全国的に流行していることである。例えば、徳島県のお堂の床板上の踊りが消失している地域では、次のようなことが行われている。町や村の役場が音頭をとって進めている過疎地域農山村振興(ふる里再興)のためのイベントである。都会へ流失してしまった地域出身者が墓参に帰省する盆の季節に行われる。音頭櫓の上に音頭の歌い手、太鼓など囃しの楽器奏者を載せ、その音をマイクと拡声器を用いてボリュームいっぱいに拡大して響き渡らせて踊られる。しかし、ここでの踊り空間は、堂屋内の踊りと一八〇度異なっていて、踊る場を閉じ込める障壁がないから、エネルギーの集約度は希薄化していると言える。踊りの場所は無限の暗闇と連続している。音頭櫓からの音を極度に拡大しているのは、踊りの空間をなんとか統括しようという努力の現われのように思われる。逆説的に言えば、このように音頭櫓を必ず踊りの中心に据えて、音頭櫓からの音量を会場いっぱいに響き渡らせるこの種の全国的現象は、ひょっとしたら、輪踊とか集団の踊りは、本来的に何かその中心を必要としていたと言えるのではないか。しかも、その踊りの全体を一つに束ねるものが必要であるということを無意識のうちに表明しているのかもしれない。

中国チベット族の輪踊の行われる場所についても、日本と同じようなことがあるのかもしれない。前二項で引用したグオッジョの説明文にあったその一行は、そう思わせるのである。寺院でのグオッジョであるチュジュオが、本来寺院内で踊られていたのに、今日では公園で踊られているというくだりである。日本での盆踊が今日イベント化されて、公園や学校のグラウンドなどで行われるようになっているのと共通の事情が、ここにもあるように思われる。

雲南省奔子欄郷のチベット族のシッコーン屋内でのグオッジョは、今日なお精気を帯びて脈々と伝承されている。日本の、今や衰退しつつある堂内の踊りの本来の姿をそこに見ることは、それは飛躍しすぎというものであろうか。

踊りの本質

庶民の踊りは、今日の盆踊の一般的イメージに代表されるように、野外で踊られるもの、地面の上で踊られるものと思われがちである。ところが、盆踊は、以前は屋内で踊られる場合と屋外での場合と両方あったのである。そのことを小寺融吉は次のように説明していた（『民族舞踊研究』国書刊行会　一九七五年刊）。

おどる場所は大別して屋内と戸外になる。まず屋内から云へば人を多数収容し得る堂宇の場合と、新仏の家の座敷の場合がある。（中略）次に盆踊は、新盆（ニヒボンともアラボンとも）の為に行ふのを大切とし、その家を歴訪し、狭い家なら入口や庭先まで、広い家なら座敷に上がって踊る。（中略）　庭と云っても、純然たる庭園を意味せず、神社や仏閣や豪農の家では、入口前の広場にもなるが、盆踊の一団は神社・仏閣・庄屋の庭を歴訪して踊るのが、国々にある。以上は移動的踊り場になる。（「郷土舞踊と盆踊」）

このように新盆《にいぼん》の家の座敷の上（屋内）でも踊られていたのだ。特定民家の座敷の上なのか、それとも前庭なのか、ともかく私的な場所で踊られていたものが、徐々に家の前の路上だとか、公民館だとか公園だとか公的な場所を主とするように移り変わってきた。このことは、盆踊に限らない話だ。例えば、神楽でも、当番にあたった個人の民家を会場としていたものが、当該民家が経済的負担の大きさに耐えられなくなったり、祭り時の食事を執り仕切る当家の若妻の猛反対があったりして、公民館等に場所を変更している。また、中国地方の備中神楽などでは、神楽の時に一時的に畑をつぶした土地の上に神殿《こうどの》を特設して行っていたが、徐々に神社の常設の神楽殿へと変更されている。

こういった村の歌や踊りの場所の変容の趨勢を背景にしての、堂内板張りの上の盆踊の衰退である。しかしながら、こういった形式の屋内の踊りにこそ、踊りというものの本来の特徴がヴィヴィッドに表象されていたのではないか、と私は考えている。もっとも、この特徴は野外の地面の上の踊りにおいても見られる。また将来においても、こういう特性が担保され継承されていくものだろうと考えてはいるが。

堂内の踊りの特徴は、一つは、踊り空間の密室性、ある種踊り手一同が固まって楽しむというか、一同が心をひとつにする点にある。もう一つは、板張りの床上をわざわざ下駄履きで、ガタガタと音を響かせて強く踏む点にある。後者に関わる伝承として、次のようなことがある。一つは、岐阜県奥美濃地方の拝殿踊など堂内の踊りの唄の文句の一つに、「踊り踊るなら板の間で踊れ、板の響きで三味《しゃみ》いらぬ」というのがあることだ。下駄などで床板をガタガタいわせることが三味線の伴奏替わりだというのだが、いかにも足を揉み踏んだことの楽しさを表現している。これと似たことは路上の地べたの上での盆踊にもみられる。青森県教育委員会発行の調査報告書(『盆踊りと盆踊り歌』 一九七九年刊)によると、青森県北津軽郡中里町《なかさと》字中里の「ナニモサ踊」では、「手をあまり使わず、足の動きが主であった。盆期間中に、下駄を何度もすり減らしたといって自慢したという」と記してある。また、佐賀県教育委員会の調査報告書(『佐賀県の民俗芸能』 一九九九年刊)にも同じようなことが報告されている。佐賀県伊万里市波多津《はたつ》町の「浦の口説き」という盆踊では、「踊の所作は今も昔も変わらないが、以前はもっと激しく、履いている下駄が割れるほど『パンパンゲタになるまで』踊らねばならないと言われた」と記してある。盆踊は、下駄で地面を蹴るように踊らねばならないものだと、どこかで耳にしていたことと同じ物言いなのだが、こういったことは、全国的に共通な言い方なのかもしれない。

今述べた足を踏み鳴らすという特徴を示す堂内の踊りは、わが国の歴史資料にも残されている。一つは『続群書類従』に収められている春日権現神主中臣師淳の『明応六年記』の記載である。なお、明応六年は一四九七年にあたる。

南都中近年盆ノヲドリ。異類異形一興。当年又奔走云々。不空院辻ニ躍堂自昨日初建立。毎年盆ノ躍ハ。昼新薬師寺ニテ躍リ。夜不空院ノ辻ニテ踊之処。新薬師寺毎年ノ躍ニ。堂ユルギテ瓦モヲチ。御仏達も御損ジアル間。彼寺ニ難儀ノ由ノ申之故。躍堂毎年用意ニ。当年構之云々。

これで解ることは、盆の踊りを新薬師寺の堂内で踊っていたこと、しかもその踊りにより堂が揺れて瓦が落ち、仏様が破損したこと。つまり、それくらい激しい踊り振りであったということである。床板をガタガタと踏み鳴らしたとまでは書いていないが、私が本稿で紹介している堂内の踊りとイメージが重なってくるものである。終わりのところで、新薬師寺に迷惑がかかったので、躍堂《おどりどう》を毎年構築するに至ったと記してある。

躍堂といえば想い起こされるのが、前二項でも言及した例の時宗《じしゅう》の一遍の踊躍念仏が、踊屋《おどりや》というものを建てて踊られていたことを描いた絵画史料である。

『一遍聖絵』には八葉のこの種の踊躍念仏の絵があるが、そのうち七葉までが、踊屋の中、あるいは板張りの床の上で踊られている。これは、一三世紀の絵画史料であるが、これまで例示してきた堂内の踊りは、ひょっとしたらその頃まで時代を遡れるものかもしれない。以上に見てきた中国チベット族の寺院のグオッジョ、日本の屋内（堂内）の踊りは、いずれも仏教の堂屋に関わるものであった。

ここで屋内屋外を問わず、輪踊（写真6に見るような）が中国大陸、日本列島、台湾ほかに広く分布しているものであることを確認してみよう。そして、その特徴について別の資料からも言及し、その目的意図を確かめてみたい。

写真6　屋外で踊られている廻り踊イベント（かつては堂上床板の上で踊られていた）

この種の踊りを端的に言って、「手をつなぎ足を踏む踊り」と形容してもよいように思う。これは丁度、日本の子供たちの遊びのカゴメカゴメ、あるいはハンガリー舞踊に見られるような、踊り手一同が手をつなぎあい輪になって踊る芸態のものである。これは、中国の場合、例えばチベット族のグオッジョでは「聯臂踏歌」と形容表記されており、わが国でも、中国の隋唐時代の都で盛行し、渡来人によりわが国に伝えられ、奈良平安の朝廷貴族たちの間に流行したという踏歌《とうか》も「連臂踏地」と記されたとされる。このような芸態の輪踊は、中国領土の周縁地域に住む少数民族によく見られ、以前、私が手持ちの文献（やや古い資料であるが）に基づいて数えあげたところ、一九民族に認められた。ことに雲南省では二四の少数民族のうちの一六民族と、ほぼ三分の二と多くの民族にこれが伝承されていた。これには、台湾の高山族（先住民族）のものも含まれており、実は、わが国のアイヌでも同形態のものが踊られている。これらのように、カゴメカゴメ式に手をつなぎあっての手振りが今日ではほとんど見られないものの、わが日本列島全域に分布する盆踊も、芸態としてはこれと同じ類いものと見なして考えたい。なぜなら、これも多くは輪になって踊るものだからである。

そこで、この形態の踊り振りの特徴に言及してみよう。一つは、「打歌《ダアゴ》」という中国雲南省の彝《イ》族のこの種の踊りについての説明をみていただきたい。いかに足の動きに力を入れているかが解ろうかと思う。

　踊り方は、足の下の動きに力を入れる。踏む・揉む・踏み鳴らす・持ち上げる・蹴る・跳ぶ・旋回する等々。上半身は足の運びに合わせて左右に動かしたり、前に傾けたり、後ろへそったりする。（『雲南民族民間文学芸術』雲南人民出版社　一九八五年刊）

例の踏歌も資料によれば、それはアラレバシリと訓じられたといい、同様に足の動きに特徴があったようである。しからば、なぜ足踏みに固執してきたのだろうか。柳田國男は、悪霊を追送することが踊りの目的だということを何ヶ所かで書いていた。

　要するに踊の目的は昔も今も災害除却と云ふ消極的の祷祀に在りて、之を縦貫するものは内には御霊冤癘の思想なり。（「踊の昔と今」）

同様の説明は、中国側でもなされているようだ。例えば、「左脚舞」（雲南省楚雄彝《イ》族自治州牟定県伝承）について、「とある池にかつて妖魔が棲んでいて祟りをなした。人々は池に石や泥を投げ込んで、その妖魔を埋め込んでしまった。しかし、なお心配でしょうがないので、人々は、その埋めた土の上を足で踏みまわった」とその踊りの起源を説明している。この種の踊りには、何らかの神霊の存在が意識されてきたようなのだ。そのことと足を踏むという芸態が結びつけられているのだ。

一方、排除される悪霊のことではないが、同様に神霊的な存在への意識と、この種、輪の形となる芸態との関わりについて折口信夫は、次のように述べていた。

> 道を歩きながら、鉦を敲いて、新盆の家の庭で輪を作って踊る式は神祭りと同一で、月夜の晩に、雨傘をさしたり、踊りの中心に柱をたてたりする。神を招く時には、中央に柱を樹て、其まはりを踊って廻るのが型である。（「盆踊りの話」）

これは、輪踊の中心に柱などを立てる例についての

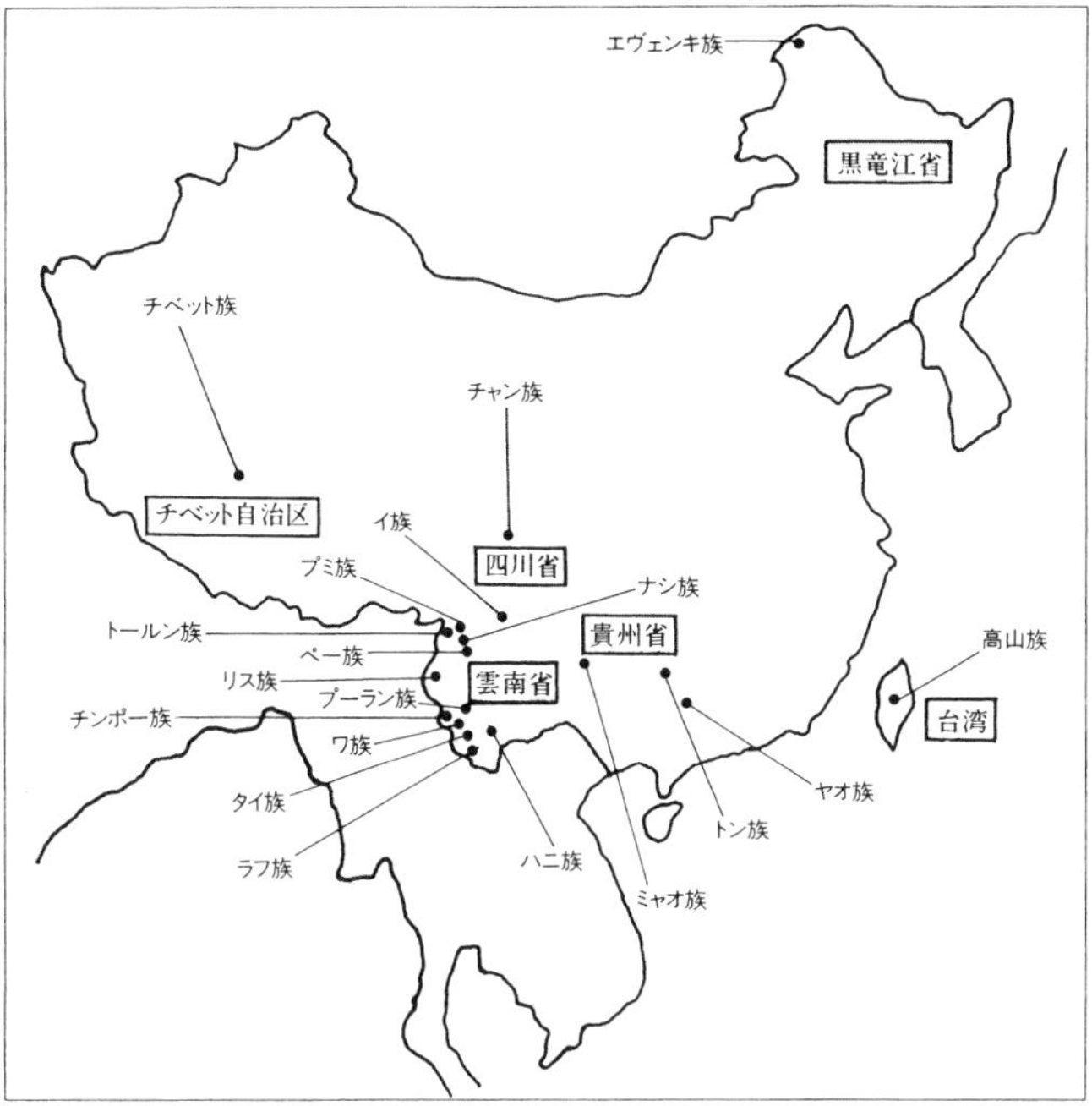

中国の輪踊分布図（輪踊をもつ少数民族）

言及であるが、そういう物体がなくても中心を意識しているのが輪踊である。そもそも円形には中心がなければならないわけであるが、踊りが高揚してきた時点で、よりそれが強く意識されていると思われる事例がいろいろとある。

奥美濃地方の拝殿踊が、時にテンポが速まり、踊り手一同輪をすぼめて中央に寄り集まり、やがてまた元の輪の形となる。この繰り返しが見られた。鹿児島県の徳之島の井之川の浜下《はまくだ》りの踊りも、テンポをアップしつつ躍りの円形を中心に向かって狭めていった。それから、沖縄県八重山地方の巻踊は、その名が示すように何か中心を巻き込む形を踊りつつ示していた。徳島県美馬《みま》郡貞光《さだみつ》町（現つるぎ町）端山《はばやま》字木屋《こや》の踊念仏（一六三ページ、写真4）は、輪になった踊り手一同後ろ向きとなって左回りに踊るのだが、踊りのテンポが徐々にアップし、最後にはその猛スピードについていけない踊り手がこけそうになって、輪の形が崩れる。これは、その年の新精霊を供養する踊りであり、何らかそれを巻き込む形ではないかと思われる。

先述のように、わが国の盆踊は、中国の少数民族のそれと違って手をつながず、踊り手個々人が指す手、引く手、交互に左右の手を操する形に執着している。しかしながら、踊り手一同には、そのリズムを一つに整えることが要求される。

〽盆だてーがに　踊りこーが揃うた　稲の出穂よーりなお揃うた

といった歌の文句が全国どこでも歌われているが、踊りの手をきちっと揃えることが要求されているのである。これなども、円の中心への何らかの集中がこの踊りに求められていることの表れではないかと思う。なぜならば、踊り手個々人は輪踊の円周を形成しているのだから。

写真７　ナシ族の輪踊（雲南省麗江市）

ともあれ、足を踏むこの輪踊、その意図する文目《あやめ》をなかなか明瞭にしがたいのだが、これには少なくとも人々をなぜか無意識のうちに興奮させるものがあるのである。最後に、一つ奇妙な話を紹介して閉じよう。中国貴州省の𫢸家《ゴォジア》という苗《ミャオ》族系統の民族が正月に踊る「𫢸青《ゴォチン》」と称される蘆笙舞《ろしょうぶ》に伴う悲しい物語である（『節日風情与伝説』貴州人民出版社　一九八三年刊）。

この踊りの時、若者は、気に入った娘さんの足先をわれ先にと踏みつけるという。ある年、村一番の美人の娘がこの踊りの場に出場した時、この娘の足を踏まんと男どもが殺到し、かわいそうにもこの娘の足が断ち切られ、この美人は命を落としてしまったというのだ。果たして、こんな事があるものかと疑いたくなるような話だが、とかくそのようにして人々は踊らなければならなかった。この踊りを踊らねばならぬ必要性だけは確かなのだ。時代の様子が今後どのように変化していこうとも、このように踊りに固執する心は、将来にも尾を引いていくものではないかと思う。

中国雲南省・奔子欄のチベット族のシッコーン堂屋の敬虔な踊り振りは、ともかく、ただ事では済まされないものを秘めているようにも見えた。

〈付記〉踊りと色恋

人はなぜ踊るのか、踊りの本質に関わることで、この一文で一つ十分に言及してこなかった点がある。それに気付かされるような顕著な伝承事例を二〇〇三年一月にロシアで採訪取材できたので、ここに付記しておきたい。

今日、ディスコやクラブなどへ踊りに行く人々の気持ちは、自分の若い頃のことを振り返ってみても、多分、その場で誰かすてきな異性にめぐり会えるのではないかという期待感があって、そこへ赴くのではあるまいか。率直に言って、そうした浮かれた気持ちがあって、踊りに打ち込むというのは、昔も今も変わらぬ人々の心理というものではないかと思う。そこでは、老若男女が胸襟を開いて手足を動かし合うのだから、男女が相互に親近感を覚えるのは当然のことだ。

ロシアのコミ族の民俗伝承採訪の旅の途次に、たまたま、そういう踊りの性格を如実に示している事例に遭遇した。二〇〇三年一月一九日、コミ共和国南端のプロコピエフカ村のクリスマスの遊びにおいて、それを撮影できたので、三葉の写真をここに掲載する。当地においても、屋内板敷きの床上を靴のままでスピーディにいくつかの演目を村の男女が踊っていた。ここで目を見張ったのは、いたるところで踊り手男女が抱き合ってキスしあうことである（写真8）。

踊りの輪の真ん中に閉じ込められた意中の女性を求めて必死になって中へもぐり込もうとする男性、それを阻もうとする他の踊り手たちとのせめぎあいの場面がある（写真9）。また、相思相愛の男性と添い寝をしようとする女性に対して、他の男どもが、くだんの男性に覆いかぶさって邪魔をするが、その女性は邪魔者（男ども）一人一人にキスを与えながら排除していき、最後に自分の男性のところにたどり着く（写真10）。こういった男と女の恋の邪魔し合いが、こもごも展開するのである。

こういった男女のごっこ遊びがあからさまに展開される踊りの例は、私はほかには例を知らない。もっとも、日本の盆踊には男女の色恋の話を伴う例がけっこう多い。例えば、二項で紹介した岡山県の大宮踊においては、かつて、盆のこの踊りの折には、夜這いのようなことが自由に行われていたということである。また、徳島県美

写真 8

写真 9

馬郡方面の山間のお堂の中で盛んであったという廻り踊（板張りの床上を下駄履きで踊った）においても、尾根伝いの近道をたどって峠越えしてきた他村の男どもが、当村の娘とこの場で仲良くするのが、この踊りの魅力だったと語られている。本田安次が、かつて、歌垣の名残りではないかと研究者に注意を喚起していたのが、福島県の、「ヤッチキ踊」とか「ばか踊」とか称されているカンショ踊である。

各地の盆踊には、多かれ少なかれこの種の逸話が伴っていたのだが、盆踊という名称の「盆」、「盂蘭盆経《うらぼんきょう》」の盆という仏教的観念から抜け出せない研究者が多く、盆踊と歌垣との関係論議などは非本質的なものと見なされて一蹴されてきた。しかし、そのように仏教的に意味づけられる輪踊は、おそらく日本だけにしか存在していないものではないか。ユーラシアの他の国々の例をみると、種々の意味合いの輪踊が存在している。

踊りの輪に加わる人々の動機が色恋沙汰にありなどと説くと、卑俗にすぎるとさ

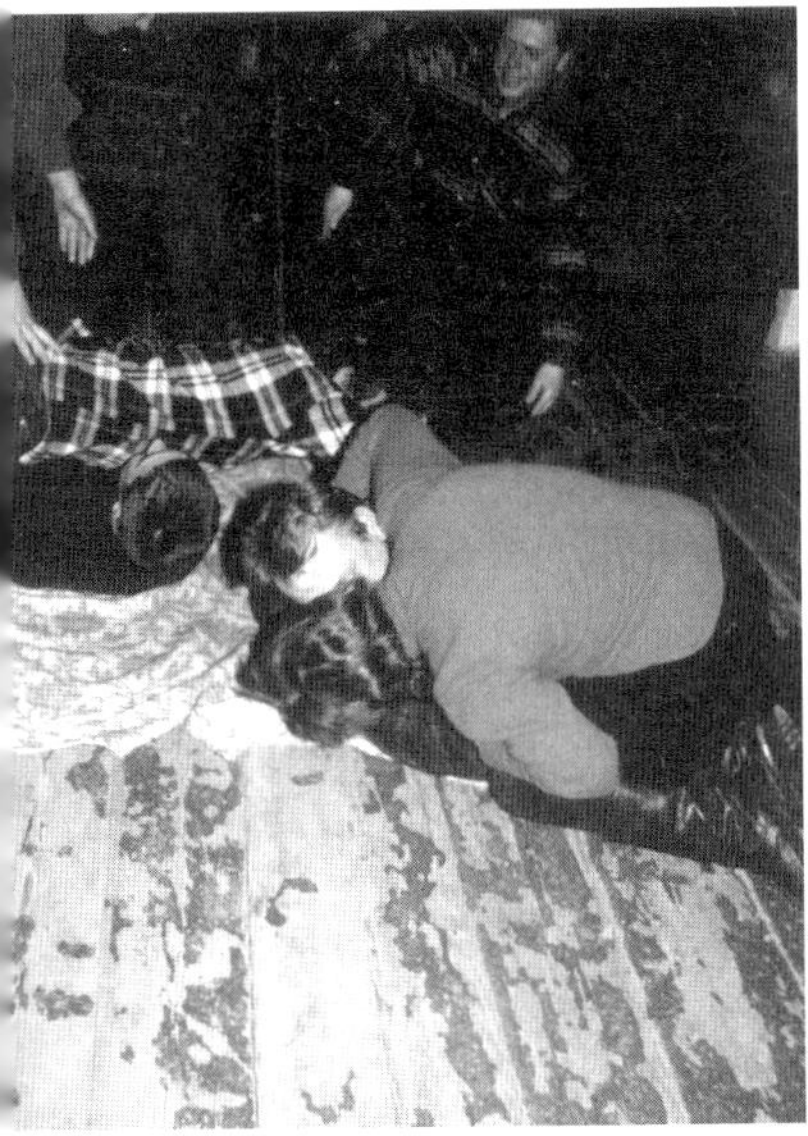
写真10

れ、もう聞き飽きた話だと受け流されてしまう。しかしながら、現今の踊りの状況を眺めてみても、そうした意識の根強い持続を感じざるを得ない。昨今、一九八〇年代に一世を風靡したディスコバーが、またぞろ賑わっているらしい。そこは暗がりの狭い、やや淫靡な空間といったところであるらしい。また、話題を呼んだ「お立ち台ギャルの踊り」なども、台上に群がった女性が、これ見よがしに肢体をくねらせてみせたらしい。これらのことを思い合わせると、人々は、いかにも単純なことに一所懸命になるものだな、と思うのである。

(二) 神事舞

日本の神事舞「神楽」から――土佐池川の神楽〈日本〉

昭和四八年(一九七三)、この年は冬の訪れが早かった。一一月、四国へ渡るための早朝の新幹線の車中、関が原のあたりで雪を見る。すでに日は中空に、家々の屋根のは消えていたが、山々は里近くまで白く化粧。数日前、南国土佐にも雪があったという。高知にも雪が降るのである。初めての旅の無知であった。厚着して行くべきかどうか迷ったのだが、人伝てに耳にしたことを真に受けて行って良かった。

高知市から西方約五〇キロ、愛媛県境の山間、吾川《あがわ》郡池川《いけがわ》町に着く。仰ぎ見る尾根に白いものを確認。雪はすぐ消えたというが、冷え込む。日差しの弱い山間の田舎町である。人口は四、五〇〇〇人。この一〇年間で三、四割減少を見ているとのこと。身を固くして人気のない旅館にたどり着く。一一月二二日の池川神社での神楽奉納のテレビ取材に付き添ってきたのである。こうした用向きで、見知らぬ土地、人情風情に接するというのは、いかにも現代風な旅といえよう。

日が迫ってきたというのに、取材になかなか快い返答をしてくれなかった神楽保存会の会長さん。東京で聞いた声はそうであった。ワンマン宰相吉田茂を引き合いに、いごっそうという土佐人気質《かたぎ》だと耳打ちしてくれた人があった。おそるおそる面会した会長さん、さほどでもなかった。電源を三〇キロのものにしたいというテレビ局側の要望は、いくら四国電力の人ががんばっても一二キロほどしか取れないものであった。それほど不便なところであり、会長さんは、それが可能かどうか思案していたのだ。神楽師とても、時期が時期で、近隣各社（一七社ばかり）への奉納に忙殺されており（連日というわけではないのだが、日々の労働の合間を縫ってやっている）、テレビとの付き合いは、突然割り込んできたスケジュールであり、ごり押ししたのは、こっちの方だったかもしれない。それでも、テレビに撮られるということで、神社奉納日の翌日に、わざわざ特別に演じてくれたり、有線放送で町の人々にこれを見物に来るよう呼びかけたりと、好意を寄せてくれた。ことに若いディレクター氏は引っ張りだこで、同年輩の神楽師と意気投合し、東京に帰っても文通を続けているとのことであった。旅の道連れといったはかない仲なのだが、お互い、心の記念写真として、年経て後、思い出すこともあるのだろうか。

この山里の神楽にも、例の悪さをする鬼がいた。シャンシャンシャンシャンと今や四人が舞い込んでいる拝殿、どこからともなくガサゴソしたり、戸板がドンドン叩かれたり、ある気配。飛び込んできたのは、大蛮《だいばん》と呼ばれる鬼

大蛮が腕白坊主を頭上に差し上げる

神である。四人の神々（美しい錦の装束に鳥兜《とりかぶと》を冠《かぶ》り、剣を手にした四天王）を舞処《まいと》の外へ追い出したり、客席へ転がり込んでは老婆や幼児を平気で押しつぶしにかかる。いやがる腕白坊主を舞処の中央に引きずり込んで真上に差し上げる。もっとも子供たちには愛すべき存在でもある。彼の撒《ま》く餅がどうにも魅力的らしいのである。ちゃんと袋を用意してきていたり、餅を盛った盆を、この鬼が手にしたとたんワァーと群がり寄る。傍若無人なこの鬼も、やがて四天王の神々に言い負かされ、しくしく泣き出すのはほほえましい。これが、この神楽の中で人々が笑いこけたり、芝居がかっていたりして、一番沸くところである。近隣の津野山《つのやま》神楽（高岡郡檮原《ゆすはら》町、東津野《つの》村）、本川《ほんがわ》神楽（土佐郡本川村、大川村）など四国山脈沿いの、東部から中部にかけて点在する同種神楽に共通する点である（ここでは、「四天・鬼神」の舞と称し、津野山では「悪魔払い」、本川では「鬼神争い」と言う）。

「村の踊り」という言葉のはしには、ことにわれわれ都会人は、かつかつ命脈を伝えているもの、との思いをはせがちであるが、そうとばかりも言えないことに気がつくのである。例えば、この神楽の演じ手達、山里の各所に招かれ、多忙な一一月、一二月を過ごすとのことである。これで食べている人たちではもちろんないが、いわば芸人の風を感じさせる。思い思いに所望のあった神社にやって来る一〇人ばかり、いずれも役者よろしく山高帽を被り黒マントに身を包んで、大きなスーツケースを手にしてである。

夜九時ごろ旅館を抜け出して、今夜奉納しているという檜谷《ひたに》集落へ行ってみた。二里ほど峡谷を分け入ったまさに県境である。灯火は一、二軒のほかは見えず、手探りで登った坂の上の神社、詰め掛けた老若男女が笑いこけたりしている図があった。ぴちっと戸を閉ざして、案内のない者には人が悪い。知らぬが世間、とでもいうような顔である。宝暦二年（一七五二）の『寺川郷談《てらかわきょうだん》』「本川神楽」に、同じような山懐の人々の神楽への興じぶりが描かれている。「高知にはか様の舞なく珍敷《めずらしき》見物也《なり》」と、いかにも異国の地に足を踏み入れたような感慨で文を結んでいる。多少の変化はあるにしても、取り入れが済み、冬のかかりの土佐の山家《やまが》の人々のこの雰囲気、二百数十年の歳月を感じさせないように思われた。少なくとも、都会人士がこれを珍しがったという歴史が今に始まったことでないということだけは確かである。

池川神社の祭りの翌日（二三日）、テレビカメラに向かって、おもしろそうな演目何番かが舞いなおされた。両の掌《てのひら》に会席膳を載せたまま転がり起きて見せたりする舞（和卓《おしき》の舞）が、なんど繰り返せど膳が落ちてしまう。だんだんあせりゆく舞い手の姿は気の毒だった。手がすべらぬように膳の底を拭いたり、足がすべらぬように舞《まい》処《と》一面に一升瓶の酒をふり撒いたりの措置が試みられている折、「宮祓《みやはら》いをやらなかったからだ」との声が客席にあった。この神楽のはじめには欠かせぬ「宮祓の舞」を抜いてカメラは回されていたのである。そうこうしているうちに緊張が解けたのか、うまくいったのであるが、一時はどうなることかと某人のとがめだてが気になったものである。特にこの地の人が信仰心に篤いとか、これが呪術的色合いの濃い神楽だとかいうわけではない。神前に背を向けると罰があたるとか、葬儀から帰宅した玄関口では塩を撒かないと平常な日常にもどった気にならないなど、よく体験することと異なった発想ではない。ただ、よく耳にする、「信仰と密着した郷土芸能（村の踊り）」というような言い方が、どうも気になったのである。

以上は、テレビロケ随行の旅日記から、神楽瞥見の印象記である。言い落としているところ、他所のものとの比較、あるいは現在は忘れ去られている昔日のありさまなどを、入手しえた資料をもとに少々補足しておきたいと思う。

ここの人達は、神楽を囃す太鼓の音を、ハヨコイドデドン　ミンナコイドデドン　と叩かれると言い慣わしている。その音は、神社から隔たったところで、日常のことに携わっている人達にとっての神楽の代名詞であり、心はずませてその側へやって来たときの舞いぶりが、そんなふうに躍動的だということである。

例えば、鈴をシャンシャンと振りながら、白足袋あざやかにツッツッと歩をはこび、ときに踵《きびす》をかえして舞い返る。いかにも折り目正しい神職姿の颯爽とした舞いぶりが、思い返されるのである（囃子は太鼓のほかに締太鼓、それにガチャガチャ鳴りっぱなしの銅拍子《どびょうし》があいまっていた）。

舞うところは、神社の拝殿で、中にちゃんと四本柱で囲まれた二間四方の板の間がしつらえてあり、柱には榊《さかき》を添え、柱間に注連縄《しめなわ》をめぐらし、産土神だとか松竹梅だとかの白い切抜紙（半紙のえりもの）を何枚も吊りまわしなどすれば、神楽の舞処と化すのである。津野山でも本川でも、これが、土佐神楽が賑わいを見せているこの辺一帯の社殿の造りとなっているとのことだ。

始めから終わりまで四時間ばかり、吹き抜けの拝殿で鼻をすすりながら、よそ見もせずに座していたことは、はっきりしているのだが、もうずいぶんと以前のことなので、急調時の舞いぶりの壮快さ、ハラハラさせるアクロバティックなくだり、顎を解くえらぎなど、それ以上にはなかなか思い出せない。それに不案内だったのをたなにあげて付言すれば、曲名、曲趣などの神道的解説は難解である（逆に言えば、厳粛味を持たせてもいるのだろうが）。これを神楽の特徴の一つに数え上げるのは詭弁というものであろうか。

見た目、形態のうえから言えば、ここでは次のような五種の曲が舞われた。

一、一番「宮祓」のような直面《ひためん》で鈴、扇、幣、刀、弓などを採っての採物《とりもの》の舞（ほかに、四番「神迎の舞」、五番「二天の舞」、六番「手草の舞」、十二番「将軍の舞」）。

二、三番「和卓の舞」のような曲芸風の舞（ほかに、十番「長刀の舞」）。
三、七番「天磐土開《あめのいわとびらき》の舞《まい》」のような神来臨をかたどった仮面《かめん》の舞（ほかに、六番「児勤《こきん》—古吟とも」、一一番「山主の舞」）。
四、九番「四天鬼神《してんきじん》の舞」（先に触れたように大蛮が服従を誓う舞。一二番「悪魔払」も同系）。
五、神楽の最後に演じられる番外曲「王神立《おうじんたて》の儀」。いわゆる五行《ごぎょう》神楽というもので、舞処に楽器や採物等を重ね置き、それを取り囲んだ太郎王子、次郎王子、三郎王子、四郎王子、五郎王子が掛け合い問答で、四季、四方の所務を争い、終局において和解を演じみせる。そのめでたさが神楽の舞鎮めにふさわしいということで、ここに置かれたのだろう。

仮面を付けて舞う「天磐土開の舞」

　近年、各地の神楽の記録資料が印刷物として刊行をみており、少し探す気で右のような外形的要素がほかにあるかないか、あたってみると、隣りの伊予の神楽はもちろん、遠く山陰、山陽、九州その他に心あたりのあるものを見出せる。これが、土佐のみの孤立した神楽ではないということである。

　ところで、ここに、文禄二年（一五九三）のものという「神代神楽伝記」（三一書房『日本庶民文化史料集成　第一巻』所載）に、剣舞《けんまい》神楽伝記と記してある。「それ剣の舞は、神道の根元、天地開闢の儀なり（中略）神の怒りを解き、万魂を鎮め悪気を掃ふ、天下太平の儀なり」と。こう神楽の意義、目的を説いているが、天照大神《あまてらすおおみかみ》を怒らせた素戔嗚命《すさのおのみこと》（そのために天照が岩戸に隠れた）が、追放された出雲国で八岐大蛇《やまたのおろち》を退治し、その尾にあった剣を天照に奉り、彼女の怒りを解いた云々という、記紀のくだりを引いているのである。

五番「二天の舞」、九番「四天の舞」は、それに該当する曲であり、これが、ほかにない曲とは言いえないのだが、少なくとも、この地方の神楽の力の入れどころは、この剣舞にあり、土佐に多く分布している風流《ふりゅう》の踊りの太刀《たち》踊、花取《はなとり》踊との関連がなくはないのではなかろうか。

舞踏の足運びと北斗七星――反閇〈日本・中国〉

舞踏というと、日本舞踊にしろ、バレエにしろ、さては先年流行をみたディスコや一時話題となったお立ち台ギャルの踊りにしろ、総じて、流れるような軽快な振りや旋回、あるいはリズミカルな規則的動作の繰り返しといった、ある種爽快なイメージを抱かせる。この点は音楽などとも同じなのであって、寄せては返して打ち寄せる岸辺の波のように破綻なく完結的で、いかにも自然の理にかなったものである。

ところで、この完結性を逸脱しているわけではないけれども、「ナンバ」の手振りの踊りや地に這いつくばるような暗黒舞踏派の踊り、それにスパニッシュダンスのようなほとんど足の動作だけと言ってよいような踊りは、どこか新鮮に映る。アフリカの各地各民族の踊りのビデオを見ると、実に細かく切れ目なく打たれる太鼓のリズムに合わせて、長身の黒人が両足を交互に踏み鳴らしている。種々の踏み方があるその中の一つに、カニの横這いといった風の動作をする一類があった。それは、ちょうど逃げた牛を牧場に追い込もうとする牧人のように、

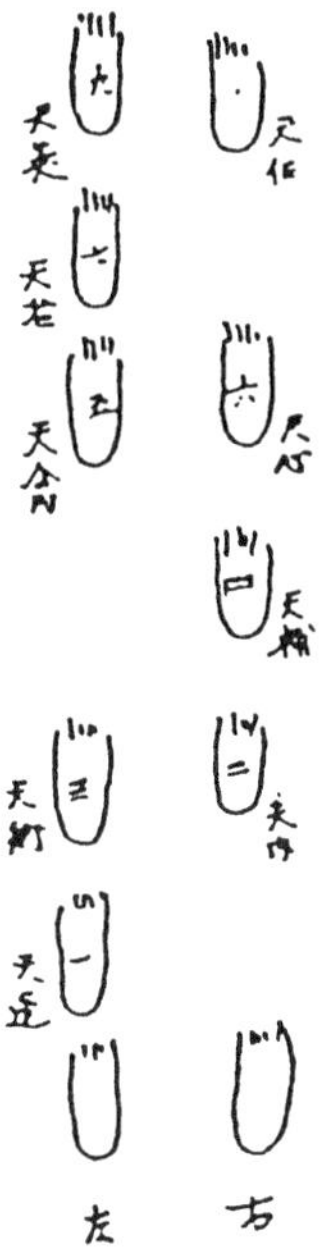

図1　『若杉家文書』「小反閇作法并護身法」から「禹歩の足取り」図

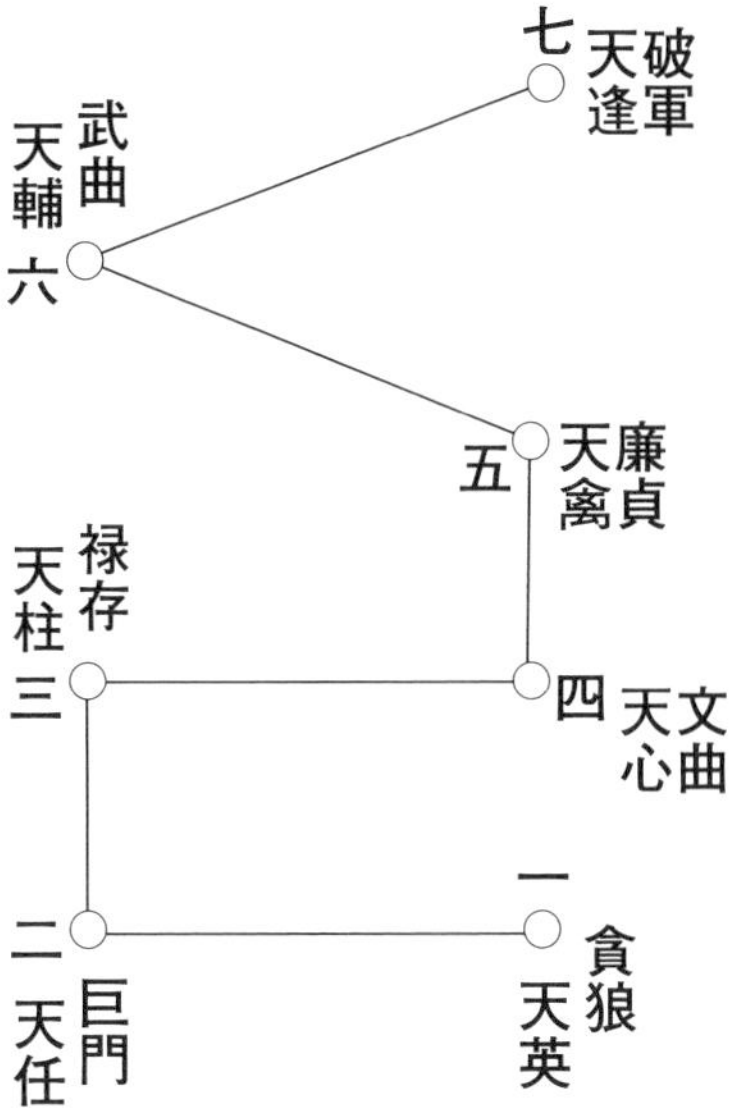

図2　「踏七星法訣歩罡法」型

やや腰をかがめて、前後した両足をそのままの姿勢で前進したり後退したりしているのである。両足を交叉させて走るポーズよりもより広角度に地面を取り押さえているような挙動である。地面に対するある種のこだわりを感じさせ、どこか不要なところに力の入った足運びであった。

　この話には最後で立ち返ることとして、まず、なぜ表記のような標題をつけたのかを説明したい。

　日本の舞踊には、その足運びに星の概念を付したものは、ほとんど見かけないが、中国大陸方面にはこれがあり、その影響下にある日本の概念にもわずかにそれらしいものがある。早川孝太郎の『花祭』や折口信夫の指摘などで有名になった反閇《へんばい》である。文献史料をあさってゆくと、これが禹歩《うほ》という足運びに概念的に重なり合っている点のあることを知る。

　例えば、陰陽道《おんようどう》の史料『若杉《わかすぎ》家文書《もんじょ》』の中の「小《しょう》反閇作法并《ならびに》護身法」に図1のような禹歩《うほ》の足取り図が掲載されている。そして、この図の九足の各々に、天逢、天内、天衝、天輔、天禽、天心、天柱、天任、天英と記されているが、これが、藤野岩友氏が「禹歩考」（『中国の文学と礼俗』一九七六　所載）の中で紹介している台湾道教の道士の踏む歩罡踏斗《ほこうとうと》の一つの型、「踏七星法訣歩罡法」（図2）の図の上の貪狼、巨門、禄存、文曲、廉貞、武曲、破軍の七星と大部分照応していることが解る。ともあれ、舞踊の足運びと北斗七星の関連を探る作業は、修験道《しゅげんどう》、陰陽道、道教などの難解な宗教的理念が複雑に錯綜した中に迷い込まねばならない。そういうしんどさを覚悟しなければならないのである。

故郡司正勝氏が、「星影を踏む」という言い方があるくらいだから、舞踊と星が関係ないわけがないだろうと示唆してくださったが、それにしてもやはり、日本の舞踊には星の概念が少ない。それならばなぜこのような標題を掲げたのか？　ということになる。確かにそのように星の概念は乏しいのだけれども、実はここに舞踊の根本に関わると思われるような話が潜んでいるので、こうした標題にしたのである。それは上述の禹歩に関連している。

禹歩は中国大陸でも台湾でも、今も行われているようなのだが、その解釈には議論があって、定説はないものの、隋代、唐代の学者による禹歩の跛行《はこう》説が広く知られていた。それは神話時代の皇帝、堯《ぎょう》・舜《しゅん》・禹《う》の禹によって始められたとされる。禹は治水事業のために全国各地を歩きまわり多大な功績を挙げたが、この山河への歩きまわりが原因となって足萎《な》えとなり、その歩行は半身不随の人のようになってしまった。これが巫師《ふし》、巫女《ふじょ》の模倣するところとなって今日にまで伝えられていると解釈したのである。

ところが、このような見方に対して、もっとプラスのイメージで捉えるべきだという意見がある。現代の中国の舞踊研究者、周冰女史は、禹歩を跛行と見なすのは、夏王朝の聖帝、禹に対する冒瀆であるばかりでなく、現存の巫師の伝承などを調査してみると、禹歩とは八卦《はっけ》とか北斗七星を踏む歩き方となっていて、しかもそれは、軽快な美的印象を与える舞踊の手であると説く。また、道教研究者の石田秀美氏は、禹歩を半身不随の者の歩行などと見なすに至ったのは、秦漢代以後の、神話的なものを何でも人間的に解釈しようとする時代の傾向の中で生まれたもので、本来それは、洪水神である竜蛇の蛇行《だこう》に由来するものと解釈すべきだ、としている。

台湾の道士は、歩罡踏斗という概念のもと、足を引きずって動作する禹歩を今も行っていると藤野岩友氏が書いているが、私も台湾の嘉義市にある先天宮の祈安賜福礼斗法会という祭祀の中で、それを実見したことがある。

その時の陳栄盛道士の話によれば、陽《よう》の日は左足から先に踏み出さねばならず、陰《いん》の日は右足から踏み出さねばならない。従って、半身不随の人の歩き方というか、カニの横這い的な歩行になるのである、とのことであった。この種の理解というか、ある種のこだわりは、いかにも宗教祭祀的な発想である。禹歩が本来そのような性格のものだったとすれば、破綻なく完結な舞踊のそれよりも、何かぎこちないものの方が、より本来的なもののような気がするが、いかがなものであろうか。

嘉義市・先天宮の陳栄盛道士

そしてまた、このような宗教的な祭祀儀礼というのは、悠久の昔のものの陰影をいつまでも引きずるところがあるから、遠方のアフリカの黒人の舞踊とも脈を通ずるものを遺しているとしても、不思議でないかもしれない。地面に対する執拗なこだわりが、星影や宇宙の広がりをも視野に入れてゆくのは、跛行説マイナスイメージの裏返しとしての不明さゆえだろうか。

〈参考〉反閇とは——

この語は、今日、一般的にはなじみの薄い言葉である。平安・鎌倉の頃、宮廷貴族の間で盛んに行われ、室町時代の国語辞書の一つ『下学集《かがくしゅう》』によれば、天皇出御《しゅつぎょ》の折に陰陽師によってこの呪法《じゅほう》が執り行われた、禹歩とも称される特殊な足遣いであった。この禹歩は、江戸時代の有職故実《ゆうそくこじつ》書『貞丈雑記《ていじょうざっき》』に図示されており、「臨兵闘者皆陣烈在前」の九字の呪文を唱えながら、左右の足を交互に九歩踏む。両足を揃えて立った位置から右足を前に一歩出し、次に左足をその右足より前方へ一歩出し、三歩目に右足を左足の横へ揃える。続いて初めに左足を一歩前に出し、次に右足をその左足より前方へ一歩出し、三歩目に左足を右足の横に揃える。三度目に、最初の右足を一歩前に出し、続いて左足、右足と運ぶのと同じ歩を運ぶ。つまり、右左右、左右左、右左右の順で右、左の足を三三三の計九歩で運ぶ。これと同様のことは、中国晋《しん》代の『抱朴子《ほうぼくし》』に記されている。折口信夫は「日本藝能史六講」の中で、日本の反閇における禹歩は中国の影響を受けたもので、力足《ちからあし》を踏んで悪いものを踏み鎮める日本古来の足運びも存在していただろう、と述べている。ミソギ、ハライにおいてこの足運びが用いられていたと解する研究者もいる。

反閇は、鎮魂とともに我が国芸能には欠かせない重要な要素である、と折口信夫が述べていた。奥三河《おくみかわ》の花祭における「榊鬼《さかきおに》」や「しずめ」の次第では、〝へんべ〟が踏まれ、能の翁の天地人の足踏みや、道成寺《どうじょうじ》の乱拍子等をその一事例としている。各地の神楽に反閇とみられる足遣いが散見し、東海地方の「おこない」や田楽における「地固め」等の結界の呪法にもそれが見られるなど、民俗芸能における同様の足遣いも注目されている。

禹歩の足運びは、三の倍数を踏むなど様式化されている。中国、台湾の巫師が踏んでいる罡歩（禹歩とされる）は、八卦の九方向に足を踏みまわる形や、北斗七星を踏みまわる形で今日様式化されたものであるが、隋唐時代の研究者の注釈では、禹歩はなぜか身障者風の足取りだったとされていた。

文献　星野紘「反閇の足運びについての試論」（『民俗芸能研究』14号　一九九一年発行　所載）

神懸りと芸〈日本・中国〉

一　問題の所在

以前から知り得ていたことだが、神懸りの芸の今日の姿には昔日の盛況は喪われている、というふうに皆が言い合っている。あらためてそんな思いを抱いたのは、偶然目にした新聞記事の数行のくだりからである。国連の、発展途上国や紛争地域の貧困救済や民主化促進事業を展開しているUNDRO（国連災害救援調整官事務所）という組織の管理局長に就任したばかりの某女性の紹介記事に記されていたことである（二〇〇六年八月二〇日付け朝日新聞朝刊）。

ブータンで政府の報告書に「三日歩かないと医者にたどり着けない」とあった山村へ向かった。首都から徒歩で四日。四千メートルの山中で、吹雪で遭難しそうになった。たどり着くと、村人が「家族が病気になり、

中国吉林省・満州族の神懸りの「覡の舞」

僧に祈ってもらったが死んだ」。このときの衝撃が持ち前の「現場主義」の根底にある。

自分の足で難路をたどり現地の現場を体験してこそ当該業務はこなされるのだという、新任局長の仕事ぶりイズムを紹介したエピソードである。この一節の祈祷僧の描写が私には看過できなかった。今日西洋医学こそが人の命を救う最善の方法であることを誰もが信じて疑わない。その医術がブータンの山中にまでは行き渡っていなかったので、家族の一員を失った村民にいたたまれない悲しみが生じたという。くだんの僧の祈祷はあたかも無用の長物の如く扱われている。私が本稿で取り上げようとする巫覡《ふげき》の徒の術なるものは、今やこのように価値のないものと見なされている現実を突きつけられた思いであった。

では、なぜこれら巫覡の徒に筆者は言及しようとしているのか？

端的にいえばこの種巫覡の徒が今日なお若干は存在し続けていること、そして彼らが関係していた神事（祭礼）舞踊は、アジア地域にはもちろんのこと、世界各地に、もちろん日本にも今なお存在している。しかもなお、それらが人の命を助けるのか助けないのかといった西洋医術にみるような存在意義が、これには明瞭に説明されていないでいるからである。実は医術とは違った芸（芸能）特有の存在意義はあるのだが、それが実利的なものではないだけに、誰もがその説明を面倒くさがっているのである。

周知のように日本の神楽に「巫女舞《みこまい》」があり、今日結婚式の折や神社参拝客のために舞う、白衣《びゃくえ》に緋袴《ひばかま》姿の巫

イ族のビモ。長編の神話を語りつづける

女のそれも、巫覡の徒の場合と同一の概念に包含されていて、それに携わるアルバイトの女学生も、いわゆる「巫女」と称されている。これを形骸化された巫女なりと我々は馬鹿にするけれど、彼女らを「巫女」と呼称する以外の呼び名は存在していない。確かに彼女らは神懸りすることはない。その神懸りということもまた、芸（舞踊）の世界の話になると判然としないところがある。

従来から二種類の巫覡の徒の存在について言及されてきた。沖縄、奄美では、世襲巫としてのノロやツカサは、突然神懸りし、身体硬直して意識朦朧となる臨時巫（降神巫）のユタのような狂態は見せない。同様に韓国でも、神懸るムーダン（巫堂）に対してタンゴル（丹骨）などと称される世襲巫はノロと同様、精神錯乱状態にはならないという。中国大陸の場合でも、端公などと称される下級の巫覡はよく錯乱状態になるが、上級（世襲）の巫覡の徒の場合は、地域共同体の知恵袋などと崇められたりし、地域の精神的支柱のような存在となっていて、神懸らない。たとえば中国西南域に居住するイ族のビモなどと称される者は、部族の長編の神話（神話史詩）を全部暗記していて、共同体祭祀を取り仕切っている。地域の百科事典的精通者という性格を帯びているのだ。

こういった伝承例を考えると、神懸り状態になれるかどうかが、必ずしも巫覡の必須条件ではないと考えたくなる。問題は祭祀舞踊に連続している託宣《たくせん》（神の言葉）のところにある。人々の運命とか、生活のこと、幸、不幸、あるいは健康のこと、将来の予言や占いなどが正鵠《せいこく》を得ているかどうかが肝心なのである。旧来の巫覡の徒はそれをぴたりと言い当てたのだが、今日ではそれが不正確であるとか、あるいは誰もが解り切ったことしか述べなくなっているとか、そういう衰退があるのは確かかと思う。

巫覡の徒は、病気を治す医療的な技のようなものを有している場合もあれば、祭祀舞踊に精通していて神霊と交感することもある。そのような彼らの能力は、今日、往時の姿を失ったとされるのだが、それらは果たして全く無用のものと化してしまったものなのかどうか。数少なくはなったけれども、それらの残存伝承が今日に有している意義は、一体どの辺にあると考えるべきものなのか、それらのことについて以下にいくつかの事例を挙げて考察してみたい。

二　巫覡の超能力

先述のブータンの山中の祈祷僧のように、今日では一般的にその存在を否定的に見られている巫覡の徒ではある。日本国内はともかく、目を外国に向けてみると、この種のシャーマニスティックな超能力を有する者達は今日なお存在している。例えば中国の貴州省辺に居住している土家《トゥチャ》族の「土老師《トゥラオシー》」と称されるこの種の徒（男）は、現地においては今なお重宝がられている。

彼らの祭祀活動の調査報告書(注1)によれば貴州省東北部の徳江県には、二〇〇三年現在、「儺堂戯《ヌオタンシー》」と称される日本の神楽によく似た神事舞踊などを執り行う座（グループ）が都合一三一もあり、演者の土老師が六四一人も存在しているとのことだ。彼らの演目内容には、儀礼祭祀舞踊や仮面を着けての余興の芝居的プログラムのほかに、「儺技《ヌオヂー》」（あるいは「絶技《ジュエジー》」）と称される一種の超能力といってもよいようなサーカス風な技を見せる次第がある。

日本でも採物《とりもの》神楽の「盆（膳）の舞」、代神楽《だいかぐら》における「継《つ》ぎ獅子《じし》」のような、見物席から拍手が沸き起こるこれと類似の散楽技が存在している。土家族の場合はそれがもっともっとドキッとさせる。それは山伏の火渡りにも似た執り行いなのだが、火渡り的なもの以外にも色々とハラハラさせる技を様々に見せてくれる。二〇〇五年秋に貴州民族学院中国西南儺文化研究センター所長の庹《た》修明教授の案内を得て、それらの一端を目にすることができた。

絶技には七種の技があり、その一つが「定鶏《ディンジー》」というもので、これは細い棒の先端に挙動止まない生きた鶏をピタッと静止させてみせたりする術である。あり得ないことをやってみせる不思議さに驚くのだが、そうやって後、術から解放されたくだんの鶏が飛び去る方向をもって祭祀祈祷の成否を占うのだという。つまり単に手品をやっているのとは違って、このように人々の信仰と関わっている技なのだ。

先述の調査報告書によれば、この定鶏には様々な方法がある。(注2) 例えば、縄を一本張り渡した所へ、一二羽もの鶏を載せて、一斉に静止させてみせたり、腰掛けの先端に鶏を静止させ、六本の竹箸を用い、二本は鶏の喉の中に刺し込み、次の二本を外側から鶏の頸の所を横刺しにし、残りの二本はさらに斜め方向に刺して鶏を仮死状態にさせる。まじないの後、六本の竹箸を抜き取るとくだんの鶏は生き返り、地べたに飛び降りてトウモロコシの実を啄《ついば》むという。

また次のような手のこんだ術もある。「頭上定鶏《トウシャン》」というもので、願主《がんしゅ》からの緊急の難儀救済依頼に応えて行うものである。土老師はまず菜切り包丁で自分の額を叩き割って血染めとなり、そこへ鶏を載せて静止させる。その姿勢のまま彼は歌ったり踊ったり様々に動き回るのだが、鶏はじっとしたままである。やがて彼が地べたにひざまずくと、鶏は三回長鳴きをしてみせるという。これは急難を救うための神霊が到来したこと、悪霊妖怪の類いが追い払われたことを意味しているのだという。最後に彼は鶏のトサカに刀を刺して血を流し、その血を紙銭につけて祭壇に塗りたくる。また刀傷を負った自分の額に水を噴きかけると、流れ出ていた血がきれいに止ま

頭上に釘を打ち込んで……

ってしまう。

山伏の火渡り風な真赤に焼きあげた物に身体を触れて見せる火熱の術もいくつかある。真赤な炭火の中から取り出した犂《すき》の刃に直に口に含んだ酒と油を混ぜた液体をプーッと吹きかけると、パーッと火焔が燃え上がる。このようにして悪鬼を驚かし退散させるのだというのがひとつである。また同様に、焼き上げた農具の鉄片の熱していない端っこを口に銜《くわ》えて、部屋中を走り回るというのもある。殊に懐妊中の婦女の寝室へ入りこんで、ベッドの側でまじないをかけると当該女性は流産をしないという。

また初めて接した折には肝を潰しかねない「開紅山《カイホンシャン》」というのがある。前述の「頭上定鶏」に似ているのだが、ここでは五寸釘とかナイフ状のものを、頭上に金槌のようなものでコンコンと打ち込んでみせる。これも、人が大怪我をしたとか、急病人が出たとか、そういう急を要する難事に遭遇した家からの依頼があった時に施すものであり、前後に実に手のこんだ神招きなどの丁重な儀礼がともなっている。

同様に、土老師の身の危険を感じさせるものに次のような術がある。「刀梯子《かたなばしご》登り」がその一つで、わが国の利根川流域のツク舞などに似ているのだが、足の裏が切り裂かれかねない鉄の刃を階段として（刃を上向きにする）、それを登る点が肝を潰させる。階段の刃の数に様々あるが、中には七二本という高い竿で行うものがある。しかもこの場合、竿の真下に直径四メートルの範囲に、鋭い刃先を上に向けた小刀を地面一杯に刺して行うという。土老師が頂上にたどり着き一休憩している折に、故意にこの竿を倒して見せる。この時落下した土老師が、

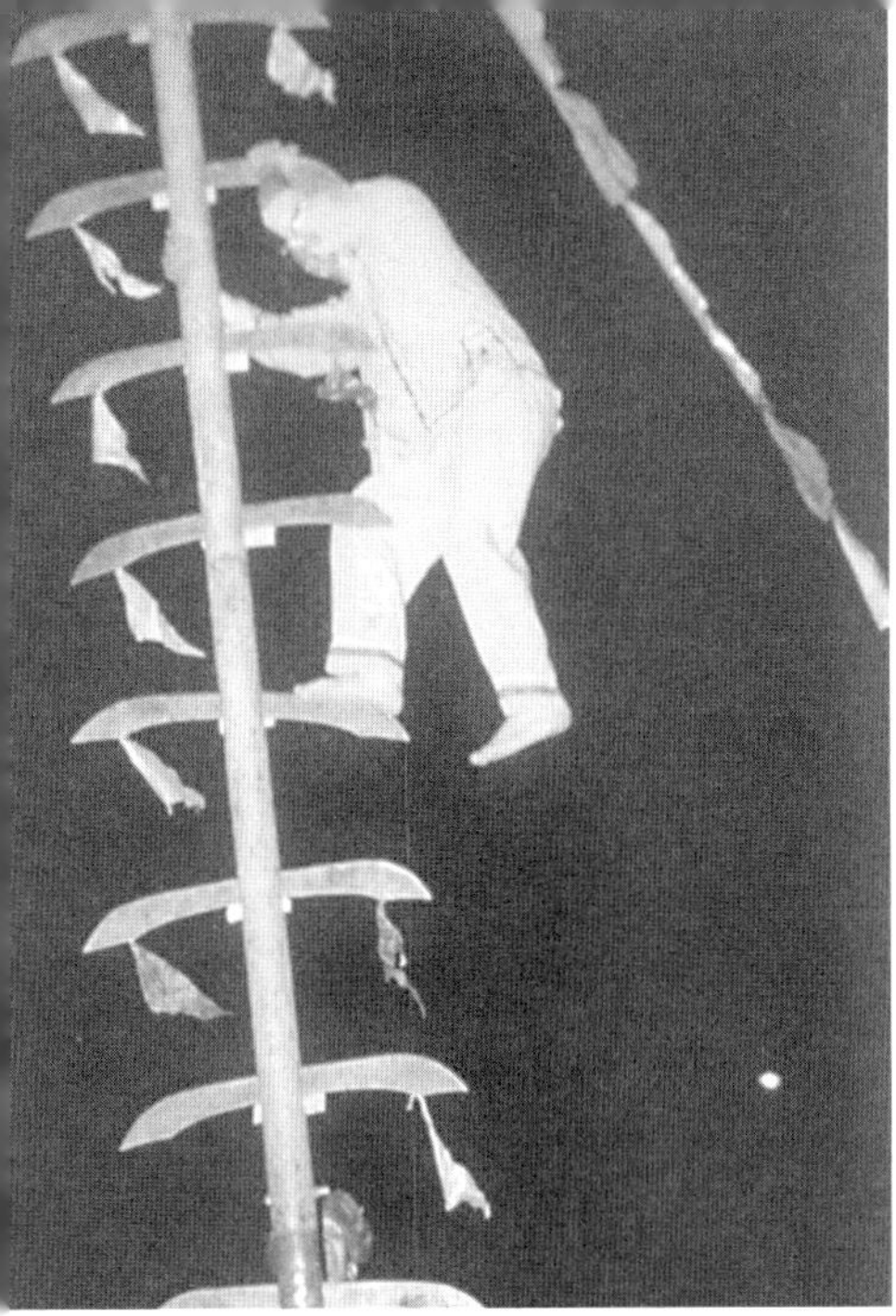

「刀梯子登り」。刃は上向きに

密集状態に差し置かれた小刀の上に落下しなければ幸いというものである。摩天楼高層ビル街の綱渡りにも匹敵する危険な技のようだ。

どうして、こんな危ない技を土老師達は色々にやって見せることができるのであろうか？　この種巫覡の徒の超能力を披露する技には、必ずや仕掛けがあるはずだと確信をもって記述しているのが、越智重明の『日中芸能史研究』である。（注3）ところが先述の庹教授は、その種明かしがなんとしてもできないのだと嘆いていた。二十数年来、徳江県の土老師達の活動を調査し続けているのだが、未《いま》だにその謎は解けないという。ちなみに先年、台湾の医療方面の大学の研究者達が四、五年かけてこの秘密解明のための現地調査を続けたが、結論は「不明」ということで終わったという。

ところが、こういった巫覡の神懸り的、超能力的な所為は、医学的に（科学的に）説明可能だろうと主張する河合徳枝女史（国際科学振興財団主任研究員）の話を聞く機会があった。（注4）それは、インドネシアのバリ島の某祭りにおける、男性の神懸り状態の実地調査に基づくものだそうで、ちょうど手術の際、麻酔を打たれた患者が執刀されても痛みを感じないのと同じようなことが観測されたという。この男性の神懸りにおいては、腹を包丁のようなもので刺されても一向に痛がる様子がなかった（ビデオ映像によると確かにそうであった）。彼女の説明によると、音（騒音とか）、光（目もくらむライティング）、臭い（薬草とか）などによって、当該者がある強烈な刺激を受けると、脳細胞の中で化学的変化が生じ（それは機器を使って脳波とかの数値で測定済みだという）、手術中の病人のようになって、何の痛みも感じないのだという。

果たしてこういったことは、本当に科学的に説明の付くことなのかどうか、私には判断はできないが、自らの肉体を損傷するような危ない目を冒すことによって、果たして巫覡達の所期の目的が達成せられるものなのかどうか、実はそこのところが問題なのだろうと思う。つまり、クライアント（願主）の、病人を快復させてほしいとか、行方不明になった牛馬を探し出してほしいとか、子持たずの夫婦に赤ん坊が出来てほしいなどといった様々な切実な要求が、そういった方術によって解決されなければなんの意味もないのである。ブータンでの某女史の体験にあったように、そういった方術の力を人々が信じなくなってしまったというのが、今日の多くの地域での状況である。ところが、今、上記に紹介したように、それが信じられているらしい土家族の地域が存在するということは、逆に驚くべきことだといえるのではないか。

三　巫覡の舞踊についての奇妙な風説

巫覡の舞踊においては、神懸り状態を見ることは今日極めて稀である。昭和五五年（一九八〇）の秋に行われた大元神楽《おおもとかぐら》（島根県）の式年の祭りの折に、予定外の演目次第において、突然神に憑依《ひょうい》された託太夫《たくだゆう》が失心状態となって、関係者に押さえつけられている映像記録がある。日本では今日極めて類例の少ない出来事であった。しかしながらこれは舞っている最中のものではなく、舞とは別の時点で行われたものであった。

こういった事例以外に、私は中国大陸で二ヶ所この種の場面に遭遇している。一つはベトナムに接した広西壮族自治区の憑祥市近郊の、ノンと称される壮族の一支族の巫女が伝承している「巫求《ウーチウ》」である。ひとくさりの語り歌い（二弦楽器の伴奏あり）の後、巫女がやおら立ち上がって、「馬《マア》」と称される鎖を手にして踊り、途中でゴロンと寝転がって足をばたつかせて不安定な身体状態となった。二つ目は、吉林省の満州族のシャーマン（覡）で、儀礼の最中に神に憑依されて、彼の歩行振りがぎこちなくなった（厳密に言うと、これは舞踊とは言えないのだが）。左右の足が硬直してしまい、まともな歩行ができず、両足を交互に右サイド、左サイドと寄せながら（横歩きに近い動作）、わずかずつ前進するというものであった。まるでロボットの歩行を見ているような感じであった。右の三例のいずれも、舞踊とは言い難いものも含むのだが、いわゆる秩序だっていて、リズミカルに旋回してみせたりする舞踊とは、趣を異にする奇妙な動作である。

こういった巫覡の徒の動作に関わるものであったかどうかは断定できないのだが、中国では、かつて奇妙な言説の付随した「禹歩」という概念があった。簡単に言えば、それは身障者の足を引きずるような歩行であるというのである。中国の堯・舜・禹という神話時代の三皇帝の一人の禹が、そういう歩き方をしていたことに起因するというものである。中国大陸各地では、たびたび洪水が発生して人々を苦しめてきたため、歴代の皇帝はその治水事業に精力をそそいだのだが、中でも禹王は、このことに大成果を挙げた人として有名である。彼は、日夜各地を歩き回ったため足萎えとなってしまい、先述のような格好の歩行をすることとなったという。それを、巫覡の徒が模倣して禹歩と命名されたのだという。こういった禹歩への解釈が、隋唐代の文献に載せられていたために、それが風説として広まっていたらしいのである。ところがこういう理解の仕方を批判し、新しい禹歩解釈を提示しようとしたのが周冰女史であった（注5）。

禹歩が身障者のそれに似た歩行であるという言説は、『法言』や『荀子』の中の記述に対する隋代の学者李軌、唐代の学者楊倞《ようりょう》の注釈に説明されていることなのだが、周冰女史はそれを、聖王禹に対する冒瀆であり、古代祭祀の専従者兼舞踊家禹王の優れた芸術的境地を無視するものであると反駁している。以前、私は、このような批判を浴びせられてはいるものの、なぜそういった奇妙な言説が現れたのか、それなりの理由があったのではなかろうかと論じてみたことがある(注6)。その際二つのことを推定してみた。一つは藤野岩友の解釈(注7)に依拠して、それは神懸りになった者の動作、その足運びに起因していたものではなかったかというものである。神懸り状態に陥った巫覡の徒は、身体を正常な状態に保てなく、身をこごめるとか、ヨロヨロした歩みとなり、それが、あるいは身障者に喩えられるような姿ではなかったかということである。二つ目は、何か怪異と思える動作が威嚇的にみえたので、これを一種のマジックとして活用したのではなかったかという推定である。それは、『下学集』記載の反閇の説明などから、中国のこの禹歩の概念が、日本では反閇と解釈されていたことから類推してみたものである。愛知県北設楽《きたしたら》郡東栄《とうえい》町の花祭の榊鬼が踏む反閇や、岩手県の山伏神楽の反閇では、反閇が如何に恐ろしいものとして人々に信じられていたかを示す話が伝わっているのである。反閇が踏まれた場所では、三年間一本も草木が生えることがないとか、反閇用に敷いた菰《こも》は必ず焼却されねばならないとかされていたらしい(注8)。

四　神懸りのハプニングと芸

神懸りとは一種の狂った様子のことであるが、それが何度もくり返されているうちに、いわゆる芸能の舞踊となったのだと、これまで折口信夫をはじめとした芸能史研究者によって説明されてきた。ここではもはやハプニングとしての狂う意味が変質していると、考えられている。ところが、それでもなお「狂う」と称しているのが、日本の能などの場合においてである。この点は、ハプニングとしての神懸りとどう違うのかを説明するのに困難を覚えるところである。実は、前三項で紹介した禹歩についての隋・唐代人の解釈をどう理解すべきかの問題は、実はここのところと、どこかで通底しているところがあるように感じられる。

能におけるこのことを具体的に示しているのが、柳田國男の『女性と民間伝承』に記されている次のような説明である。

能より以前の狂女なるものは、今日精神病院の中で見るやうな、あるべかゝりの不幸者では無かったので、多くは人に頼まれては狂うて見せて居ります。例えば有名な「隅田川」は都北白河に住む女、一人子を人あき人に取られ、其跡を慕うて武蔵国まで下って見ると、其子は旅に病んで歿し、塚には梅と柳が咲き靡き、其樹陰に里人が供養の大念仏をとなへて居りました。

ワキ「都の人といひ狂人と云ひ、面白く狂うて見せ候へ。狂はずば此舟には乗せまじいぞとよ」と渡し守が申しますと、女は忽ち一心になつて、狂女の舞を舞ふのであります、即ち「くるふ」とは元来舞ふことであったのであります。(注9)

これは、学校の国語の教科書にも採用されている能「隅田川」における、「くるふ」ということの説明である。つまり、「くるふ」とは舞（換言すれば芸）であるという、誰もがこの事に敢えて目くじらを立ててこなかった物言いをしている。そういった意味合いでは、前述の周冰女史の禹歩についての美学的理解も同類となってしまうのである。「隅田川」を今日演じている能楽師（シテ）はもちろんのこと、船頭に頼まれて狂い舞うストーリーの中の登場人物の〝都の女〟も演技しているのであって、実際に狂っているのではない。それにも関わらず「狂う」とか「狂人」の語を使っている点、つまりそれは比喩の話なのだが、ここのところに問題の鍵が隠されているのである。

この問題について、これまで一般的に語られてきたことは次のような説明である。まず初発の神懸り（ハプニング）があって、それが祭祀の中で儀礼化して反復されるようになり、やがて今日に見るような芸術（芸）として様式化されるに至ったと。つまりハプニングから型、様式化へというベクトルにおいてそれが展開したものだと語られているのである。ここで、その全く逆のベクトルとまでは言えないが、型、様式化された時点におけるハプニングの事例を見てみたい。なぜならば、「神懸り」のことが、「世襲巫」とか現代の「巫女舞」とか、ハプニングではない固定化された時点においてまで、敷衍し使用されている事の意味を考えたいからである。先にも触れた愛知県の花祭について、柳田國男は次のように指摘していた。

此頃人のよく見に行く三河北設楽郡の花祭に、湯たぶさといふ一種の手草を手に執つて、湯釜の周囲をまわる舞がある。見物の衆までが此時は口を揃へてタァフレ・タフレと囃すことになって居るが、このタフレは或いは物狂ひを意味するタフル又はタクラフといふ動詞の、命令形ではないかと私は想像している。(注10)

周囲の見物衆がワイワイ囃し立てながら進められる「湯囃子《ゆばやし》」の演目次第のことである。この場面は私も体験しているが、釜の湯をたっぷりと浸した湯たぶさを手にした舞い手が、傍若無人に周囲の人達にお湯を振りかける。たとえ、首からカメラをぶらさげ、レンズに湯がぶっかけられかねない人がいたとしても一切容赦しない。舞い手が意識しているのかどうかは知らないが、それは狂っているとしか思えない暴れぶりである。ここには何か計算し難いことが働いているような気がしたものだ。もっとも柳田は、今日の花祭の舞からは、もう昔日のような神の言葉は聴かれなくなったと衰退を嘆いてもいるから、この狂態もどこまで本気なのか怪しくなっているのだが。それでも先述のような、いわば逆のベクトルは近い頃まで働いていたということである。反復され様式化された舞踊にあっても、ハプニングの可能性があったということだろう。

五　舞踊の美醜及び芸の存在の二義性

前三項のところで、身障者の歩行を想わせる禹歩についての言説とそれへの一つの美醜評価を紹介した。ここで、舞踊の芸態一般への美醜観について興味深い見解があるので、その話をしてみよう。

小寺融吉によれば(注11)、我が国では舞と踊りとを区別しているけれども、原初の舞踊は「踊」に相当し、そこには技巧や秩序だったものがなく、それは無意識的行為のことであると説明している。

舞踊の起源は、要するに、喜怒哀楽の昂奮や刺戟を受けての肉体の反応作用であり、生命力の過剰からおのずから発した無意識の運動であった。そして「自然のまゝの舞踊」、「意匠も目的もない舞踊」と呼ばれるものであった。

この始源の舞踊とは「踊」のことだが、その後に、いわゆる「舞」、つまり意識的に技巧や意匠の駆使される舞の時代が展開したのだと説いている。小寺が言及していたように、踊と舞には区別があるというのが従来一般的な見方であるが、それは身体的所為の形態に差異はあるものの、芸術的舞踊の始源段階においては、双方は同じ位相にあって現われ方が違っていた、としていた折口信夫の説はもっともなことだと私は思う。

いろんな用例からみても、旋回運動がまひ、跳躍運動がをどりであった事があきらかである。藝能と言ふより、むしろ生理的な事実について言つてゐるのである。だから宗教者が、ある時興奮状態におちいつて、その心理作用が生理的条件をつき動かして表現せられるとき、ある場合は旋回運動としてはげしく、又はゆるく舞ふ事になる。又時としては跳躍運動として、その興奮の程度によって、或は高く或は静かに、をどり上る動作がくり返される。歴史以前からの久しいかうした反覆が行はれてゐる間に、いつか神祭りの様式として、是非とも行はなければならないものとなって来てゐた。（中略）まひ或はをどりの藝能、或は藝術的の価値を考へることがはじまるのである。（注12）

つまり、自然衝動的舞踊は旋回舞踊の形の場合もあったし、また跳躍運動として現れた場合もあったのであるが、それが神祭りとして様式化し、今日のように芸術的価値が付与されるに至ったという説明である。つまりその変遷観は、小寺にも共通しているのである。

ところで、前四項で言及した禹歩についての美醜観に関して、周冰女史とは異なる解釈が成り立つらしいことを小寺は暗示していた。つまり、意匠があり、秩序だっていて、技巧がかった足運び（芸態）にこそ美が感じられるのだと力説していた女史の場合とは、全く逆の美醜観もあり得るというのである。このことを説明する前に、まず女史が考えていた巫覡の徒の舞、「禹歩」は、小寺が弁別していたところの「舞」のみが視野にあって、「踊」のところが眼中になかったらしいことを示したい。女史が専ら研究対象としていた禹歩は、前二項で紹介した土家族の土老師達が執り行っていた類いのものであって、儺舞《ヌオウー》、師公舞《シーゴンウー》、端公舞《ドゥワンゴンウー》、跳神《ティアオシェン》などと呼称される、中国各地で報告されている神事舞踊である。それは日本の神楽みたいな性格のもので、小寺が区別していた「舞」に相当する。これに関する舞踊譜が伝え残されてきた土地も確認されているのであるが、それは周冰女史によれば、「八卦舞譜」と呼称される八卦思想で組み立てられたものである。その舞踊譜の一例をここに図示しておこう。

つまり坤、乾、離、坎、艮、兌、震、巽の八卦の八方向に順次足を運び回る譜で、それは図の数字の順番になされるものだ。今それをたどると、この図の場合は身体を左回り、右回り、左回りしながら足を運んでいる事がわかる。これは、ちょうど我が国の神楽の巫女舞の、回って回り返す足どりに似かよっている（但し身体の重心位置が移動）。この動作姿態を女史が描写しているところによると、次のような軽快美といったものになる。

その舞たるや軽やかな足どりにて、旋回するや下衣は風をはらみ、まるで泉水の清流の如く明亮透徹なり（注13）。

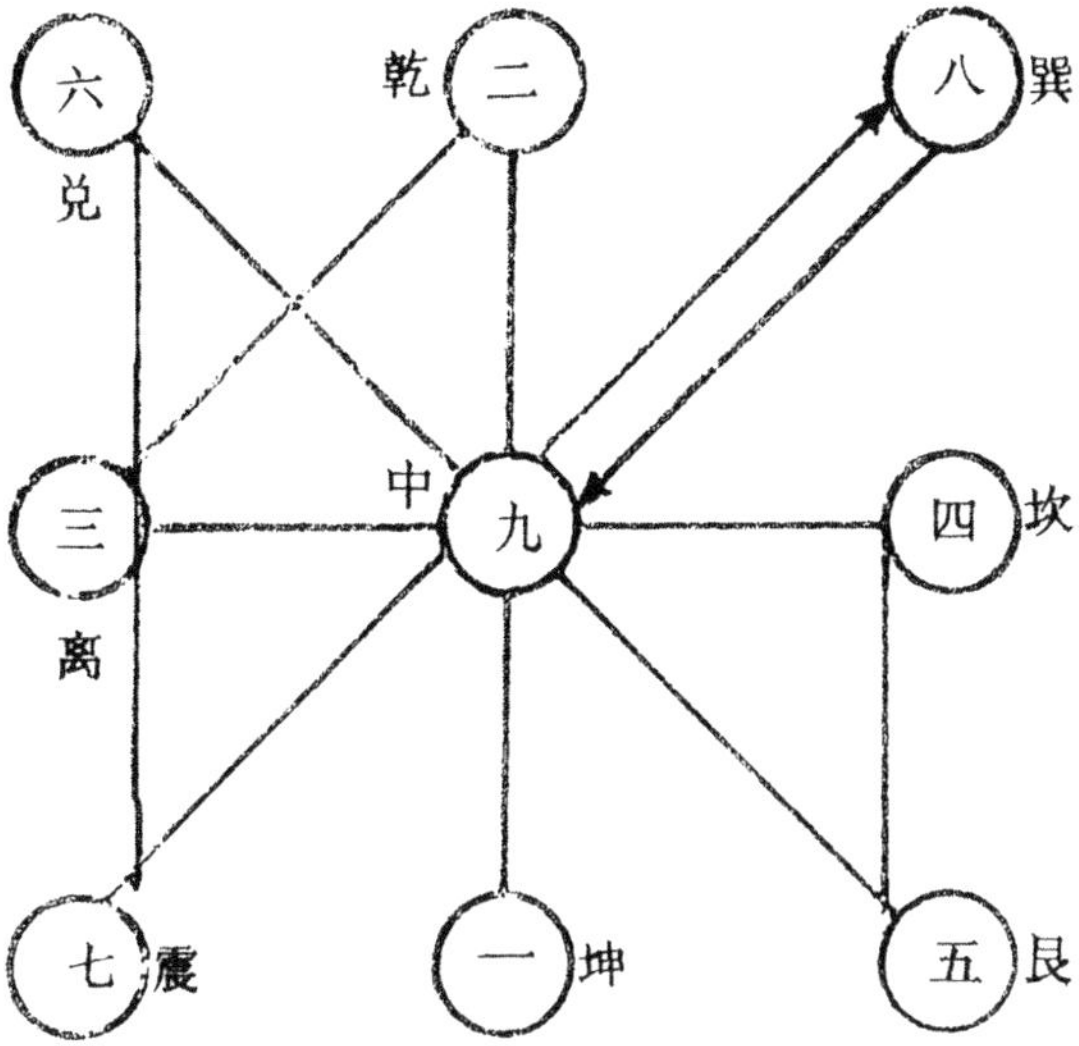

「八卦舞譜」舞踏譜

これは、日本の現今の巫女舞の舞い振りを彷彿とさせるものであって、足萎えとなった者のぎこちない表象とは全く正反対である。つまり研究者達がよくいう、神懸りがすでに形骸化されてしまったところの巫女舞に共通するものである。ところが、小寺が先述の書で引用しているのだが、本居内遠《うちとお》の『賤者考』では、「舞」と「踊」の対比という形で、周冰女史の美醜観とは全く逆と言っていい評価が披瀝されているのである。

舞と踊とは同じ態ながら、根ざす所に異ありて、舞は態を模し意を用ふる故に巧にて中々に賤しき方あり、踊は我を忘れて態の醜かるもしらず興に発し

ておのずからなるが根元なる故に、却りては雅びて洒落なる方あり。(注14)

この解釈に従うとすれば、身障者の足運びにも似た禹歩を、仮に初源的な神懸りの態とすると、それは内心おのずからなる発露のものであり、「踊」ということになって、雅に属することになるわけである。逆に八卦舞譜にもとづく足運びは、技巧がかった「舞」ということで賤しい方に属することとなる。本居内遠は、外見の美醜ということではなくて、演じ手の心の働き、それが自然なのか不自然なのかによって判断しているのである。要するに美醜の問題は、それを評価する者の視点の置き方によって異なってくるのだ。本居内遠の説はそのことを教えてくれる。こういったことを考えると、禹歩を解釈した唐、隋代の言説は、美醜の問題といった相対的な議論で片づく問題ではないことがわかる。

禹歩が異常な歩行なのか、あるいは逆に見る者を感激させる動作なのか、この問題を考える際に思い出すのは芸（芸能）の両義的な性格である。

芸について相反する諺が存在している。一つは、「芸は身を滅ぼす」というものであり、他は「芸は身を助く」というものである。前者は、芸は普通人にとっては悪意に満ちたもの、それにのめり込んだ者をば破滅させる危険な存在、つまり一般人には近づいてはならないものである。後者はこれと全く逆で、芸能を高く評価している。人が困窮状態にあるときに、芸を身につけていることで窮地を脱することができる、そのように芸は歓迎すべき存在である。何故《なにゆえ》にあい矛盾した価値評価が芸（芸能）にくだされるのかその理由は判らないが、芸（芸能）とは、これらの二者択一では計れない両義的な存在であると考えるべきである。

禹歩についての美醜観の問題も、或いはこのことに関係してはいまいかと思っている。そしてまた、これと同様に、そこにハプニングの神懸りの狂態が存在するのか、あるいはハプニング的なものではない、意識的に演じられた神懸りの狂態が存在するのかという、全く正反対な見方の錯綜も、この芸の存在の二義性を示しているのではないかと思う。

六　巫覡の術の現代における効能

前四項のところで、神懸りから芸へというベクトルとは逆のベクトルの事例を一つ挙げてみたが、ここでもう一つ古典芸能の能におけるそういった事例を紹介し、そこのところを考えなおしてみたい。

従来から芸能における即興性ということは様々に指摘されてきた。例えば、江戸期以前の狂言は、あらすじだけが書き留められていて、いわば詞章の表記のない台本のみが残っていることから、当時の狂言の即興性が指摘されてきた。また、「にわか」という芝居のジャンルの存在することが近年注目されてきたが、これは本当に、にわか仕立ての仕組みに持ち味がある。さらにまた、楽器演奏においても、即興の手のことが名人演奏家の芸談語りの中で語られる。

能のシテ方名手の近藤乾三の『芸の道・人の道(注15)』には次のような話が載っていて、能の実演においては、あちこちに即興的に対応しなければならない点のあることを知らせてくれる。

囃子なども、どういうふうに打ってくるかわからないし、それを九郎先生はこんなふうに言っておられました。

「おもてからくる竹刀はだれでもよけられる。だけれども、後方から切り込んでこられてもかわさなければいけない。それでなければ一人前ではないいってね。それが能にも通用します。普通に打っているのに、急にパッと変え手を打ったりする。もちろん、へっぽこはやりませんけど、相手が幸祥光さんぐらいになるとやるんです。わたしはよくぶつかりました。当の幸さんは、「今日は大変乗りがよかったから失敬しました」とあとでおっしゃる。（中略）そういうとっさのことに動じるようではだめなんです。それがわかってきたのは四十ぐらいから先ですね。

能はシテ方、ワキ方、狂言方の立ち役と、四拍子の囃子方の楽器奏者との、異なる数パートの演者が共同して一つ舞台をつくり上げており、竹刀のように前から後ろから横から、各方面からハプニングが起こり得るのだろうが、そんな内実は一般には紹介されることはほとんどない。能はきわめて様式化された型の芸能である、という側面だけが強調されている。そういう難儀がふりかかって来るとしても、それを乗り越えなければ達人、名人の境地にある人とはいえないのであり、それを乗り越えてきた人々が、代々実在してきたからこそ、古典芸能「能」は現存している。

その意味で、ここでの即興性とは想定された中でのハプニングである、と言えるのかも知れない。それでも超名人と言われる人の芸は、例えではあるが、「神懸り的」と形容されることがあり、他の誰もができないこと、一般人の想定の域を超えたことを執り行う力量のことである。「神懸り」と「神わざ」とは異なる意味のことだが、芸の世界においても、神懸りの場合と同様に、何らかの形で神霊が参与したと考えるしかないことも起こりうるのだということである。いわゆる神懸ることがない女性に対しても、「巫女」の呼称が今日なお存続しているることは、「神の憑依や脱魂」といった信仰的所為とは別に、時には神的境地にまで至りうる可能性を秘めた芸能的所為が、巫覡の所管であったからであろう。そういう歴史が存在していたからなのだと思う。

以上、巫覡の徒の祈祷による病気治療のこと、そういったクライアントからの切実な難儀を救済するために、自らの血を流したりする巫覡の徒の超能力「絶技」のこと、巫覡の徒の舞踊（芸能）のことの三方面について述べてみた。

しからば、巫覡の徒の現実（現代）における役割は一体どこにあるのであろうか？　冒頭のUNDRO管理局長女史にみるような、現代人の彼らへの軽視のまなざしに対して、その術の有用性を私は弁明しておきたい。医術方面におけるその術の有用性を述べる材料は、残念ながら持ち合わせていないが、芸能、その中でも、日本の神楽に見るような神事舞踊は、彼らないしはその後裔たちによって今なお地方農山村に命脈を保って継続されており、地域住民達にとって重要な意味を有している。

その現実的な役割は何かと言えば、それは世阿弥が『風姿花伝』の中で言及していた、「寿福増長の基、遐齢・延年の法なるべし[注16]」に集約されるのではないかと思う。急病人を治療するとか、貧困から脱却することとか、そういった即物的効用からすれば回りくどいかとは思うが、物質的肉体的な側面の対極にある、笑いだとか、豊かな心だとか、心安らかに幸せな長年月を送ることとかといった、精神的安寧を人々にもたらしている。そういう役割は一見単純なことではあるけれど、重要な幸せ感に寄与しているのである。因みに、能は古くは中楽《さるがく》と呼称されていたものであり、その中楽は、日本の神事舞踊である神楽から来歴していたと世阿弥は述べていたのであった[注17]。

ともあれ、二一世紀の今日、稀少な伝承事例ではあろうが、前述した中国貴州省の土家族土老師のような巫覡の徒の習俗は、今なお命脈を保っているのである。その土老師の業務内容は、巫覡の徒の旧来のあり方を教えてくれるのである。つまり、医療術、雑技的サーカス技、それに祭祀舞踊や仮面劇といった芸能の技の、三方面の術を彼らは兼任しているのである。

現代の日本においては、医療術やサーカス技を全き形で体現していた巫覡の徒は衰退してしまい、神楽の演じ

広西壮族自治区・チワン族の「巫女舞」
（女性シャーマンによる踊りながらの巫求）

手のような芸能の技に通じた者のみとなっている。しかしながら、日本における芸事の巫覡の徒とて、かつてはそれ以外の二方面の技にも通じていたのではないかと思う。今日の神楽従事者達は、そういうかつての歴史を暗示してくれる後継者と言えるかもしれない。

注

（1）貴州省徳江県民族宗教事務局編『儺韵—貴州徳江儺堂戯』 中国・貴州民族出版社 二〇〇五年
（2）注1に同じ
（3）越智重明『日中芸能史研究』中国書店 二〇〇一年
（4）二〇〇六年八月六日 日本大学芸術学部主催国際シンポジウム「アジアの舞踊」
（5）周冰『巫・舞・八卦』 中国・新華出版社 一九九一年
（6）星野紘『歌垣と反閇の民族誌』創樹社 一九九六年
（7）藤野岩友『中国の文学と礼俗』 角川書店 一九七六年
（8）『早川孝太郎全集』第1巻 未来社 一九七一年、本田安次『山伏神楽・番楽』井場書店 一九七一年

(9)『定本柳田國男集』第8巻　筑摩書房　一九六九年
(10)『定本柳田國男集』第10巻　筑摩書房　一九六九年
(11)小寺融吉『舞踊の美学的研究』　大河内書店　一九四八年
(12)『折口信夫全集』第17巻　中央公論社　一九六七年
(13)注5に同じ
(14)『日本庶民生活史料集成』第14巻　「部落」　三一書房　一九七一年
(15)近藤乾三『芸の道・人の道』　自由現代社　一九七七年
(16)世阿弥『風姿花伝』　岩波書店　一九六三年
(17)注16に同じ

（三）獅子舞

越後の三匹獅子踊――村の踊りの地域的特色〈日本〉

一 はじめに

民俗伝承は、総じてその地域的特色に持ち味がある。その点を強調することは、歴史研究者にとっては往々にして物足りないらしく、文献史料をはじめ、時代性を示す資料的証拠の少ない民俗学的研究の限界を盛んに強調している。そして、歴史民俗学的研究を提唱しているのは周知の通りである。基本的に、その考え方に私は賛同する者であるが、歴史的資料が稀にしか残らない民俗伝承の過去をどうやって遡求してみせるのか、その困難さをも強く感じている。それは、私が、その場限りでしか価値を有していない歌や踊りの民俗（民俗芸能、あるいは郷土芸能、地域伝統芸能などと呼称）にスポットをあてて考えていることから、余計にそう思うのだろう。つまり、歌や踊りの本質は一回性にあって、何度も反復される一般的な民俗伝承とはまた趣を異にしているからである。

この分野で利用されている文書資料といえば、祭礼仕切り帳の類いなどであり、そこにメモされている年号、芸能の役名とか人数、氏名（芸名）、所在地、あるいは持ち物・道具の類いなどの物的事象に止《とど》まっているようだ。演者がどのようにして手足を動かし、観客にどのようにして受け入れられたかなどは、雲散霧消している。だから私は、芸能の地域的特色に言及している民俗関係調査報告書類、特に広域全体にローラーをかけるような、いわゆる悉皆《しっかい》調査の類いには注目をしている。それに勝る、すがるべき手立てがないように思うから、この種資料には頼っている。そのことの一端をここに紹介してみたい。

昭和五六年（一九八一）に、『越後の風流《ふりゅう》獅子踊り』という調査報告書が新潟県教育委員会から刊行されている。これは東日本一帯に分布する獅子踊（三匹獅子）の、越後（新潟県の佐渡を除いた地域）の伝承についての悉皆調査報告書である。これが、私の生まれ故郷近くの伝承に関するものでもあり、二十数年前よりこれには注目していた。今、この報告書に言及しようと思ったのは、ここには、他県にはない獅子踊（三匹獅子）の特徴が記されているのに、これまで、芸能研究者の誰からも見落とされているのがもったいないからである。

おそらく、原因は発行部数が少なかったためかとは思うが、果たしてそれで良いのだろうか？　一地方の調査報告書なので、研究者の眼中に入らなかったとするには、年数が経ちすぎている。こういう文書資料を大事にしなかった研究界の姿勢が反映されているとせねばならない。芸能は、いわゆる民俗一般とは一線を画している点を、強調し過ぎてきたからかもしれない。また、国の中央や都会の芸能の価値が優先するとの思いも強かったからではないか。

能や歌舞伎といった人間国宝的伝統芸能しか世間の注目を集めていなかった時代から、今や、民俗芸能（村の踊り）は、地域伝統芸能といった名称のもと、単に文化、文化財行政の対象であるばかりでなく、観光、農林水産、地方自治行政や学校行政と、広範な分野で取り沙汰されるようになったのである。こういう状況の中で自ずと各地の伝承も話題とされるようになっている。だから、これまで見向きもされなかった越後の獅子踊のことを論じてみても、以前のようにゴミ箱に捨てられる確率は減ったのではないかと思う。

図1　越後風流獅子踊分布

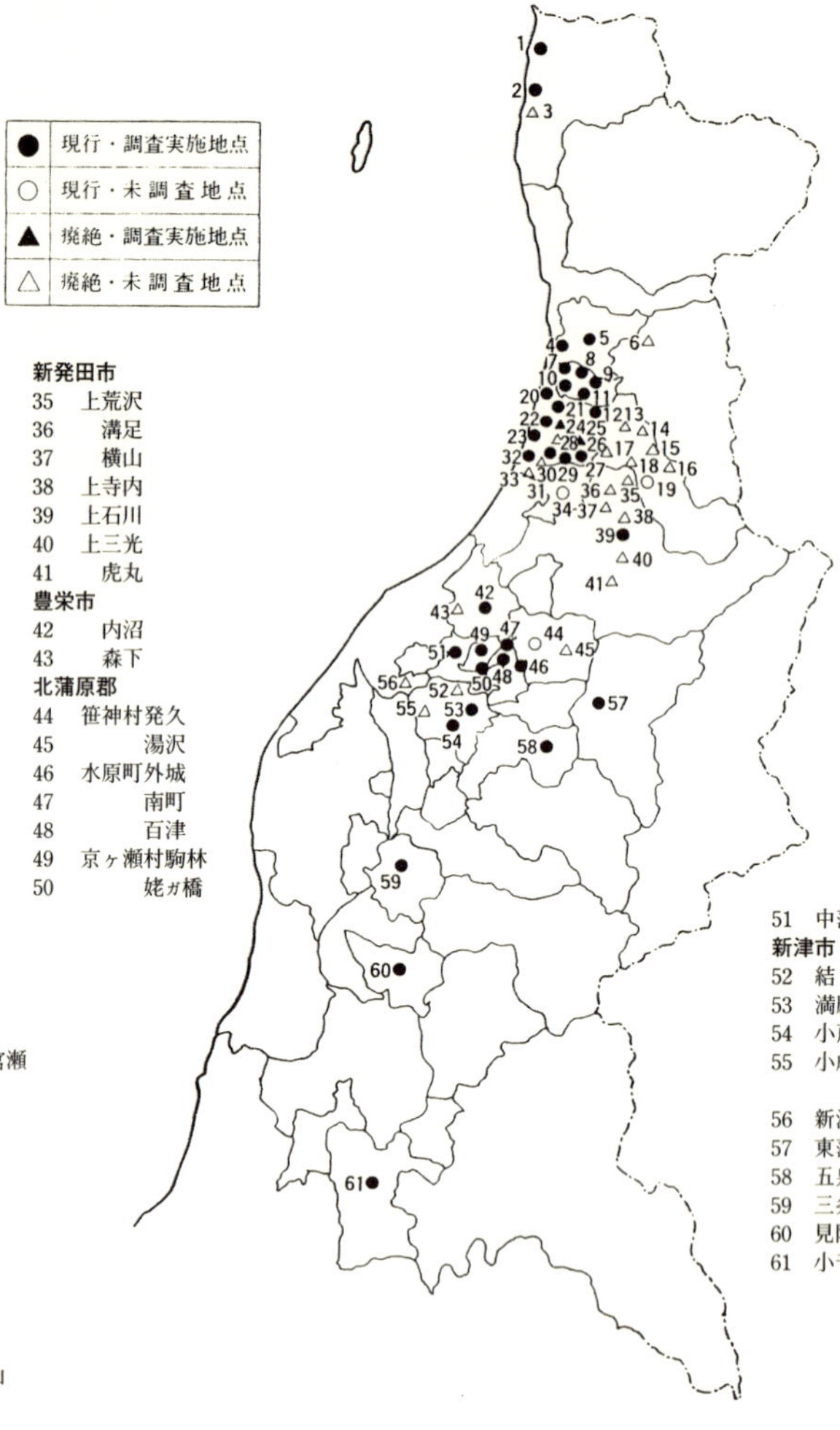

岩船郡
1　山北町府屋
2　寒川
3　脇川
4　神林村福田
5　牛屋
6　関川村南中
7　荒川町金屋
8　大津
9　坂町
10　名割
11　下鍛冶屋

北蒲原郡
12　黒川村近江新
13　須巻
14　下荒沢
15　持倉
16　黒俣
17　坪穴
18　夏井
19　宮久
20　中条町大出
21　高野
22　八幡
23　高畑・宮瀬
24　赤川
25　西条
26　本郷
27　羽黒
28　江上
29　柴橋
30　関沢
31　長橋
32　築地
33　舟戸
34　加治川村小中山

新発田市
35　上荒沢
36　溝足
37　横山
38　上寺内
39　上石川
40　上三光
41　虎丸

豊栄市
42　内沼
43　森下

北蒲原郡
44　笹神村発久
45　湯沢
46　水原町外城
47　南町
48　百津
49　京ヶ瀬村駒林
50　姥ガ橋

51　中蒲原郡横越村川根谷地

新津市
52　結
53　満願寺
54　小戸下組
55　小成場

56　新潟市和田
57　東蒲原郡三川村石戸
58　五泉市中川新
59　三条市下須頃
60　見附市小栗山
61　小千谷市下夕町

二　「棒押し」の存在

「棒押《ぼうお》し」とは聞きなれない概念であるが、越後の獅子踊に特有の次第である。他県の三匹獅子によく見かける「棒術」という、獅子踊祭場の場清め的次第とこれは少々様子が異なる。どういうことをするのかというと、主として、祭りの宵宮《よいみや》の夜に、獅子踊の一行が神社や寺に練りこむにあたって、あたかもデモ隊みたいに、一行の先頭に樫《かし》や竹などの六尺棒を横にして一行の若者がそれに取り付き、そして押して行く。すると反対側からそれを押し返す別の若者も取り付き、双方揉みあいの格闘となる。今はほとんど消えてしまったが、押し返す側の若者は他村からやってきた人達で、屈強の若者同士の修羅場を呈したという。この過程で道路脇の田圃《たんぼ》に落とされる者がいたり、怪我人が出たりしたこともあって、今は村うち同士の者が事にあたっている例が多い。また、一本棒を挟んでのやりとりは危険だからと、二等辺三角形の形を作り、真ん中に獅子や太鼓役等を入れて押して行くスタイルを、岩船郡荒川町《いわふねあらかわ》の下鍛冶屋《しもかじや》、金屋《かなや》、大津《おおつ》あたりでは採用している。

この棒押しの次第について、当該調査報告書の総説の中では次のように説明している。越後の伝承全体の中で、行事を「獅子踊」と称している地帯にこれが伝承されていて、「獅子舞」とか「獅子」と称している所には行われていないと記しており、しかも後者では、当獅子踊（三匹獅子）とともに神楽獅子（代神楽）も併せて行われている。具体的には、図1の分布図の中の**39**（新発田市内の伝承）から以北の、胎内市《たいない》（旧北蒲原《きたかんばら》郡中条町、同黒川村）、岩船郡荒川町、同神林村《かみはやし》地内のものに存在している。

それでは、「棒押し」の次第とは一体どういうものとして理解すべきものなのだろうか？　旧中条町大字大出《おおいで》のものの聞き書きは、これについて一つの解釈を示している（同前掲書111～112頁）。

岩船郡荒川町坂町の「棒押し」

棒は竹製で先棒と後棒の二本あり、先棒で悪魔祓いをし、押し合いの活動をし、神社と平行した通りを左右に動く。後棒は獅子を守る役で動かず、囃子やその他の小道具類も獅子と一緒にかたまり、後棒に守られている。

つまり、獅子が神域一帯の悪魔を追い払い（先棒）、また獅子たちの安全を守っている（後棒）という説明である。これの後者の場合と同じような解釈は、「棒押し」の次第を持たないのであるが、岩船郡山北《さんぽく》町寒川《かんがわ》に見られる。三匹の獅子それぞれに棒を小脇に抱えた護衛役がついている。このような理由とは違って、棒を挟んで対峙した双方の揉みあい自体に、積極的な意義を見出している例もある。旧中条町築《つい》地《じ》では、五、六〇人もの青年たちが、長さ五メートルもある孟宗竹（太さ直径一〇センチ）を互いに押し合い、争いが激しく、五、六本の竹が折られるという（同前掲書１７７～１７８頁）。

「ワッショイ、ワッショイ」、「ウォー」と勇ましい掛け声をあげながら、直径一〇センチほどもある竹棒を折ってしまうのである。竹の根元の方を二、三〇人で押さえ曲げて折るのである。

竹が折れると、「村にいい事がある。」「その年の作柄が良い。」といわれた。

つまり、揉みあいが激しければ激しいほど良いというのである。

平成一七年八月末の祭りに訪れた岩船郡神林村福田《ふくだ》の棒押しは、青年たちの参加がほとんどなくなったため、諏訪神社の鳥居直前で、わずか五分ばかりの揉みあいで終った。昔は、他村の若者が闖入し、四十分ぐらいも揉みあったものだと、高齢の保存会員たちは往時を懐かしがっていた。

ところでこの棒押しは、同種の次第が他の地には全く存在しない伝承なのであろうか？　一般に寄り合い祭りの行われる所では、数ヶ所の神輿が宮入りの先陣争いを演じている。また数ヶ町内の山車や屋台が、やはり順番を争って喧嘩することもよくある。こういった場においては、怪我人や時に死人が出たりすることがあるが、人々はむしろその暴れ振りを歓迎する風がある。これとよく似た宮入りの先陣争いが、越後の獅子踊の出る祭りにもある。

先述の分布図の四十番から南の方の「獅子舞」「獅子」呼称地域では、いわゆる獅子踊と神楽獅子舞とが、宮のぼりの先陣争いを繰り広げている。三条市大字下須頃《しもすごろ》では、神楽獅子舞担当の下須頃上組と獅子踊（三匹獅子）担当の下須頃下組との間で、灌漑用水の堰場《せきば》争いがこれに絡んでいたとのこと。こういったディオニソス的振る舞いが何故必要であったのかは、いまのところ私にはうまく説明ができない。「棒押し」が、果たして、今例示したような祭礼の場合とどういう関わりにあるのかということ、また、そもそもそれが意味することとはなんなのか？　といった謎は残されているのである。これは、従来、芸能の所為ではなく祭りの競技的次第であるから、芸能研究者には無関係のことだとみなされてきた。

祭りも芸能も人間の生き様にとっては大切なものであり、もとより両者は不即不離な関係にある。だからこそ、民俗芸能という概念が使われるようになったのである。やれ民俗だ、やれ芸能だといったような狭いセクト主義は少なくとも排除されなければならない。文化人類学的研究とでも呼ぶべき志向が必要なのではないか。

三　「幕刈り」の存在

幕刈り（マクガリ）とか、幕切り（マクキリ）と称する次第があるのも、越後の獅子踊（三匹獅子）の独特の点だ。これの伝承地は、先述の「棒押し」が所在する地域とほぼ重なっているのだが、北から岩船郡神林村、同荒川町、それに最近合併で胎内市と変わった旧北蒲原郡の黒川村、同中条町である。但し中条町の南部あたりからはこれが見られない。

ではこれは一体どういうことをするのかというと、獅子踊の祭り行事次第の最後に、獅子の頭《かしら》とホロ幕とを結び付けている糸をカミソリのようなもので切り取る儀礼のことである。これは、単なる道具仕舞いのために幕をはずす所為というよりも、一種の儀礼次第なのである。例えば、これを丁寧に行う所では、切り取った糸屑を載せるための盆を用意し、そこには散米が盛られ、ロウソクの明りが灯される。荒川町下鍛冶屋においては、特に念が入っていて、切り取った糸屑を、ご飯を炊く時に一緒に釜の中に入れてゆで、その糸を食べると、一年間無病息災に過ごせると信じられているとのことである。当地のものと、同町金屋や旧中条町高野《たかの》のマクガリにおいては、この折に掛けられる専用の歌がある（同前掲書九九頁）。

てんぢくの　かんが川原の　獅子なれど
　これのおにわに　羽根をやすめる

歌意は、本年の祭り（下鍛冶屋では、例年八月二二日、二三日）で遊ばされた獅子が、今この時をもって、来年までお休みになるのだという趣旨とのこと。なお、例年八月一四日にはこれと対となるマクツケの行事があるが、その折の歌は次のようである（同前掲書九八頁）。

天竺の　かんがかわらの　獅子なれど
　頭そろえて　まいり来たもの

「マクガリ」岩船郡荒川町大津で

いずれにしても、マクツケとマクガリの次第を他の獅子踊の曲目なみに、独立したものとして、特別視していることが解る。

獅子踊を行うために、獅子頭に幕を付けたり、終了時にそれをはずすことは、どこの地の獅子踊でも行っていることなのだが、これとそっくりの儀礼次第は他のどこにも見られない（類似例は他県でも見られる）。獅子踊の稽古はじめに、アゴガタメとか頭固めとかと称し、獅子三匹の頭を台上に飾って、神酒《おみき》を供え、ロウソクを灯して関係者一同それを拝することは、マクガリ伝承地域とは別の、南の方でも行われているが、マクガリはまたこれと異なっている。またマクツケ、マクオロシといった似かよった概念は存在するが、実態は違う。

菊地和博「墓地で踊る青森県津軽地方の獅子踊り」（東北芸術工科大学東北文化研究センター発行『舞台評論』2所載、二〇〇五年）や『山形県民俗芸能緊急調査報告書』（山形県教育委員会、一九九五年）

によれば、山形県庄内地方の獅子踊においては、幕つけの日に、「獅子の精を入れる」という言い方をしているとのことであり、越後のものと共通するものがあるのかも知れない。また菊地の同論文や、本田安次著作集『日本の傳統藝能』第一一巻（錦正社、一九九六年）によれば、青森県の津軽地方の熊頭の獅子踊（三匹獅子）においても、年の初めに「幕降ろし（獅子起こし）」、そして年末に、「獅子納め」といった多少儀礼的なことを行っており、獅子納めの際に、「角もぎ」といった言い方をしているようである。このように探せば、他県の獅子踊にも越後のマクガリと脈を通ずるものがあるのかも知れないが、今のところそっくりな伝承を見出していない。

一方、獅子の精というか、獅子（頭）の魂の去来を物語る言い回しが、マクガリ伝承地域の獅子踊には色々となされており、獅子頭を「獅子神様」という言い方をしている所もあって、当地域住民の獅子に対する思い入れの深さや、神霊観には注目すべきものがある。

旧中条町大字大出では、八月二五日、行事終了後に幕刈りを行うが、次のように行うという（同前掲書１１３頁）。

獅子頭前部の真中の部分と、両脇の三カ所を切り離す。そして幕を獅子頭の裏側からまわして前に持って来て鼻をかくし保管する。この鼻を隠す習慣は、頭を一時的に踊り手がはずす時も同じ動作をする。すなわち獅子頭が人間の頭からはずされる時は、必ず鼻を隠しているという。

この場合においては、単に幕と頭とを切り離すと魂が抜けるというだけでなく、人間がそれを被っているかどうかが問題となっているのである。しかも留意せねばならないのは、魂が抜けている時には鼻を隠しておかねばならないという点である。獅子の頭の中でもなぜ鼻の部分にこだわっているのか、判然としないのだが、ただ、頭部分、命のあり所に対する人々の細かい観察ぶりを知ることができる。なにか、獅子を生きた動物と見立てているような気がする。

これと同種の印象を与えるのが、荒川町の名割《なわり》や坂町《さかまち》の幕刈りの次第である。名割の場合を紹介する（同前掲書八八頁）。

最後に一番小さい子に踊らせ、獅子が逃げないようにつかまえて、歌あげをする人があごの下を切る。

獅子（動物）が嫌がっているのか、それを被っている子供が嫌がっているのか判然としないが、あたかも獅子が逃げ惑う様を演じ見せており、なにか、命あるものに、今、人々が対峙しているのだという印象を拭い切れない。さらにまた、この地域の獅子踊の踊りぶりには、盛んに頭を小刻みに振って見せる所が多い。そうすることによって、生きもの（動物）のように見えるのだと、師匠の大人たちは、子供たちにそのように演技するよう指導している。

他方、次のような言い慣わしもある。獅子宿にて、獅子頭を箱の中に格納している時にも、獅子が魂を持っているという話である。その一つを紹介しよう。旧中条町柴橋《しばはし》のものである（同前掲書１５９頁）。

獅子宿では、獅子を箱に入れておくとき、雌獅子を必ず真中にしておくという。そうしないと、雄獅子同士が喧嘩をして、翌年毛がみんな抜けてしまっているという。

実はこの種の、箱の中の獅子頭の喧嘩の話や、片耳の欠けた獅子頭があるなどといった話は、周知のように、柳田國男が「獅子舞考」の中で例示していたものに通ずる（『定本柳田國男集』第七巻、筑摩書房、一九六八年）。越後の当地域の人々の、こういった、獅子を生き物のように見立てる信じ込み方には、飛躍的な話ではあるが、柳田のこの考察に関連しているところがあるようにも感ずる。柳田は獅子舞の起源を、アイヌの熊祭り（イオマンテ）のような動物を撲殺して行う儀礼に始まるものではないかと仮説的に暗示していた。その結論に至る過程で、色々と文献史料や口頭伝承からの事例を列挙してみせたが、鹿、猪、熊などの動物や架空動物の竜の屍体分割に関するものが多かった。上に引用した旧中条町大字大出、荒川町の名割や坂町、旧中条町柴橋の言い回しや伝承は、あるいは柳田の例示した、この屍体分割伝承に似かよっている話かもしれない。

ともあれ、この類いの話は、かつて、日本で狩猟が盛んだった農耕以前の頃のものであり、また文献史料の少ない民俗世界のことであるから、獅子踊の歴史的研究を志向する人たちからは、茫漠とした見方であると、近年では無視されてきたものである。三匹獅子踊が、風流太鼓踊から発生したものであろうといったような、その発生の、中世から近世にかけての歴史的時代特定に精力を注いできた今日の芸能研究界の趨勢からは、こういった柳田的見方は確かにはじかれている。それにしても越後の伝承は、そういった観点だけでは収まりきらぬものを、民俗芸能は本来持ちあわせているものだということを我々に考えさせてくれるように思うが、いかがなものであろうか。そのことに関連する話を次項で示してみよう。

四　獅子踊の衰退と信仰

これまで紹介してきた越後の獅子踊も、他の種類の民俗芸能と同様に時代の推移とともに、徐々に衰退を余儀なくされている。『越後の風流獅子踊り』調査報告書は、まさに昭和三、四〇年代の高度経済成長期のそれが極めて激しかった折に、衰亡する前に記録保存しておこうとの趣旨から、新潟県教育委員会が実施した事業の、成果なのである。ちなみに、調査で判明した伝承件数の総数は六一件であるが、廃絶、中絶しているものが多く、当調査報告書に登載できたのは三五件のみであった。

これは江戸時代以前からの伝承であり、少なくとも今日まで一三九年間は生き延びてきているのであるが、明治維新以降の時代の変遷の中で、これらは、踊りの中止、復活というダッチロールを経験してきている。旧中条町関沢《せきざわ》の伝承にそれを見てみよう。明治時代にはしばらく休んでいたのだが、明治四一年に地域内の三神社の合併と社殿新築の祭りに、獅子を奉納している。大正年間には村中の神社をまわって踊っていた。その後昭和のはじめ、若い衆が兵隊にとられて中止し、昭和八年に復活した。しかし昭和一四年からまた止めなければならなかったという（第二次大戦のためだろう）。第二次大戦後、昭和二五年には、山の神様のお祝いに村中喜んで獅子踊をした。昭和三四年、高度経済成長期を迎えて、若者の減少から踊りは中止した。そんな折、昭和四二年に羽越大水害が襲い、村は今までに無いほどの被害にあった。この時、獅子踊を止《や》めていたから水害に遭ったのではないかとも言われた。そして、昭和四九年に熱心な人々により踊りは復活した。ここでは、明治以降、都合四回中止と復活を繰り返してきた。多くの地域の獅子踊が、このように明治維新、第二次世界大戦、高度経済成長の三つの時期の前後において衰退し、いくつか関沢のように復活を見せているわけである。

ここで注目しなければならないのは、獅子踊を止めたから水害が起こった、だから踊りを復活させたという意識である。これと同様の信じ込み方というか、こだわり方は、越後の北部の当該地域ではよく聞かれる話なのである。このことを極端に示しているのが、荒川町金屋の聞き書きである（同前掲書六八、六九頁）。

大正初期、チフスが流行したとき獅子神様に神遊びしていただいた。それ以前にも明治以前、コレラがはやったときも獅子神様に神遊びしていただいたら、隣の鳥屋までコレラは来たが、金屋には来なかったという言い伝えがある。むかし一回獅子踊りをやめたことがあったら、獅子神様は川を泳いだという。それ以後は休むことなく、戦争の真さかりでも一回も休んだことはない。

チフスやコレラが、獅子踊によって、あるいは獅子神様によって追い払われるといったこの種の信心深さを、近代化以降の我々は迷信扱いして無視してきた。しかし、癌、エイズ、あるいはＢＳＥ（牛海綿状脳症）、鳥インフルエンザといった病気や病原菌などが、今日我々人間を恐怖に陥れている状況を考えると、それを簡単にバカにすることはできないように思う。踊りや獅子神の存在によって、心の落ち着きが得られるだけでも感謝しなければならないだろう。上記の説明の中で、戦争のさなかでも休まないようにしたとあるが、他地域ではほとんど中止しているのに、ここではそれを続けてきたというのは、獅子踊及び獅子神様への思い入れが強かったことを物語っていよう。

村の過疎化、後継者不足、労働作業の機械化、第一次産業人口のサラリーマン化、生活様式の都市化など様々な社会経済的な変容の急迫の中で、中止、廃絶あるいは変容の道をたどってきた民俗芸能一般である。金屋では、そんな下部構造的な圧迫をものともせぬ信仰心の強さがあったということである。それと同時に考えさせられるのは、踊りは、村の生活にとってかけがえのない存在である、という意識である。実はそれこそが、地域住民にとっての、民俗芸能の存在理由であったのである。こういう意識がいつまで続くものなのか予断を許さないところがあるが、少なくとも、踊りの伝承者である地域住民が自ら選び、決定していくというこうした姿勢を尊重すべきであろう。

ちなみに、自らの伝承が、広域的な観点から文化財に選ばれ、世間から注目されることを人々が嫌がる地域は

岩船郡荒川町大津の「三匹獅子」

今やないだろうと思うし、皆が、伝承年代の古さを誇りとするようになってはいる。また、京都とか、どこか有名な場所にそれが由来しているものであることを、異口同音に語ってもいる。いたって中央志向意識は強いといえよう。しかしながら、獅子踊を存続させている意味は、決して外向きにはない。あくまでも、村の安寧のためである。村内の各戸巡りがないと不安であるという意識を、いまなお堅持している所も残っている。おそらく、こういった背景のもとで、「棒押し」とか「幕刈り」といった当地独特の次第も形成され、続いてきたのであろう。そこのプロセスや存在意義の究明こそが重要な点であり、今や地域的研究の一層の深化が求められるところだろうと思う。

ともかく、地域の伝承者たちは、獅子踊（三匹獅子）がいつの時代に、どのように始まったものなのかといった歴史的来歴のことよりも、地域の中でこれをどうやって続けていくのかとか、これを台無しにすることの祟りを心配したりしているのである。そういう村人の視点に立っての研究が必要なのではないかと思う。獅子踊が存続できるかどうかの、きわどい状況にある今日、各地域の状況に関心を寄せなければならないであろう。村人に目を向けて考えれば、信仰のことや、芸能の地域的形態のことが大きな意味をもっていることに、気付くはずである。時としてその特徴のある形式が、たまたま、昨今発掘される埋蔵文化財のように、一地域を越えた、解きがたい古い時代の謎を秘めている場合だってあるのだと思う。それは、現代においては確かに、地方的一存在にすぎないけれども、旧石器とか縄文といった、遠い昔の時代の全国的文化状況を示す貴重な遺産だったりする場合だってありうる。もっともこれは考古学の話であって、常に変遷を繰り返してやまない芸能には当てはまらないことだと、一般には考えられている。確かに、視覚化された形においては、遺物と芸能とは次元の異なる存在であり、同じ平面での議論はできない問題であろう。だからといって、芸能や信仰といった精神的営為に、遺物に見るような悠久の過去は存在していないのだとは断言することはできない。ただそれは、証明の手続きが厄介なだけだと考えるべきである。

日本の獅子舞にみる神観念
――ユーラシア大陸の視点から〈日本・中国・ロシア・ヨーロッパ〉

一　動物頭系獅子舞の始まり

日本では、大陸伝来の獅子舞（神楽系獅子舞）と動物頭系獅子舞が混在していることと両者の異同について、全面的に言及していたのが、柳田國男の「獅子舞考（注1）」である。

まず名称上混同が起こった理由を柳田は次のようなことからだと説いた。古来、日本では獣肉を宍《しし》と言い慣わしており、鹿（カノシシ）、猪（ヰノシシ）等に関する踊りもあったのだが、七世紀初めに大陸方面から獅子舞が伝来して日本各地に普及した。その獅子の発音が日本語のシシと近似していたために双方の名称上の混同を引き起こし、外来の要素が入ったというわけである。この伝来獅子が日本の古来からのものの中に次第に浸透していき、双方の境目がどこにあるのかも分からないような状況になった。しかし、それでも旧来のものが有していた特徴は依然として残存しているのだと説いた。第一に、大陸伝来の獅子舞の頭《かしら》に角が付いているのは、日本固有のシシ踊りの動物頭の要素がここに留まっているからだと見なしている。第二に鹿踊《ししおどり》、三匹獅子舞（頭は、猪、鹿、熊、カモシカなどと称されている）といった我が国固有の獅子舞、つまり動物頭系の踊りの特徴が伝来獅子に付着していることを述べている。一つは流行病の退散など（悪魔払い）を目的として村廻りをすること、二つにはこれが大昔には牲《にえ》の祭りの中で行われたものらしい痕跡を留めていること、そして三つ目に盆の霊《たま》送りの供養として行われたものであるという指摘である。このうち二つ目がまさにこの踊りの始まりに関わっているもので、柳田がもっとも意を注いで言及した点である。

以上は、動物頭系獅子舞が伝来獅子に影響を与えた諸点であるが、逆に後者の前者への影響もあったことにも言及している。それは遠野郷（岩手県）附馬牛《つくもうし》の鹿踊の頭がゴンゲンサマ、つまり神楽系獅子の形に侵食されている姿である。

奥州では村々に神楽の獅子舞と似たものがあつて、之を鹿踊といふのが普通であつた。その所謂獅子頭を権現又はゴンゲンサマと称して、面は稍細長く枝角があり、確に鹿の頭を擬したものであつた。（注2）

ともあれ、獅子舞の頭に焦点を当てて、その始まりを牲として鹿（動物）を殺す儀礼にありと仮定し、それをなんとか証明せんと資料を博捜したのがこの「獅子舞考」であったように思う。

ここで、柳田の動物頭系獅子舞の牲祭《にえまつり》始源説をどれほど補強し得るものか定かではないが、牲用《にえよう》動物の殺害、死屍《しし》分割といった殺伐とした雰囲気の記憶を留めているかもしれないと思われる事例を拾ってみよう。まず始めに柳田が取りあげていた伝承。

至つて古い時代の民間の信仰が、独り其形体を今日に留めて、本旨を逸失した例は無数にある。(中略)由緒ある各地の行事の中にも同じ名残は尚豊かに見出される。獅子舞などが既に平和の世の道楽になって居ながら、屡殺伐なる逸事を伝ふるも其為である。伊勢の山田の七社七頭の獅子頭が、常は各町の鎮め神と祭られつゝ、正月十五日の終夜の舞がすんで後に、之を山田橋の上に持出して刀を揮うて切払ふ態を演じ、即座にこれを舞衣に引くるんで、元の社に納めたといふなども(注3)……

これは伊勢の神楽系獅子舞の次第の最後における、いささか穏やかならざる所為の事例であるが、三匹獅子舞や鹿踊といった東日本の動物頭系獅子舞にも、相似た獅子の頭部の解体的所為はいくつか伝わっている。新潟県の北部、現胎内《たいない》市あたりから、荒川町、神林村辺に、マクガリとかマクキリと称される獅子舞行事の終末部での儀礼が伝えられている(注4)。獅子頭とホロ幕とを糸で結いつけてそれをかぶり、数日間村廻りをするのだが、その最終日に、最後の踊りが終ると、ウタアゲ役の年輩者がカミソリ様のものを手にして獅子に近寄り、ホロと頭をつないでいる糸の括《くく》りをひとつひとつチョン切り、糸屑を灯明を立ててある盆の上に載せる。この時の糸屑を翌朝のご飯に炊き込んで食すると一年間無病息災に過せると言い慣わしている所(荒川町下鍛冶屋)もあるなど、人々が大切に維持してきた所為である。サッとした次第ではあるが、行事じまいのけじめをつけるものとして重んじられてきたのである。というのも、その一週間か十日前頃に行事始まりの次第があって、行事じまいの場合と同様に、獅子頭を祭壇に据えて灯明をともし神酒などの供えものをして拝している。これをマクツケとかマクオロシと言っている。

越後から北上した山形県の庄内地方には、ここでの獅子舞（五頭立て）において、越後のマクツケ、マクガリに相当する次第が精入れ、精戻しの名で伝承されている。(注5)お盆の頃の社寺の祭礼に前後二週間ほど獅子が踊られるが、多く八月七日頃に精入れ、二十三、四日頃に精戻しを行う。獅子頭を祭壇に安置して灯明をあげ、神酒や供物を供えての儀礼は越後の場合とだいたい同じだが、獅子舞の精戻しの所為はまた別である。刀で獅子の目を突くのである（東田川郡藤島町八色木《やいろき》）。なお精入れ、精戻しに近い概念は、三重県鈴鹿市の伊奈富《いのう》神社の獅子神楽の次第にもある。こちらではお性根入れ、お性根抜きという言い方をしており、さらにここではお性根入れの前に衣付《きぬつ》けという次第があり、越後のマクツケとの近寄りを感じさせる。(注6)

越後、庄内及び伊勢のこういった伝承間に何か脈絡はあるのだろうか。ともあれ、これとの類似伝承はさらに北上した所でも見出すことができる。(注7)秋田県仙北郡西木村上桧木内《かみひのきない》字戸沢《とざわ》のささらという三匹獅子舞にも、同様の儀礼が行われてきたことが記されている。

八月十五日は「幕切り」と称して獅子納めをやるが、その儀式で、太夫が刀で獅子の顎鬚を切り、目玉を抜いたり牙剣をとったりする。

かなり野蛮な所為を行っているが、その傾向は津軽の三匹獅子舞にも連なっている。ここでは始めの儀礼を獅子おこしと称し、獅子じまいを獅子納めと言っているが、その折に角もぎということをやっている。マタギで有名な弘前市郊外の一野渡《いちのわたり》では次のように行っている。

獅子頭の角に手をかけて、角をもぐ手振りをして「ウタノツムギ」という呪文を唱える。(注8)

また、太平洋側の鹿踊分布地帯にも同様の伝承が存在しているようだ。宮城県境の岩手県大船渡市日頃市町《ひころいち》中小通《なかこがよう》の鹿踊の鹿納めの儀礼に鹿の頭部に鋏を入れる所為のあることが報告されている。(注9)

以上知り得た事例を列挙してみたが、カミソリや刀や鋏で突いたり切ったり、何かこれら全体に共通する次第作法がかつて存在していたにおいを感ずるが、今のところ詳細は不明である。ともかく獅子頭を動物と見なす意識は共通している。首を刈るとか、目を突くとか、角をもぐとか、何かそのようなどぎつい動作表現、口調を通してイメージを現実的なものとして確認したいという気持ちが働いている、そんなことを感じさせる。ともあれこれらは、柳田が獅子舞はそこに始まるのではないかと仮説を立てた牲祭における動物の殺害と儀礼に、一体どのように関係する事例と解釈できるのだろうか。

二　獅子舞とマレビトを同一視する根拠

これまで、獅子舞とマレビトを同一視した論考に接したことがないのだが、私の不勉強のせいだろうか。他方、よく見かける光景のことが思い出される。獅子頭を自分の顔に近づけられてワァーッと泣き出す赤ん坊のことは誰でも知っているのではないか。マレビト論者の折口信夫がその代表例としてあげていた秋田のナマハゲも、この獅子と同様に幼児を怖がらせている。ナマハゲが訪問した家で、それを見たとたん幼子達が逃げまわる光景は、よくテレビで放映されている。ところが辞事典類の該当する頁をめくっても、獅子舞とマレビトを同じに扱ったものはない。両者は別項目である。獅子舞は芸能であって、ナマハゲは信仰的行事であると分けられているのである。ところが折口や柳田のこれらに関連する文章を読んでみると、両者全く同じものではないにしても、ひとつ範疇で括って考えてもおかしくないようなのだ。

マレビトのほうが獅子舞より広い概念と言えよう。もっともこのマレビトは訪れ神であるとか、来訪神であるとかと別に言い換えられることもあって、今のところ完全に市民権を獲得している概念というわけではない。正確に言えば、折口信夫が「國文學の發生（第三稿）まれびとの意義」で説明したそれということである(注10)（この「まれびと」をこれまで表記してきたように以下も「マレビト」と記す）。それを私なりに要約すると次のように言えるのではないかと思う。マレビトは、年の始めなど毎年定められた時期に、海の彼方などの遠い所からやって来て、人々を祝福し、あるいは悪いものを祓い清め、そして去って行く神霊のことである。具体的には秋田のナマハゲ、沖縄のマヤノカミ、アカマタ、クロマタ、あるいは盆のアンガマの折の老爺《ウシュマイ》や媼《ンミー》などがその事例として挙げられている。上述の「國文學の發生（第三稿）」には獅子舞のことがひとつも言及されていないのだが、しかしそれをも含み得るものだとは記述されていると思う。つまり大晦日から初春に訪れるものに次のような二種があると記されている。

おとづれ人
　├ 妖怪
　└ 祝言職――乞食

右の表記の妖怪とはナマハゲなど恐い面相のものを指すのだが、もう一方の祝言職《ほかい》――乞食《ほかいひと》は、具体的には節季候《セキゾロ》、萬歳《まんざい》、猿まわしなどの芸能的なものを列挙している。ということは、獅子舞のことを記してはいないのだけれども、獅子舞も江戸のまちの初春の風物詩であり、年頭の縁起ものだったのだから、この項に含め得るものと言ってよいのではないか。実は、こういった理解が間違ってはいないと判断できるのが、折口の神楽としての獅子舞に関する記述である。

　此は言ふまでもなく私どもの常に持つてゐる仮定の一つ、海彼方《ウミノカナタ》の賓客が此土を来訪して、災厄を未然に祓ひ退けて行つてくれるといふ信仰の分化した、一方面に過ぎないのです。が、又、其獅子が、一面では、仏典の上の高貴な譬喩としての獅子、或は菩薩の乗り物の獅子などを観念にとり込むことによって、益、向上して行つたのです。(注11)

右引用の中で、海彼方の賓客の来訪とは、そうは記してはいないけれども、マレビトのことであることは間違いないと思われる。肝心の獅子舞、この場合、伎楽《ぎがく》とともに大陸から伝来した仏典上の霊獣の獅子を指してはいるが、この一文ではそれをマレビト信仰の分化したものと記しているのである。折口にとって、獅子舞がマレビト信仰の中に含めて考えられていたことは確かであると言える記述だろう。

そしてまた別のところで、精霊を退散させる威力を有し、また人々から拝み敬われた獅子が日本の国土の中で複雑に展開したことを、柳田國男とはまた違った視点で説明している。いわば折口信夫の「獅子舞考」（大陸伝承の獅子舞と日本固有の獅子舞の関係論）とでもいうべき箇所である。

　日本の側から獅子の知識に割り込んだものは、すべて農村の邪魔ものであつた。かのしゝ、ゐのしゝ、いずれも農村の害物です。此考へからさういふもの丶全体、或は一部分に扮装して祭りに参加する様にもなつた訣です。（中略）とにかく、農村の祭りには、一方明らかに田苑を荒す猛獣が来服する形を示す藝能が行はれてゐるので、此、攻めるものと服するものとの名が、一つの語のし丶で暗合してゐる事に、結びつかねばならぬ結合を完全にしたに違ひありません（注12）。

日本の獅子舞が複雑な様相を見せたのは、大陸伝来のものと日本固有のものとをひとつ言葉「し丶」で呼称した点にあるとしているのは、折口も柳田と同じ視点を持っていたということである。しかし動物のし丶に対する考え方は大きく異なっている。柳田がそれを牲の対象と理解していたことを、折口は屈服されるべき害獣と考えていた。それはともあれ、また柳田も「獅子舞考」の中で、折口のマレビト論に理解を示していたと思われる書きぶりをしていたので、引用しておく。

獅子舞も一名を神楽と呼ばれるやうになつては、単に神を悦ばしむる社頭の遊戯のやうに認められるか知らぬが、それでは右に挙ぐる如き遠征的の行為、殊に家々の門を廻つて悪魔を払ふと云ふ意味が不明になる。（中略）故に伊勢桑名在の所謂太夫村等の代神楽は組を作つて諸国を巡り竈払ひをしたと云ひ（筠庭雑考《いんていざっこう》引、伊勢名所圖會（注13））……

獅子による悪魔払いの廻村《かいそん》、桑名《くわな》太夫村《たゆうむら》の伊勢太神楽《いせだいかぐら》についての記述であるが、直接マレビトとか、祝言職の所為などと記してはいないものの、その延長上にあることが頭の中にあったように察せられるのである。

三　マレビト的伝承のユーラシア大陸的広がり

日本の研究者が言い出したマレビトの概念だが、それに相当すると思われる伝承事例の所在情報は、近年、地球規模に広がりつつあるように思う。もっとも、中国南部の少数民族地域にそれらしい伝承情報が近年数多く報告されているが、中国では、「原始的な儺《ヌオ》」などと言われている。例えばこのように、マレビトという言葉は、今のところ国際的な共通用語となっているわけではないのだが、他方「ヨーロッパのマレビト、来訪神」などと言い出している日本人も現れている。例えば吉田敦彦は次のように述べている。(注14)

私がお話し申し上げたかったことは、要するにヨーロッパと日本あるいは東アジアの間に、来訪神を迎えるという点において、かつてはきわめて大きな共通性があったということではないかということです。

また、芳賀日出男は自らカメラを担いで、ラトヴィア、オーストリア、スイス、ブルガリアとヨーロッパの北部、中央部、東部へと赴き、マレビトらしい伝承を採訪し、自らの目で確かめた。プロの見事な撮影技術によるグラビア写真と文章とで綴った著書『ヨーロッパ古層の異人たち(注15)』は、ヨーロッパにもマレビトが存在することをヴィジュアルに提示している。例えば次のような記述がある。

旧年から新年の変り目の季節に、村びとの生活のなかにあたらしい秩序を立て直し、子どもたちをいましめる行事がサンタクロースクランプスの鬼のおとずれとなって伝えられているのであろう。(中略)わが国の秋田県男鹿半島の「なまはげ」、鹿児島県甑《こしき》島の「年どん」の年末の行事を思いださずにはいられない。

また、芳賀がヨーロッパで取材していたものと類似の伝承が、ロシアのスラヴ系の人達の間にも存在していることを知った。ロシアではこの種の仮装をして登場するものをリャジヌイと称し、スラヴの各地に同様の伝承が遍在しているようである。子供向け絵本(注16)にリャジヌイの絵図（資料1）が掲載してあって、鬼相の仮面をかぶっているものもあれば、熊や山羊、牛などの動物の扮装をしているものもある。クリスマス（ロシア正教では一月七日）の頃や、マースレニッツァという、カトリックのカーニバルに相当する祭りの時に登場しているとのことだ。

資料1　リャジヌイの絵図

　さらに、先述した中国の同種伝承については、日本人研究者が日本国内の出版物に次のようなものを報告している。土家《トウチャ》族の茅谷斯《マオグス》（湖南省）、彝《イ》族の撮泰吉《ツォタイジ》（貴州省）、彝族の跳老虎《ティアオラオフ》、跳豹子《ティアオバオズ》あるいは唖吧《ヤバ》（以上雲南省）、苗《ミャオ》族の芒高《マンガオ》（広西壮族自治区）、土《トゥー》族の於菟《ウトゥ》（青海省）、白《ペー》族の耳支《アルジ》（雲南省）等々があるが、ほかにも壮《チワン》族や景頗《チンポー》族など他の民族や地域にも色々と存在しているようである。

右にみたようなヨーロッパ、ロシア、中国の類似伝承には共通概念は存在しないが、到来する時節や扮装の様態、所作内容や目的に共通性を有しているものがあることを指摘しておこう。

まず、それが出現する時期であるが、おおむね暮から正月の年の変り目、冬至や夏至といった季節の変り目などである。次にその仮装扮装ぶりだが、折口がこれを「妖怪」と表記していたように、おおむね奇怪な異様の態をしているということで一致している。三つ目に来臨したそれらが何を為《な》すかであるが、概して人々に悪態をつくというものが多い。中国雲南省の彝族の跳豹子（ヒョウ踊り）の一行は、各家々のドアや窓を手にした棒で叩きまわり、若い娘を見つけては追いまわし尻をつつき悲鳴をあげさせる。また同じく雲南省の新合郷蓋瓦洒村の彝族の旧暦の二月八日節に出現する仮面の態の一行は、村の家々をまわり、手にした棒で家の壁や天井板をつきまわり、また床板を強く踏みしめる。もしその際、床板が抜け落ちることがあると、吉祥だと言って人々は喜ぶのだという。他方ヨーロッパの例では、芳賀の先述の書によれば、コタツにばかりもぐり込んでいたりするひ弱な子供などを叱りつける日本のナマハゲと似たような所為をしている所が多いし、家々の戸を叩きまわったり、成る木責《なきぜ》めといった日本の各地の小正月で見られるのと同じようなことをしているものもある。

四つ目にこれらの主旨・目的の共通性である。ひとことで言えば、人々を祝福し、また悪いものを追い払ってやるという除災招福である。またこの招福の態の一例として豊穣予祝儀礼（芸能）がある。日本ではこれを田遊びなどと称して、各地に伝承されているが、中国にも彝族の撮泰吉、跳老虎、土家族の茅谷斯、壮族の螞蜴節《マアグアイジエ》（カエル祭り）などに同様の次第がある。ヨーロッパのマレビト的伝承にもこの種の予祝儀礼が見られるようである。ブルガリアのクケリなどと称されるマレビト的伝承の一部に、婚礼や出産場面を演じたり、牛役に土起しの農具を曳かせて畑を耕させ、種蒔きをしたり、刈り取りをしたりと、一連の耕作過程を模倣するものがある。

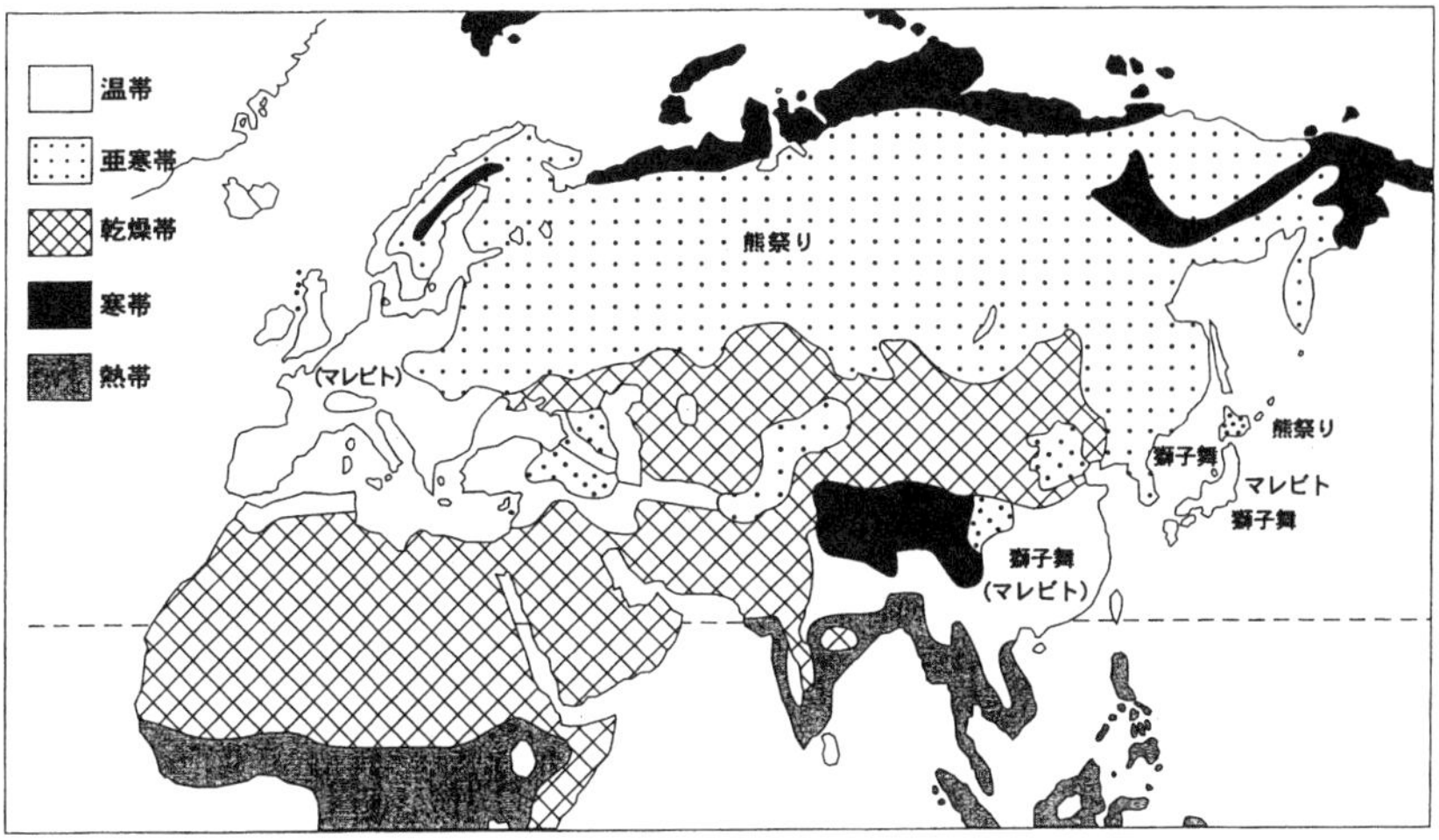

資料2　世界の気候区と獅子舞、マレビト、熊祭りの分布

以上、東西のマレビト的存在の共通性を縷々数え挙げたが、ここでユーラシア大陸方面の気候区分地図を見てもらいたい(資料2)。日本を含めた東アジアとヨーロッパのマレビト的伝承分布地帯は温帯に属している。そこでの生業形態は主に農耕である。マレビト的なものが去来する時期や所作内容、目的から考えても、農耕生活のサイクルを背景としていることがうかがえる。また、マレビト的伝承の一行が村内の各戸を巡る次第がどこでも行われているが、それは定住農耕生活地帯の伝承であることを証明しているものであろう。森や山での狩猟、河川や湖沼での漁撈、自然採集生活、あるいは遊牧生活を行っている人々においては、こういったことは考えられない。

であるとすれば、亜寒帯等の地において、果してマレビト的存在は一切考えられないということだろうか。日本の北海道は亜寒帯に位置しているが、アイヌの熊祭り(イオマンテ)について金田一京助は、マレビトに通ずる概念が存在しており、この折の熊をマレビトと考えてよいのではないかと次のように記していた。(注17)

所謂「熊祭」といふ有名な、やかましい行事も（中略）熊の赤児を養ひ育てゝ、十分大きくなつた時に、「さあ、もう天の両親が待つているだらうから、御帰りなさい」と送る行事にほかならない。だから熊祭は原語では熊送《カムイイオマンテ》り又は神送《イオマンテ》と呼ぶ。熊祭の御馳走を珍客振舞《マラプトイベ》といひ、マラプトは邦語稀人即ちまらうどの古形の変じた語で、獲られた熊は、訪づれる神であるといふ考からの名である。尤もこれは、古い日本の信仰のアイヌに入つて古形を存してゐる一つの例である。


つまり、熊祭りのごちそうのことをマラプトイベと呼称しており、この祭りの熊をマレビトと判断できると述べているのだ。なぜなら稀人即ちまらうどという表記をしており、これは折口信夫のまれびとの語義説明と同じだからである。もっともマレビトの概念はアイヌ本来のものというよりも、古くに日本の信仰から借りたものだという注釈がついているから、一〇〇パーセントそうだったと言い切っているのではない。

ところで筆者は、次のような理由から右のような同一視はストレートには受け入れられないものと考えている。先述の東アジア、ヨーロッパ方面分布のマレビト的存在とアイヌとの相違点は次の二点に概括できると考える。一つには、人々の所へ来臨するものが熊祭りの場合は生きた動物であるという点である。二つ目が、マレビトは彼岸からこの世に来臨する神霊であるのに対して、熊祭りの場合は、金田一も記しているように熊の霊をその本来の地（天）へこの世から送り帰してやるというもので、祭り（儀礼）における此岸と彼岸との去来方向が双方一八〇度逆になっている点である。マレビトの概念そのものを考えなおさせる契機が、ここには含まれていると考えなければならないのである。

ここで仮に金田一の説を正しいとすると、環北極圏地帯のシベリアや北欧の亜寒帯に住む少数民族の間に広く熊祭りが行われてきており、地図（資料2）にみるように、マレビトは全ユーラシア大陸的広がりのうちに分布しているということになるのである（ただし、中近東から中央アジア域の砂漠やステップ乾燥帯は除く）。当然に先述の相違点や両者の関係性の説明が十分になされたうえでの話である。実はここに内在する問題は、日本の大陸伝承の獅子舞（神楽系獅子舞）と動物頭系の獅子舞の両者の関係をどう考えるべきかの問題にも関わってくるのである。しかもこれは、マレビト的伝承の所在地の温帯と熊祭り分布の亜寒帯との境界地点に位置する日本列島（特にこの二種の獅子舞が混在共存している東日本において）の問題でもある。

四　霊送りと神霊の来訪

温帯のマレビトと亜寒帯の熊祭り（霊送り儀礼）の熊との違いは、両者に関わる神観念の違いにあると言えるだろう。折口信夫によれば、マレビトは毎年海の彼方の楽土、常世《とこよ》の国から来臨するものと述べられているように、まさに時間の止《とま》った世界からやって来る神霊である。ところが熊祭り（霊送り儀礼）の熊には生死があり、その霊は熊祭り（霊送り儀礼）において、始めに生理的な死を、そして霊としての終焉への道を歩むというようにいわば二度の死を辿る。そういう二重の時間を経過することによって、はじめてカムイモシリというアイヌ独特の時間のない世界（彼岸）に到達するのである。次の年もまた動物としての熊が出現するのであるが、それはカムイモシリからやって来るものかもしれないが、仮にそうだとしてもそれは別の個体（生物）であり、マレビトのような時間の止った世界の存在とは全く異なっている。アイヌの神観念がいわゆる一般に言われる神観念とは違っていることについて、中川裕は次のように記している（注18）。

カムイという言葉は普通「神様」と訳されているが、こうして見てくるとキリスト教やイスラム教のような唯一の絶対神とは明らかに違うし、日本古来の八百万の神というのともちょっと違うのがおわかりであろう。（中略）狩猟採集をなりわいとし、自分たちを取り巻く生態系のシステムに自らを調和させて行くすべを、生きるための知恵として追求したアイヌ人が、その中に認めた「人間を超えた力」、それをカムイと名づけたわけなのだから、それはわれわれの言う「自然」という言葉に非常に近いものだということができるだろう。

アイヌにとってのカムイとは、獣や鳥、昆虫、植物、雨風や雷といった自然現象、あるいは天然痘などの病気、飢饉、それに諸道具など、ともかく人間（アイヌ）にはない力を有したものすべてである。カムイユカㇻ（神謡）にはそれらのカムイがこもごもに語られているのだが、マレビトのような威厳のかたまりのような存在とは全く異なっているのである。

ところで熊祭り（霊送り儀礼）の熊の外見は、恐い獰猛な獣の様相をしているが、それはカムイモシリにおいては、人間と同じような生活ぶりをしていると考えられているそうで、人間味が濃厚である。カムイユカㇻにはもちろん熊の歌があり、今日の熊祭り（霊送り儀礼）においてはそれは歌われていないようだが、その内容は熊祭りを受ける様子を自己描写しているものであって、かつては熊祭り（イオマンテ）の中で歌われたものであろう。飼い主に二、三年飼育された小熊がまず生理的に殺され、解体され、そしてその頭だけが祭壇に安置されて二、三日の飲めや歌えの饗宴を過ごす。それが終ると、人間より沢山の木幣（イナウ）や酒などの土産物を背負わされて、小熊の父母が居るという熊の本来の世界（カムイモシリ）に送り返されるという次第なのである。熊を丁重にカムイモシリに送るこの儀礼は、来年もまた、肉や毛皮や熊の胆《い》といった狩猟民にとっては欠かせない宝物の到来を願ってのことと見なされているが、来年現れるのは別の個体の熊であり、本年イオマンテがなされた熊は、その個体としては、もはや再生することのない世界に消える（二度目の死）ということだろう。

北海道アイヌの熊祭り（イオマンテ）における二度の死の儀礼は、西シベリアのオビ川流域のハンティ族の熊祭りにおいても見られる。森の巣穴などで人間に見つけられた熊は撲殺・解体され、頭部のみが橇に載せられて村里へと引きまわされ、そして猟師小屋の祭壇に安置される。

これが第一回目の熊の死（生理的な）である。そして数夜にわたる歌舞、飲み食いの饗宴が催されるが、ここでは、アイヌの熊のカムイユカラに相当する熊の歌が実際に歌われており、それが熊の二度目の死を演ずるものであることはアイヌの場合と同じなのである。その熊の歌の一節は次のようである。(注19)

三日三晩歌を歌い
私のことを楽しませる。
彼等はツンドラの獣である私の籠（筆者注　この籠は胃袋を象徴している）を一杯にし
揺りかごの女の子（のように）揺りかごに寝かし
揺りかごの男の子（のように）揺りかごに寝かした。
（中略）
神々を呼び集める五日間の夜が
私達の前を今過ぎようとしていた。
大切に扱われた獣の魂の入れ物、
それが（優しくされて）溶けてしまった。
戯れの最後の夜を
私達は今終えようとしている。

資料3　ロシア・ハンティ族の熊の霊送り儀礼の芸能の進行次第と歌の量

厳格な熊の霊送りの進行次第と、必要とされる歌の量ということについて、チモフェイ・モルダノフに具体的説明を求めたところ、大体以下のとおりであるとのこと。ただし、これは1998年12月に行われた時のように雌熊に対する祭りの場合である。

〈第一夜目〉
①朝の目覚めの歌
②熊の歌　３曲
③踊り（男、女の順）何曲踊るかその数量にはきまりがない
④寸劇（猟師と熊との関わりを扱った内容のもの）３曲（又は５曲あるいは７曲）
⑤男と女の踊りのことを熊言葉で説明（祭りの目的語）
⑥ペチョラからやって来た者達の歌
⑦寸劇（人々の生活に関する内容）10曲～15曲
⑧ペチョラ人が寝に帰る歌
⑨夕べのお休みの歌

〈第二夜目〉
①朝の目覚めの歌
②熊の歌　４曲
③踊り（男、女の順）
④ペチョラからやって来た者達の歌
⑤寸劇（森の中での、普通には起こりえない冒険的なことについての内容のもの）３曲（又は５曲あるいは７曲）
⑥ペチョラ人が寝に帰る歌
⑦ミシ・アル（地方の守護霊の歌）２曲
⑧夕べのお休みの歌

〈第三夜目〉
①朝の目覚めの歌
②熊の歌　５曲
③踊り（男、女の順）
④ペチョラからやって来た者達の歌
⑤寸劇（エロチックな内容のもの）７曲以上（又は９曲以上）
⑥ペチョラ人が寝に帰る歌
⑦ミシ・アル（森、湖、川などの霊の歌）
⑧夕べのお休みの歌

〈第四夜目〉
①朝の目覚めの歌
②熊の歌　４曲（１曲が２、３時間かかる）
③踊り（男、女の順）
④ペチョラからやって来た者達の歌
⑤寸劇（規則を破ってしまって思わしくない事が起こり、シャーマンの所へうかがいをたてに行く内容のもの）曲数は奇数
⑥ペチョラ人が帰り去る歌（来年また来るからとうたう）
⑦メンク（メンク自らのことをうたい、そして規則に違反した人間をこらしめる様を寸劇で表現）
⑧ミシ・アル　５曲～７曲
⑨祭りを締めくくる特別の歌（もうこれ以上はエロチックな歌はだめ、またミシ・アルその他の歌もだめとうたう）
⑩偉大なる神　７曲～10曲
⑪熊の魂の赴く方向に矢を放つ
⑫熊を殺す（祭りの期間中は、熊は生きているものと見なす。この時点で、もうこれ以上は歌をうたってはいけない、笑ってはいけないこととする）
⑬埋葬（歌をうたってはいけない、笑ってはいけないという期間がその後４、５日間続き、これを埋葬の意とする）

この世に誕生して野山を駆けめぐり、木の実やクルミなどのタイガの恵みを喰いに喰い、蚊や虻《あぶ》に悩まされた夏の幾年かを経めぐり、ある雪の降る日、巣穴の所で人間に殺されたこと、そして右に述べたような饗宴の祭りを受けるに至ったこと、つまり、熊の一生、いわば熊の業《ごう》の一部始終を歌い語るのがこの種「熊の歌」である。ここにおいて二度目の死があるという証拠は、「熊の霊送り儀礼の芸能の進行次第と歌の量」である（資料3）。この儀礼は一九九八年十二月に行われたのだが、チモフェイ・モルダノフがそれを簡潔に整理してくれたものである。資料3の第四夜目の最後の次第に（⑫⑬）「熊を殺す」「埋葬」と記してあるように、まさにこの祭りは葬儀のアナロジーとして受けとめられてもいるようだ。ユーラシアの東端と西端（西方）の地、アイヌとハンティ族の場合の二つの事例にすぎないが、右に見たような熊の二度の殺し儀礼を行うことは、その他の亜寒帯各地の熊祭り（霊送り儀礼）にも共通するものであろうと私はひそかに考えている。

五　日本の獅子舞にみる神観念

獅子舞（大陸伝来のもの）は、前漢の張騫《ちょうけん》が西域から将来したライオンが霊獣化したものに始まるものと一般に説明されている。その外見は象徴化された動物といった態である。三匹獅子舞など動物頭系の獅子舞とてもそのような外貌をしているが、鹿踊などの場合は角がついていて、動物らしさが濃厚である。もっとも大陸渡りの系統の獅子舞においても、時折耳を動かしたり、身体の虱を取ってみたり、あるいは欠伸《あくび》をしてみたりのパフォーマンスを見せるのもあるから、動物的痕跡をどこかに留めているのかもしれない。

こういうふうに、外見はナマハゲなどのマレビト妖怪と区別されているが、内容は先述したようにマレビト的な所為と目的を有しているのである。この種の獅子舞は、ユーラシア大陸を見渡してみると、マレビト的存在の場合と違って、中国、日本、韓国などの東アジア域にしか伝承されていない。しかしながら意識して動物的形象のものがないか探してみると、ヨーロッパ方面にも、獅子舞とは異なる形象だが、マレビト的伝承事例を見出すことができる。ウラル山脈から西側のいわゆるヨーロッパ・ロシア地域のリャジヌイの絵図（資料1）では、鬼面の態のもののほかに、熊や山羊といった動物姿に装ったものがある。

また、二〇〇七年初春にブルガリアへ行き、クケリなどと称されているマレビト的伝承のいくつかを採訪して来たが、妖怪神一団の中へ熊の態のものが突然闖入して来た。中には本物の熊が出現したかとびっくりするような態のものもあった。この動物の態のものの役割は、バイオリン弾きのジプシー役と一緒に登場してパフォーマンスをする例が多かったが、マジカルな奇妙な所為におよぶものもあった。周囲の老人をつかまえて地面にうつ伏せにし、その上に馬乗りになったりするのだが、腰痛などの身体の不具合を治癒しているのだとの説明があった。またこの熊に身体を触れられた女性は妊娠し易いという。

先述の芳賀の著書にも同種の熊の態の所為が記してあった。ラトヴィアのキエタカスの行事では、熊がリンゴの木によじ登って、その年のリンゴの豊作を呪《まじな》うという。また最近、翻訳された『中世の祝祭』には、ピレネー山脈のプラ＝ド＝モロの熊祭りが写真入りで紹介されている。熊男が手に杖を持ち、黒くしたヒツジ毛皮を着て登場し、最後に人々につかまえられて、顔に黒いものを塗りたくられ、毛を刈られるのだという。カーニバル風行事のひとつらしい。

カルナヴァルで伝統的に行なわれる笑劇には、クマに変装した男たちが登場し、追いかけてやっと捕えた人の顔に黒い煤を塗りたくる。つまり、クマが人々に黒い仮面を作ってやるのであり、黒い仮面をつけることで人々は幽霊の世界に近づくのである（注20）。

この説明のクマは、プラ＝ド＝モロの熊祭りとは違って、熊のほうが人間を幽霊化するために仮面をつけようとする所為をなすものだ。

獅子舞にしろ、ヨーロッパ方面の動物姿のものの伝承にしろ、パフォーマンスの終末部において、動物性（生きものとしての性格）が抹殺変容させられる場合がある。概して大陸渡りの獅子舞は霊獣などと呼ばれるように、動物性が稀薄になっている。もっとも、飛騨地方の金蔵《きんぞう》獅子や、越中、加賀のこの種の獅子舞に獅子殺しの次第が含まれている。しかし、もとより害獣としての獅子退治という名目で行われるものだから、これと百パーセント同一視はできない。動物頭系獅子舞の終末部に、首を刈るとか、刀で目を突くとか、角をもぎ取るといったような、動物の殺害時を髣髴とさせるものがあった。これは後述するように、アイヌの熊のイオマンテの最後の方で熊頭に対して行う残酷な仕打ちを思い出させるものだ。ヨーロッパ方面では、カーニバルに登場する、巨人（人形）とか、妖怪風のものは行事終末部に焼却されるが、これに一脈通じているのではないかとも思う。先に紹介した柳田が引用していた伊勢山田の社の獅子次第の終末部も同様のことかと思う。

ところで熊の霊送り儀礼は、先述のように生きものを最終的に霊化するものであった。それは最初から霊化されているマレビトとは違って、肉体の死、儀礼的な死の二度の死のプロセスを経て達成されるものであった。そのことを先刻は、ハンティ族の熊祭り（霊送り儀礼）の演目次第の命名の仕方を証拠に述べたが、それはアイヌの場合のイオマンテ（霊送り儀礼）の後半の次第における、熊頭への細工などのプロセスに照応するものではないかと推察する。祭壇に安置されている毛皮付きの頭骨に穴をうがって、目玉や舌、脳味噌などを取り出し、新たな舌だと言って笹の葉を口にはませたりと化粧をして、象徴的な熊頭を作り、刺繍単衣を着せて、東の方角の高い山（天界）の方へ霊を送り返す。つまり動物姿から抽象化された姿の霊へと移行するプロセスである。

ところで、この祭儀における神観念は、一体どのように位置付けられるものであろうか。キリスト教とかイスラム教などの唯一絶対神のことはさておき、キリスト教徒側から異教と命名された民俗信仰世界の神観念全体において、どういうふうに位置付けられるものなのであろうか。中川裕が自然に近いものだと記していたアイヌのカムイ的なものと言えるのだろうが、ハンティ族の場合はどうなのか、それを見てみよう。

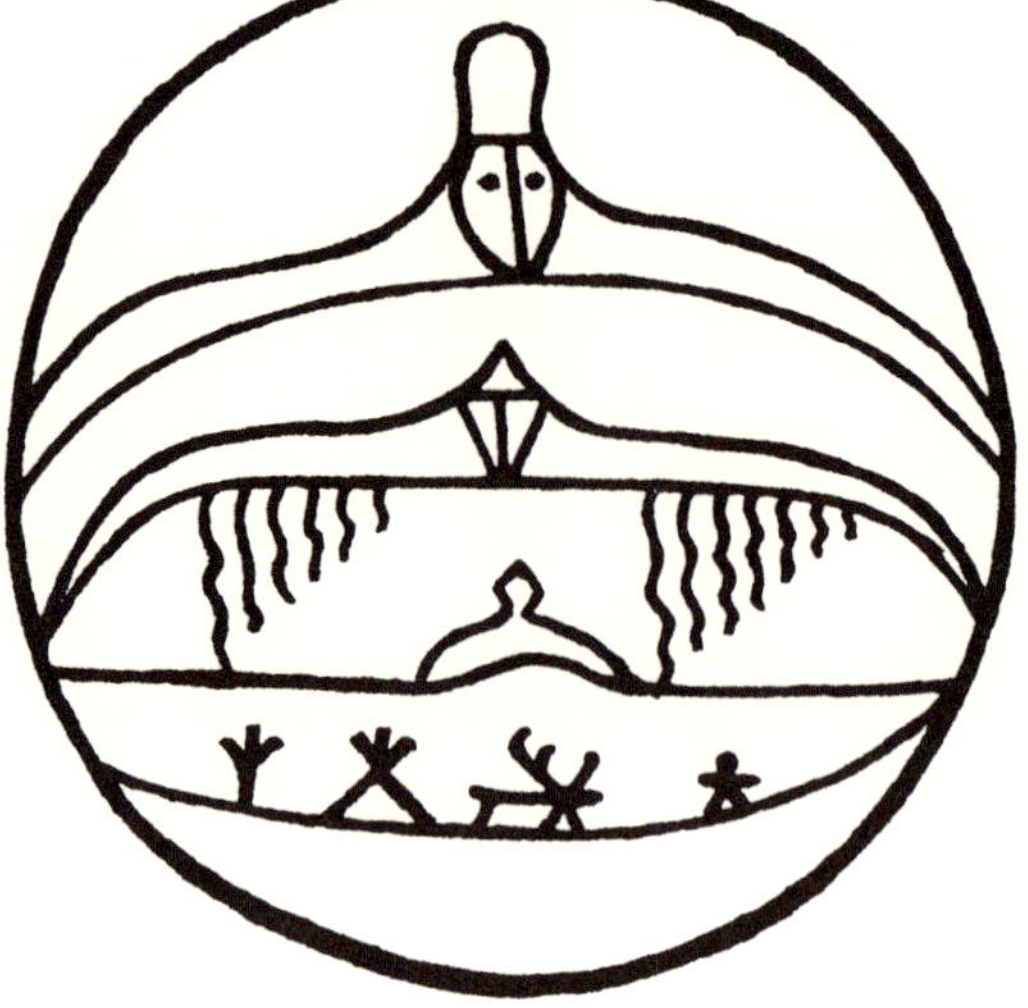

資料4　ハンティ族の熊送りにおける神霊の世界構造図

チモフェイ・モルダノフがハンティ族（北部支族）の熊祭り（霊送り儀礼）に登場する諸種の神霊群を整理分類して、そこにおける神霊の世界構造図を作成しているので、ここに紹介する（資料4）。この図において、人間や熊など動植物が住むこの地上世界（此岸）は、円の下から二段目の円弧として表現してある。それから上の方の三層の円弧世界が、いわゆる神霊界と称すべき彼岸世界である。そして、地上層に接したすぐ上の円弧の中に、素朴なヒトガタが描かれているが、これは、人間など地上世界に住むもの達の守護霊の層である。熊の霊送り儀礼の後の守護霊もそのひとつであり、またこの円弧の層の中には森や湖、川などの土地の精霊類も位置付けられている。さらにその上層の円弧の弓形のヒトガタはアストイ・イキと称される神霊を表わしており、その霊はいつも白衣姿で馬にまたがり大地を駆け巡り、人間界の秩序を守り、全ての悪いものから人間を守っているという。そしてさらにその上方の円弧の人面弓形のヒトガタは、天上界の最高神トルムを表わしている。このように上方の層へ行くほど抽象度の高い機能を有する神霊となっている（人格神的形象も徐々に獲得している）わけだが、マレビトや獅子も、おそらくこの三層のどこかに位置付けられるものと言えるだろう。

さて、熊の霊送り儀礼は地上世界で執り行われる。何よりも儀礼の対象である熊の霊性を強く感じ取っているのが、アイヌ人であり、ハンティ族の人々である。一体それをどのように意識しているのであろうか。各々の熊の歌に見てみよう。まずアイヌの熊のカムイ・ユカラ「山岳を領《うしは》く神（熊）の自叙」の一節から。(注21)

我は神のごと
どっと斃れ伏しぬ
（中略）
うつらうつら眠りて
ふと眼覚むれば
かくありけり
一本の立樹の上に
手をだらりと下げ
脚をぶらりと下げて
我ありたり

人間に捕えられて撲殺され、そして解体された後の自分の手や脚の不様な姿を描き出しているのだが、そういう肉体に宿る自分を、もう一人の自分が見ているまなざしの存在を感じさせる。同じことはハンティ族の場合にも言える。「ポトム川の歌」の一節から(注22)。

私は牙のある獣、（私は）自由な獣
私は（そいつに）襲いかかる。
（中略）
ツンドラの獣に（しなければならない）五つの動作
彼等はそれを五度行なった。

これは、熊が巣穴で人間に捕えられようとしたためその者に襲いかかるが、しかしついに殺され、五度にわたって獣皮を切り裂かれるというお定まりの処置を受けた（つまり解体された）、そのプロセスを歌っている。これもまた肉体とともにある自分をもう一人の自分が凝視している。こういったまなざしとしての「我」（「私」）とは、霊送り儀礼を行うアイヌ人や、ハンティ族の人々の、熊に対する丁重な振舞いを誘っているものだと言えよう。あるいはこの「我」（「私」）を最高度に崇め奉ることが霊送り儀礼（イオマンテ）のプロセスであると言い換えてもよいのかもしれない。ともあれ、結果としてこの儀礼で誕生する霊とはもっともプリミティブな神霊と言えるのではなかろうか。

チモフェイ・モルダノフが構想した世界構造図の最下段には何も絵が描かれていないが、ここは死者の世界なのだという。つまり地下界というわけだが、ハンティ人においては、ツングース系民族あたりの天上、地上、地下の三層に分割して宇宙を考えるシャーマニズムの神観念が明確に示されていない気がする。あるいはそういう発想が未成熟なのか。さらにまた、天上界による地上界、地下界を含めた宇宙全体の系列化も未発達のようで、地上界の優位性が認められるようである。このことは、熊祭り（霊送り儀礼）が最大関心事のフォークロア世界なのだから当然のことかもしれない。このことの証拠として、熊の誕生譚の二重性を挙げることができる。天上界のトルムが子熊を地上に派遣したことに始まるという誕生譚（熊の歌）が存在する一方で、地上のウラル山脈の山麓辺を流れるペリム川で誕生したという熊の歌も存在しており、もし後者の歌い手がいないとすると、そもそも熊祭り（霊送り儀礼）を続行できないのだと言われている。これが最も神聖な歌とされているのである。(注23)

最後に、日本の動物頭系の獅子舞が、熊祭り（霊送り儀礼）に接近した由来をもっていたかもしれないという柳田の暗示を全く無視するわけにいかぬだろうということを付け加えておきたい。ひとつは鹿のイオマンテはあまり聞かれぬが、久保寺逸彦が、クマやシマフクロウ、ワシ、クマタカのほかに鹿に対しても簡単に行われていたことを記している。(注24)

鹿Yukなどは熊とともに重要な食料資源であったが、なにしろ、往時は、至る所で、沢山獲れたためか、比較的簡単なやり方で送り、大抵の場合は、一々幣を与えるようなことはせず、一括して鹿を支配する神Yuk-Kor-Kamui,Yuk-atte-Kamuiに木幣を捧げて簡単な詞を述べるとか、（後略）

ふたつ目に、鹿踊のような身体表現（パフォーマンス）においても、霊送り的発想が尾をひいていたらしく思われる事例が存在することである。『萬葉集』巻十六の「乞食者《ほかひひと》が詠ふ歌」の鹿の歌である。(注25)

たちまちに　我れは死ぬべし　大君《おほきみ》に
我れは仕《つか》へむ　我が角は　み笠のはやし
我が耳は　み墨坩《すみつぼ》　我が目らは　ますみの鏡
（中略）
老いたる奴《やっこ》　我が身一つに　七重《なな》花咲く　八重《やへ》花咲くと　申《まを》しはやさに　申しはやさに

右の歌一首は、鹿のために痛みを述べて作る。（三八八五）

薬猟《くすりがり》において一頭の鹿が弓で射られて殺され、その角、耳、目、爪、毛、皮、肉など身体の各部が人間に有用なものとして加工されていくプロセスを述懐した内容である。折口信夫が、これを「鹿がお辞儀する様は頭の上げ下げ、跳ね返る軽々しい動作を演じるように出来ている」と記していたように(注26)、踊りのパフォーマンスであり、人が鹿に扮しての歌である。林屋辰三郎が記しているように、時の権力者への御贄《おにえ》の芸能であり(注27)、イオマンテにおける動物の一人称語りとは隔りのあるものと見なされてきた感がある。しかしながら、これが演技だとしても、肉体の痛みを感じている自分を見るまなざしとしての「我」をも含むパフォーマンスのような、そういった印象もなくはないのである。

日本の獅子舞（ことに動物頭系）は、単にマレビト的なものとしては一括りにはできない、動物から移行したばかりの、プリミティブな霊の影をひきずってはいなかったのかどうかである。

注

(1)『定本柳田國男集　第七巻』(一九六五　筑摩書房)、小寺融吉編『民族藝術　第五冊』(一九三〇　地平社書房)
(2) 小寺融吉編『民族藝術　第五冊』(一九三〇　地平社書房)
(3) 注2に同じ
(4)『無形の民俗文化財記録6　越後の風流獅子踊り』(一九八一　新潟県教育委員会)
(5) 五十嵐文蔵著『庄内地方の祭と芸能』(一九九八　阿部久書店)
(6)『三重県の民俗芸能』(一九九四　三重県教育委員会)
(7)『無形文化財記録　芸能編3　民俗芸能〈風流　東日本〉』(一九七四　文化庁)
(8)『弘前の文化財―獅子舞』(一九八五　弘前市教育委員会)
(9)『岩手県の民俗芸能』(一九九七　岩手県教育委員会)
(10)『折口信夫全集　第一巻』(一九六五　中央公論社)
(11)『折口信夫全集　第十七巻』(一九六七　中央公論社)
(12) 注11に同じ
(13)『定本柳田國男集　第七巻』(一九六五　筑摩書房)
(14) 諏訪春雄　川村湊編『訪れる神々―神・鬼・モノ・異人』(一九九七　雄山閣)
(15) 芳賀日出男『ヨーロッパ古層の異人たち』(二〇〇三　東京書籍)
(16)『ПРАZДНИКИ НАРОДОВ ДОСИИ』(二〇〇二、РОСМЗН―ПРЕСС)
(17) 金田一京助訳『アイヌ叙事詩　ユーカラ』(一九九四　岩波書店)
(18) 中川裕『アイヌの物語世界』(二〇〇一　平凡社)
(19) 星野紘、チモフェイ・モルダノフ『シベリア・ハンティ族の熊送りと芸能』(二〇〇一　勉誠出版)

(20) フィリップ・ヴァルテール　渡邉浩司、渡邉裕美子訳『中世の祝祭――伝説・神話・起源』（二〇〇七　原書房）
(21) 久保寺逸彦編著『アイヌ叙事詩　神謡・聖伝の研究』（一九七七　岩波書店）
(22) 注19に同じ
(23) 注19に同じ
(24) 注21に同じ
(25) 新潮日本古典集成『萬葉集四』（一九八二　新潮社）
(26) 注10に同じ
(27) 林屋辰三郎『中世藝能史の研究』（一九七六　岩波書店）

資料1　ヨーロッパ・ロシアのリャジヌイの絵図　注（16）の書から
資料2　世界の気候区と獅子舞、マレビト、熊祭りの分布（数研出版編集研究所編「ゼミノートB」数研出版より作成）
資料3　ロシア・ハンティ族の熊の霊送り儀礼の芸能の進行次第と歌の量
資料4　ハンティ族の熊送りにおける神霊の世界構造図　チモフェイ・モルダノフの考え（『КАРТИНА МИРА В ПЕСНОПЕНИЯХ МЕДВЕЖЬИХ ИГРИЩ СЕВЕРНЫХ ХАНТОВ　1999　Издательство Томского университета』）

(四) 農耕のものまね

田遊びの昔と歌問答〈日本・中国〉

一 中国の田遊び風伝承との出会い

今から四十年程前、田遊びという村の踊り（民俗芸能）の一類に初めて接し、こみ入った哲学的演技論などとは別に、演技の形成を考えるうえで、具体的な事例が、身のまわりに伝承をみていることになぜ早く気がつかなかったのかと、自らの不勉強を悔いたことがある。しかし、この田遊びの演技の形成過程をどのように説明してよいものか、皆目見当がつかなかった。それが、西南中国の少数民族の歌や踊りの調査を続けているうちに、いささか思いあたるふしも出てきたので、そのことを少し整理して報告してみたい。

一九八七年と八八年の二回、中国の広西壮族自治区に旅行して、当地のチワン族に、春牛舞《チュンニウウー》という我が国の御田植え、田遊びなどと内容的にはそっくりな芸能が存在することを知ったのが、そもそものキッカケである。しかも彼の地には、神話など、これと関連すると思われる古風な口頭伝承も他にあって、日本で田遊びの由来を考えるよりも、より広い視野の中で考察が可能のように思われた。日本の村の踊りを考察するのに、なぜわざわざ中国大陸まで出かけて行くのかと、奇異に思う人があるかもしれないが、それはこのような理由からであった。ここで当時体験したことを紹介しよう。

一九八八年一一月、広西壮族自治区南丹県の白褲《バイクー》ヤオ族の、葬式の折のビデオ記録を見せてもらったが、日本に伝承されているものについての尺度では、一体どのように解釈してよいものか、戸惑いを覚えるようなことが映されていた。田遊びとか御田植えは周知のように、春先、田植え前といった実際の水田での作業にとりかかる前に、これを演じて収穫時の豊穣を予祝するものである。ところが白褲ヤオ族においては、これが葬式の折に執り行われ、しかも、死者があの世において豊かで安楽な生活が送れるようにといった趣旨でこれが行われているのである。

この折、牛を殺し、親類縁者、葬儀参列者の一同が、その生き血を啜《すす》るというが、執刀直前に、ある者は稲穂の付いた竹杖を手にし、またある者は稲穂だけを手にして、嗚咽《おえつ》しつつ、くだんの牛の周りをめぐる。そして、一人一人が牛の顔の前にやって来ると、それぞれ恭しく膝を折り、稲穂を牛に食《は》ませる。ところでこの折、手にしていた竹杖は、牛を追う時に用いられる鞭とみなされ、また集落によっては、この折、牛の周りをめぐる一同の中に、馬鍬を背負った者も加わる。こういった仕立ては、後述する春牛舞や、我が国各地にみられる田遊びの中の牛の演技に近いものを感じさせる。つまり、馬鍬を引きずった牛を鞭で追いたて、田を鋤《す》かせる場面の投影が、ここには感じられるのである。後代の春牛舞などの芸能の普及が、これに影響を与えたものかもしれないが、あるいは、その逆だったかもしれない。その真偽のほどは今は定め難いが、葬式の折に、田遊びが演じられてよいものだろうかという、日本人にとっては大変不思議なことが、ここでは行われているのだ。この場で殺された牛をひき連れて行った死者は、あの世で、水田耕作にも恵まれて幸せな死後の生活を約束されている。それと同時にこの死者は、彼岸から、この世の子孫たちの生活を幸せにするように守護してくれるとのことである。(注1)この民族にとって葬式は、春節や廟の祭り以上の存在で、何にもまして大切な行事であるとのことであった。

二　田遊びの演技の特徴

あまり知られていない田遊びの事例ではあるが、実地見学した折、我ながら面白いと感じたものが二つある。一つは愛知県岡崎市の山中《やまなか》という所の、八幡宮の正月三日の行事として行われているもので、デンデンガッサリヤと称されている。この田遊びの次第の中で、牛役の者が四つん這いになると、一同大きな鏡餅をその背中にのせる。牛はそのまま前進しようとするが荷の重みに耐えかねてよろける。その倒れこむ度合いが激しければ激しいほど豊作になるのだと言って、周りで騒ぎたてる。鏡餅は、刈り取って牛の背にのせた稲束を象徴しているのである。実にほほえましく、その見立ての機知に感じ入ったものである。手近にあるモノを、巧みに稲作耕作過程の何かに見立てるこの心の働き、これは、田遊び演技の一つの特徴といってよい。棒の先に丸餅を突きさして鍬としてみたり、松や杉の葉を苗として挿秧《そうおう》してみたりすることは、これと同様のことである。

もう一つの例は、福島県二本松市金沢《かねざわ》に伝わる霜月の行事の、「羽山《はやま》ごもり」の、何日目かの次第に〝ヨイサア〟の儀というのがあるが、一種の田遊びである。お籠りの若い衆たちが、裸になってくりひろげるものであって、身体ごとぶっつけあって押し合いへし合いする各地の裸祭り同様の競技であり、遊戯である。例えば、代掻《しろか》きを終えた本田に田植えを始めるに先立って、「苗ぶち」という次第（苗束を本田に投げ入れる様）を行うが、これが、誰か一人の若者を、背後から抱きすくめて持ちあげ、ポイッと前方へ放り投げるといったやり方で行われる。つまり、人間が苗に見立てられているのである。後ろから抱きすくめられた苗役の人は、必死になってもがき、前へ放り出されないように抵抗する。他方抱きかかえた方は力をこめて持ちあげる。一つの争いである。これもまた、また、こういった攻防も、笑いをこらえながら行っており、所詮は遊び戯れている図といってよい。

黒沢の田楽の「稲叢」で

田遊びの特徴を示すものと言えよう。

　田遊びの三つ目の特徴は、予祝的表現とでも呼ぶべきものである。実はこの点こそが従来、田遊びの田遊びたる所以《ゆえん》として言及されてきたものである。どういうことかと言えば、例えば、前述のデンデンガッサリヤのよろけ倒れる牛の表現などはその典型的なものであろう。まだ実際に耕作もしていない季節に、あたかも耕作作業が始まっているかのように思い込み、しかも耕作最終段階の実りの秋においては、刈り取った稲穂が、牛の背に積みきれないほど満杯であると想像して行われる。そうして至福感に浸り、それをお祝いする。夢に夢を喰《く》うような自慰行為にも等しいこの予祝性、各地田遊びの随所にそれを指摘できるのである。

　例えば東京板橋の田遊びの中での最後の次第、刈り取った稲を倉に積み入れる「稲叢《いなむら》」の次第で、伏せた太鼓の上に、餅で作った鍬、飯櫃《めしびつ》、その他この行事過程で使用してきた全ての諸道具を積み重ねて、その小山を豊穣の象徴的表現としているが、ここには、先述の見立ての面白さやほほえましい稚戯と融合した形で予祝性がヴィヴィッドに表現されている。これと同趣向の所為は、愛知県鳳来《ほうらい》町の黒沢の田楽の「稲叢」でも行われている。ここでは、伏せた太鼓の上に一人が乗り、最初小さくうずくまっているのであるが、徐々に立ち上がっていく。その時、両手に捧げ持った盛飯の椀を、上へ上へと差し上げていく。他方、このような視覚的動作表現としての予祝性に対し、言語表現としてのそれも各所に見受けられる。例えば、青森県八戸地方の小正月を彩る「えんぶり」の中の、次のような詞章は、他の類似の伝承地でもよく見かけるものである。

一本植えれば千本となる　これこそ早稲の穂かな　ようふくでもよかれかし　波の穂でもよかれかし　七穂で八升八穂でここの枡《しょう》かな〈傍点は筆者が付す〉

ところで、この三番目の予祝性という特徴に注目して、田遊びの意義を類感呪術とか、感染呪術などという、いわゆる呪術として説明することが従来の芸能研究者の常であった。田遊びの由来は、この呪術から説かれてきたといえるのである。つまり、田打ち、種まき、田植えから収穫にいたる耕作過程の順次の模擬行為は、田遊びで、これを演じておけば同様のことが現実にも期待できるという、一種の類感呪術であるという解釈である。また、東京板橋の田遊びの中の男女の交合の模擬に見られるような次第は、感染呪術（かまけわざ）的要素が作用していればこその所為であるという。他方、折口信夫の田遊び解釈は、田によき霊威を祝いこめるための鎮魂呪術なり、というものである。

右の中の、予祝呪術的理解からの田遊びの起源説明は、あまりにも現実的な功利主義に過ぎる発想ではないかと指摘していたのが、小野重朗で、「生産叙事歌をめぐって」という一文においてである(注2)。もっとも氏の主眼としていた点は、そういった反論にあるのではなくて、沖縄や奄美などの事例をもとに、稲作模擬の芸能（歌謡を含む）は、神話叙事歌に始まると主張しているのである。

「たきねーいぬ　うむい」や「あまへーだ（天親田）」という神歌《かみうた》では、創世神による稲作始めの描写が詠《よ》みこまれ、沖縄本島の国頭《くにがみ》地方のシヌグ・ウンジャミなどには、稲作模擬の芸能も一部行われていることなどを根拠として説明していた。小野のこの考え方を、今日まで、問題にしたり、あるいはこれを発展的に展開させた研究は、ほとんどなかったように思うが（私の不勉強かもしれぬが）、このことは、本土側に神話の口頭伝承が今日ほとんど見られないという事情が、影響しているのではないかと思われる。田遊びの由来として神話伝承に言及することは、文献資料はともかくとして、生きた伝承としては確認できないからであろう。ところが、中国大陸の少数民族居住地域（ことに雲南・貴州・広西などの西南域）に目を向けてみると、小野の説もまた、真剣に検討してみる必要があるように思えてくるのである。

三　中国の田遊び風伝承と神話

中国に田遊びという概念が存在するわけではない。第一項で紹介した「春牛舞」、あるいは雲南省大理白《ペー》族自治州に住む白族の「田家楽《ティエンジアラオ》」（ビデオで観た映像によると、馬鍬を背後に付けた牛を追いたてている姿）あたりは、我が国の田遊び、御田植えなどにあまりにもそっくりなので、筆者の方で勝手にそう命名したまでのことである。ともかく、これらのビデオは、お目にかけるわけにもいかないので文字で説明する。

春節の時、珍しいカエルのお葬式（螞蚜節《マアグアイジエ》）を行った後で執り行われているのが、広西壮族自治区天峨県の春牛舞風のものである。行われた場所は集落の外の原っぱで、大勢の人だかりに囲まれた野外でとり進められる。時折、ドラや太鼓、チャルメラなどの騒々しい楽器演奏が加わる中で、真白い仮面をつけた者がいたり、頭から身体全体に、緑色のシマ模様をほどこしたものを着したカエル役が、地面を這いまわっていたりする。演技の行われている場面の周囲には、投網を手にした魚取りや、糸枠を手にした者などが、やはり仮面をつけてウロウロしている。何やら、農村の庶民生活習俗を描き出した野外劇といった様相を呈しているのだが、演技の中心は、稲作耕作過程の模擬動作を順次展開するパフォーマンスである。

布の中に二人が入って扮した牛一頭が登場し、途中で動かなくなってしまう。その鼻先に位置してこれを引っ張る者と、背後で鞭をふりたててこれを追う者とが、頓馬《とんま》な動作をして人々の笑いを誘う。この後、挿秧、除草

牛の土起こしのまね。ハニ族の村で

の次第があり、籠一杯に詰め込んだ菖蒲状の茎（稲束に見立てたものであろうか）を、一同で上空に放り上げ、爆竹の煙がもうもうと立ちこめる中で、この一通りの演技次第は終了している（映像記録による）。この最後の場面は、おそらく収穫の豊穣の様を象徴しているのであろう。このような稲作模擬の行事は、広西各地のチワン族の、春節風景を彩る一コマだそうで、「民間的春牛舞及其他」という一文（注3）によれば、これは「春牛舞」とか「唱春牛」等々と呼ばれており、立春前後に、風雨順調、五穀豊穣を祈願して行われるものだという。

日本の田遊びや御田植えには全くないことだが、こちらの春牛舞には、起源伝説が伴っている。一つは、大舜《たいしゅん》が天下を治めていた頃、人間は家畜としてイノシシやシカしか用いてなかったので、生産量が低かった。そこで大舜は、牛を人間界に遣わして、農民達に耕作の過程と、牛の使い方を歌舞に仕組んで教えさせたというものである。もう一つは、アマノジャクな性格の女神が、天上界から牛を送り届け、農民達の耕作を助けたというもの。この女神は自ら牛童に扮し、竹鞭をふり上げて牛を追いたてたという。いずれにしてもこれらの起源譚は、天界の神との関わりを述べていて、何やら田遊び伝承に、神話の痕跡が留められているような気がしないでもない。

これとは別に、貴州省の西北部、雲南省と境を接したあたりの、海抜二八〇〇メートルの荒涼たる高地の彝《イ》族の村（貴州省威寧県塩倉区板底郷裸戛村）で、近年、奇妙な古劇が発見されたと、当時識者の間ではちょっとした話題になっていた。その内容を紹介した資料によると、どうやら田遊び風のものであった。「彝族古戯〝撮衬姐《ツオチェンジエ》〟」という一文(注4)によれば、パフォーマンスの次第のあらましは、以下のようなものである。数名の老人が深山に分け入って、樹を切り倒し、火をつけて燃やして、耕作（焼畑）を行う。老婆役が他の老人達に言いつけて牛を求めて来させ、それを使って耕作を始める。ところが牛を酷使してしまい、牛は動かなくなってしまうが、なんとか元気づけて仕事を再開する。畑地を鋤き、種をまき、除草し、刈り取り、脱穀、日干し、倉入れ等々の農耕作業を執り行うが、それが一段落すると、山神老人の役の者が祝詞《のりと》のようなものを唱える。それは大体次のような文言で、我が国の田遊びに存在するものと同様な、予祝的表現を連ねたものである。

一粒地にまけば　万粒もの実が倉に入り
一年耕作すれば　十年間食べきれぬ
いくら食べても　食べ尽くせぬ

これを唱え終わると、次に赤ん坊がヨチヨチ歩きで花を手にして登場し、母親に抱かれて乳を飲む。またその場にソバの収穫物を高く積み上げ、老人たちがそれを背負って収量をはかりに行く。すると山神老人が、それらを量り終えて、「一万二千石もあった！」と呼ばわってたいそう喜ぶ。これもまた先述の、我が国の田遊びの中の「稲叢」の光景を彷彿とさせる。これまた、まぎれもない視覚的な予祝表現である。この後、ドラや太鼓などの伴奏に合わせて獅子舞が舞われ、さらにまた、男女交合の態を模す場面があるなど、いかにも東京板橋の田遊びの次第さながらである。

一方、中国には、このように芸能化された形ではないが、やはり農耕過程を順次述べたてていくくだりをも包含した、神話の口頭伝承がある（中国ではこれを、「神話史詩」と呼称している）。例えば、雲南省の阿細《アシ》と称する彝《イ》族の一部族の、神話史詩『阿細先基』(注5)では次のように描写されている。天地の創世も成り、人類も誕生して、いよいよ人々の生活が始まるというところで、農耕場面への言及となる。日月星辰の運行が整って、年月の分割が完了すると、季節の進行に合わせた農耕の開始となる。最初にこれを始めたのは蜜蜂で、人間は彼に習ったのだ。しかし、最初から簡単に行えたのではなく、洪水に悩まされたり、穀物の種子の招来に苦労したりの末の、開始なのであった。

右手に種子を持ち　左手で牛を引っぱり
男が地を鋤いて　女が種子をまいた

愛の語り合いの末、結婚した夫婦が、生活を始めるくだりにおいてもまた、農耕開始の次第が繰り返されている。とある荒地を開墾し、刈り取った草を燃やして灰にし、土を掘り起こして種子を撒く。

三月には雨が降らず
四月には大雨が　ふりそそいだ
それから十三日の後　若芽が出ていた
（中略）
七月になると麻が実り
八月までにそれを刈り取らねばならぬ

こういった形で耕作過程（水稲ではなく焼畑での雑穀栽培であろう）が展開されている。この場合、これが男女の問答歌として朗唱されている点に、注意せねばならない。職能的な宗教家（シャーマン）が、ひとりで民族の神話史詩の長編全部を暗記しきっていて、彼が一人でこれを語り歌う形が、また別にあるようである。その一方で、このような庶民的な問答歌としての、演唱形態が存在するわけである。この点、いかにもいかめしい響きを持つ、日本人の神話の観念とは違っているように思われる。直截に言えば、男女の歌垣的掛け合い歌の中に、この神話がとりこまれているのである。言い換えると、相手の知識教養の程度や、機智に富んでいるか否かを測定する材料の基本に、この神話が位置づけられているようなのだ。歌による相手からの問い掛けに、うまく歌で即答できなければ、とても才色兼備の伴侶などを得られるわけがないのである。要するに、右に見た農耕過程の次第も、こういった男女の歌問答、競り合いの形で描写されているのである。丁丁発止の嫁（婿）歌選びであり、また戯れでもある。また先の引用の中の、（中略）とした箇所では、若芽の生えてくる様子が次のように描写されている。

ソバの種子が芽を出した
それは銅のボタンのよう
トウモロコシの種子が芽を出した
それはまるでノロジカの牙のよう

これはいかにも詩情溢れる表現である。見立てが素晴らしいし、若芽への新鮮な感覚が、穀物の成長、その豊穣へと気持ちが誘われていくような、予祝性を感じさせる表現である。前項で記した田遊びの演技の三つの性格が、この神話問答にもそっくり見出すことができるのである。しかし、双方で決定的に異なる点は、神話史詩の方は、問答歌という口頭表現を主としているのに対して、田遊びには演技的動作が伴っていることである。

四　演技的動作の芽生え

口頭表現としての耕作過程の描写が、演技的動作を伴う身体的表現とどのような関わりにあったものなのか、この間の事情を探索し得る資料は、目下のところ中国側からは入手できていない。この点に関しては、むしろ日本側のものが示唆してくれるように思う。日本側における事例としては、先述のように小野が指摘していた南西諸島のものが、大いに参考となる。例えば、沖縄本島玉城村《たまぐすくそん》の「あまへーだ（天親田）」を略述すると、アマミツと称する創世神が企んだことから稲作が始まったのだと言い出し、耕地開き、播種、田植え、稲穂の実り、収穫等々のことを逐次描き出している。

夏水にちきやいイエイエ
　あまうへだよ米の湧上る
冬の水にうるちイエイエ
　あまうへだよ米の湧上る
（『南島歌謡大成　沖縄編（上）』角川書店　一九八〇年刊）

歌謡のやりとりの一端を例示したわけだが、対句的に描写を連ねていっている。根人《にいるびと》と称する村の草分けが、

沖縄県玉城村の「天親田」

最初の一句を歌い出し、参列者一同が順番に歌い出しの役を担ってゆく。このようにして一人が歌い出すと、次のフレーズからは、一座の者たちが一同声を合わせて歌う形をとる。なお各句ごとに入る、「あまうへだよ米の湧上る」というリフレーンは、子供たちによる囃子詞《はやしことば》である。これは、「受水走水《うきんじゅはいんじゅ》」と称する、泉の湧き出ている聖地のすぐ脇の、天親田《あまへーだ》（日本本土の神田《かんだ》に相当）で、正月初午《はつうま》の日に行われる田植儀礼に歌われてきたものだと、玉城村仲村渠《なかんだかり》の大城佐清氏（明治三十九年生）は話しておられた。

これと似た本土側の田植行事（祭り）は、囃子田《はやしだ》（大田植え）などと称されて、広島、島根などの中国地方に今も伝承されている。田の神祭りが田の一隅で行われる一方、サゲと称される歌大工《うただいく》と、早乙女達との間で挿秧しつつ歌のやりとりが行われる（田植歌）のである。例は少ないが、広島県神石《じんせき》郡豊松《とよまつ》村あたりの田植歌では、日本神話の枠組みの中で、田作り始めのことを歌いこんだ詞章となっており、それには、一年間の耕作過程も順次描写されている。

抑々此世ハ泥の海なれどヤレ伊弉諾冉《いざなぎなみ》の鉾のさき　抑々に国ノ初メハ何んの国ヤレ出雲に日向国はじめ　千早振神世の昔田始めヤレ杵築の浦のみすまくぼ　みすまくぼ田のひき始め何処人ヤレ出雲の国の手槌よ

〈傍点は筆者が付す〉

これは牛尾三千夫翻刻の「田植歌略本（注6）」の一節で、神世の昔、出雲国の手槌《てなづち》が牛を牽き始め、田作りを始めたと説いている。各行の上の句ヤレという掛け詞より前の部分は、サゲ役が一人で歌い、後半を早乙女たちが歌う。傍点を付した「何んの国」「何処人」という言葉があるように、サゲの歌は問いである。早乙女の歌はそれへの答えである。こういう問答歌のやりとりは、先述の雲南省の「阿細先基」のそれと形式の上では同じである。

作稲の穂上お舞鳥ハ何鳥◯
口ハにしキ◯ちょふれんげはねの白ひ

これは、稲作が実りの秋を迎えた時点での描写である。稲穂の上空を徘徊する鳥の口ばしは錦色であり、羽は蓮華のようだとのこと、何かまるで極楽世界を見ているような描写で、例の豊穣予祝の表現である。

みすまくぼ代掻あげて苗まわす
ヤレ諸国の宝を植エまわす

田植えのくだりを描写した一句であるが、ここでは「何?」といった文句が挿入されていないけれども、早乙女は実に巧みに歌い返している。「苗まわす」と問われたことに、「宝を植エまわす」と「まわす」という言葉にひっかけて見事に応対している。玄人の漫才師にも匹敵するほどの芸がここにはある。もっともこれも、口わざにすぎない。

以上にみたような歌のやりとりが、演技的動作を伴う田遊びにどう関わっていったものなのか、今ここでは厳密に論証するだけの材料はほとんど持ち合わせていない。ところで伊波普猷《いはふゆう》が、かつて「あまへーだ」について記した一文(注7)の中で、実に興味深いことを書いていた。

下男たちが、ずらりと居並んで、この歌を合唱し「北《にし》のあぶし枕しち」と唱えると、一斉に右に傾き、「南のあぶし枕しち」と唱えると一斉に左に傾く、といったやうな動作をするとのことだ。

これは稲穂がたわわに実った様子の描写のくだりに対する注釈の一節で、北風が吹くと、重い稲穂は南側のあぜに倒れかかり、逆に南風が吹くと北の方のあぜに倒れかかっていく、という表現についての言及である。歌うばかりの一座の者が、首を右に傾け、左に傾けたというこの光景は、これが精一杯のギリギリの身体的動作だったかと思う。何故なら、ともかく、一同座って歌いあっていただけなのであるから。それだけに稲穂がたわわに実っているという予祝的イメージに対する、一座の者達の興奮がどれほどのものであったことか、その度合いの深さ、大きさが知られるのである。ここのところに、言語的表現から、ほとんど身体的表現の一歩手前まで誘われていった、まさにそのプロセスが見られるように思う。言語的イメージが、演技的動作表現に移行していく過程が、ここに如実に語られているように思えてならないのである。

冒頭に記した、葬式の折に田遊び風のことをやっている白褲ヤオ族は、元宵節を過ぎると、銅鼓などの楽器をしまい込んで、労働一筋の日々を送るという。秋の収穫後、春節が終わるまでの間、様々な賑わいがある。ともかくその最大行事が葬式ということらしいのだ。ところで彼らに対して歌を所望した時、真っ先に出てきたのが、「豊作の歌」である。これが、彼らにとって最も一般的な歌らしいのである。四季の歌とも言い、春から秋に至るまでの、トウモロコシ、米などの耕作過程を月を追って歌い込んでいる。(注8)

先述の「春牛舞」のことを、「唱春牛」と称する地域があるのは、身体的所作よりも、歌に重点を置いた予祝芸を行っているからだという（注9）。我が国の田遊びでも、東京板橋のそれや北陸・東海などのものは、太鼓を田面《たおも》に見立て、その周囲で、口頭の掛け合い問答、詠唱、見立て、競り合いなどを主とした形で執り進められている。白褌ヤオの四季の歌は、歌というよりもリズミカルな語り物調であるらしい。あるいは、田遊びの本来は、このように口頭表現を主とするものであって、これが神話的伝承に脈をひいていることの証拠なのかもしれない。神話口頭伝承の問答歌形式は、相手方の身振り手振りを引き出すきっかけとなってはいなかっただろうか。

おわりに

田遊び、お田植えといえば、身体的演技なりと考えることは常識であるが、その意味することについては、唱《とな》え言《ごと》とか歌とか、台詞《せりふ》とかの口頭表現を通してその精神的文脈の綾が表現されている。この双方の先後関係は、鶏が先か卵が先かの、説き難さがある。

従来、田遊びは、「予祝的な呪術儀礼なり」と、その類感呪術性や感染呪術性が述べ立てられ、そのようにして、特徴や由来が説かれるのが常であった。

ところが、田遊びの外面的表象の特徴は、これが一種の「遊び」というか、子供の稚戯にも等しい所為を伸び伸びと演じて見せる点にある。しかし従来の呪術規定論においては、こういった田遊び表現のもつ闊達な面白さへの言及が、抜け落ちていたように思われる。一般に呪術を信じ込む心は、無知蒙昧な、年端のゆかない幼子などに相応しいものだと考えられている。しかし、大の大人が、毎年これにうち興じている現実を見ると、人々は予祝的呪術を信じているのか、信じていないのかよく解らなくなる。ともかく、呪術だけが田遊びの目的ではないように思われる。

問題はその始まりのところ、田遊びの昔はどうだったのかということになる。ところで、田遊びは、本来集団の遊び（あるいは競技的儀礼）であったと考えられるのではなかろうか。もっとも〝御田《おんだ》〟とか、わが国中世の狂言風スタイルのものに形式が整えられたこの種伝承には、この集団的要素が希薄化している。予祝的呪術は、集団でやるのか、個人でやるものなのか両方がありえて、個人でもできた。ところで、第二項で述べた、山中のデンデンガッサリヤや、羽山ごもりの〝ヨイサア〟の儀のところで見たような集団儀礼の「ごっこ遊び」とか「競《せ》り合《あ》い」に似た掛け合いは、集団の歌問答にも見られる。第三、第四で述べた中国少数民族の神話史詩や、我が国のサゲと早乙女とが掛け合う田植え歌のそれのようにである。いわゆる田遊び的内容を、問答歌の掛け合い形式により、演じ進めているくだりがそこにはあるのである。

ともあれ、田遊びの、「掛け合いのやりとり」に視点を据えてみると、稚戯を見るようなメルヘン的な古意が見えてくるように思われるのである。少なくとも、歌問答伝承は、結構古い文献資料が入手しやすいものなので、その点研究上のメリットがあるように思う。

注

(1)『広西瑶族社会歴史調査　第三巻』広西民族出版社　一九八五年刊
(2)『南島の古歌謡』ジャパン・パブリッシャーズ　一九七七年刊
(3)『民間文芸論叢』中国民間文芸出版社　一九八一年刊
(4)『儺戯文選』貴州民族出版社　一九八七年刊
(5)『阿細先基』雲南人民出版社　一九七八年刊
(6)『田唄研究（上）』名著出版　一九八六年刊

（7）「南島の稲作行事について」（『伊波普猷全集』第五巻　平凡社、一九七四年刊）

（8）「白褲瑶古歌三首」（『桂俗風謡』広西民族出版社　一九八四年刊）

（9）注3に同じ

三　祭り行事伝承

正月の村の踊り〈日本〉

一　正月の東西

以前、種子島（鹿児島県）平山《ひらやま》の一月十四・十五日の座敷舞を見学に行った折、鮮やかな緑の葉と餅の正月飾りが部屋の柱に取り付けてあり、ああ、ここにも正月があるのだなと素朴な感慨を覚えたものである。私には誤解があって、出身地の東日本の雪の中の正月のイメージしかなかったからである。積雪の稀な西日本、ましてや南の海洋に浮かぶ島に、東日本と変わらぬ正月風景のあることに戸惑ったというわけである。北東から南西方向に細長い日本列島をほとんど覆うかたちで、正月習俗が遍在している実情を知らなかったのである。

沖縄八重山にはアラセツがある。秋のころに、浜から拾ってきた石ころを座敷中に撒き散らし、シチカッチャーという蔓を注連縄《しめなわ》のように床柱などに巻きつけ、まるで正月前日の大晦日の日のようなことをやっている（西《いり》表島《おもて》）。年の変わり目を正月と考えると、温暖な南海の島々では、数ヶ月早く正月を祝っていることになるようなのだ。西表島の節祭（シチ）の数日前の夜、石垣島の川平《かびら》では、マユンガナシィという異相のモノが村の家々を徘徊する。これをナマハゲに類するものだと説く人が多い。

石垣島のマユンガナシィ

西表島のシチカッチャー

国境を越えて大陸の彼方へと目を転じてみると、また、さまざまに正月が語れる。中国の春節はその一つであり、ロシアでは一月七日のクリスマスから正月へと続き、十九日まで祝い事を田舎ではやっている。そもそも「ハッピー　ニューイヤー」という言葉の広がりからして、正月とはグローバルな話題である。

いくつかの見聞から、ひそかに思っていることが私にはある。ロシアのノヴゴルドやコミ共和国で仮面仮装のモノ（リャジヌイ）を直接目にしているが、ウラル山脈から西側では、このリャジヌイが遍在しているようである。その格好とか機能は、日本のナマハゲに似ているものもある。しかも、こういった仮面仮装のモノは、ロシアに存在するだけではなくて、隣国のラトビア、あるいはスイス、ブルガリアといったヨーロッパ方面にも探せるようである（芳賀日出男『ヨーロッパ古層の異人たち』東京書籍　二〇〇三年）。そこから西アジア、中央アジアを飛び越えることになるが、中国の西南域の湖南省、雲南省、貴州省、広西壮族自治区あたりの少数民族には、この種の異形の態のモノがいろいろと出現している。その一例が、雲南省のイ族の松明祭りの唖神《ヤアシェン》である。

くどくなってしまったが、簡単に言うと、これらのマレビト（来訪神）の出現は、農耕民居住地帯の、年の変わり目の行事と考えられはしまいかということである。というのは、シベリア、スカンジナビア半島、北米といった

八戸地方の「えんぶり」

イ族のマレビト「唖神」

年間の大部分が氷に閉ざされている環北極圏の狩猟・漁撈民居住地帯には、このような熊のモノの出現は見当たらないようで、そこでは、熊とかクジラなどの動物の霊送りがこの季の最大行事となっている。四季の推移や農作業の展開と結びついた暦の概念は、これらの狩猟漁撈地帯では通用しないのではないか、正月の感覚にも異なるものがあるのではないかと推察する。

二　寿ぎの芸能

正月はめでたい時なので、さまざまな寿ぎの芸能が各地で演じられている。一般的なイメージとして、よく「羽根突き」と「獅子舞い」の姿が正月絵図に描かれる。近くの社寺に初詣に行き、雑煮やあんころ餅で腹いっぱいとなり、年賀状に目を通すといったあたりが、今日だれしもの正月体験であろう。しかし、土地によっては、ほかにはない独特の行事や芸能が行われている。それが民俗芸能（村の踊り）である。なによりものその特徴は、祭りや年中行事の折に演じられ、それが地域の人々の生活のひとこまとなっている点にある。私のこの紹介記事も、そういう匂いのあるものとしなければならない。

正月の寿《ことほ》ぎの芸能として伝統的に一般的なものは、万歳《まんざい》、春駒《はるこま》、大黒《だいこく》舞い、恵比寿《えびす》舞いといった祝福の門付《かどづ》け芸である。これらについては他に紹介書もあり、ここではそれと異なるものに言及しよう。ほとんど知られていないのが、先述の正月飾りのある種子島での「蚕舞《カーゴマー》」である。

白布で顔を覆った蚕役の踊り手を先頭にした一行が、一月十四日の夜に村内の各家を巡って寿ぎをする。ここでは、その年の養蚕の出来の豊穣ならんことを祈祷している。踊り手が手にしているのは、訪問先の家の団子花（餅花）の枝であるが、餅花を蚕の繭になぞらえている。女装の踊り手はしなやかな振りを見せるが、ちょうどこれは、マレビト（来訪神）が踊りだした姿のようなものだ。当一行がその家を辞するときには、餅の土産が手渡され、それらの徴収役の子供が特製の袋にそれを入れる。他の寿ぎの芸能もだいたい同様の性格を有している。

福島県、山形県から以北の宮城県、岩手県などの東北地方では、この種の門付けの祝福芸としては「田植え踊り」が代表している。ここでは、その年の稲作の豊穣が祈念されている。ところが、青森県の南部地方では田植え踊りではなく、「えんぶり」の呼称で、八戸地方で盛んである（二月十七日）。稲作の豊穣予祝という点では前者と同じなのだが、こちらのほうは、どういうわけか杁《えぶり》という田面《たおも》を均《なら》す農具を使用する作業の模擬動作に力が入っている。その場面は、頭にかぶった冠り物とともに、確かに格好が良い。それで、芸能名称が「えんぶり」となっているようなのだ。また、この「えんぶり」では、演技の途中で、「御祝《ごいわ》い」という祝儀歌が歌われる。野太い男性の声がご詠歌調にうなるのだが、衿を正して祝っている人々の厳かさが周囲に漂う。

獅子舞いは、四季を問わずその恐ろしい頭が振り回されているが、もちろん正月にも活躍している。東北地方では、この獅子頭を権現様《ごんげんさま》と称し、これをご神体とした山伏修験の神楽が盛んであり、正月には大いに活躍する。一つには、新築が済んだ家を訪れて、火災が起きないように火伏せの呪《まじな》い事をして見せる。四二歳などの厄年を迎えた人の家では、年祝いと称する厄逃れのための複数の正月祝いをする呪いも引き受ける。このように、人々の正月に引っ張りだこのこの権現様を示す実例として、三陸海岸一帯の権現神楽の巡業をあげることができる。

岩手県の黒森《くろもり》神楽と鵜鳥《うねとり》神楽は、釜石市と久慈市の間の漁村の村々を、正月に一ヶ月間ぐらいかけて稼ぎ巡っている。ここでは、単に獅子舞い（権現様）が舞われるだけでなく、夜に、十二番の神楽諸演目が、訪問先の座敷に幕を吊るして演じられて人々に楽しまれ、またその中に、「恵比寿の鯛釣り」という漁民の好む次第も含まれている。

三　修正会などでの芸能

全国を見渡して、民俗芸能（村の踊り）に魅了されることの多い一つは、正月のこの時期に行われる修正会《しゅしょうえ》などの芸能に対してである。三遠南信（三河・遠州・南信濃）地域の山間や九州山地など、列島山間部の霜月《しもつき》の夜を賑わす神楽も捨てがたいが、この種のものはそれにも劣らぬ。それは、寒夜に徹夜しなければならないくらい豊富な内容を有しているからではない。何か不思議に思わせるものがそこにあるからである。能や歌舞伎あるいは舞楽といった、歴史も長く奥の深い芸能を我々は今、手元にあるものとして身近に接しているが、またこちらは、猿楽《さるがく》だ、やれ田楽だ、あるいは延年《えんねん》だとかと、すでに歴史の彼方に隠れてしまっている芸能の名残であり、今日も存在しているとしたら、不思議だと思うしかない。仮にそれだと判明したとしても、演目内容や次第は意味不明なものが多い。それでも食いついて眺めてみると、いかにもおどろおどろしいところが感じられたり、今日の漫才やコミックドラマにはないような、新鮮なユーモアを覚えさせるものがあったりする。さらにまた、芸能の根源に関わっているらしい話題も提供している。

天台寺院の常行三昧堂《じょうぎょうさんまいどう》の本尊阿弥陀像の背後に、後戸《うしろど》の神（魔多羅神《またらじん》）が祀られていて、芸能の演者は皆そこから登場してくる（岩手県の「毛越寺《もうつじ》の延年」などにおいて）。そこは単なる楽屋みたいな場所ではない。なか

三遠南信地域における田楽・田遊び系の民俗芸能の分布状況

A　天竜市神沢・万福寺阿弥陀堂
D　引佐町川名・福万寺薬師堂
G　鳳来町大林・大日堂
J　設楽町田口・長江観音堂
M　水窪町西浦・観音堂
N　阿南町新野・伊豆神社
O　天龍村坂部・諏訪神社
P　三ケ日町大崎・八王子神社
Q　浜松市滝沢町・安楽寺大日堂
R　浜松市神立町・蒲神明宮
S　雄踏町宇布見・息神社
T　森町一宮・小国神社
U　袋井市豊沢・法多山尊永寺
V　袋井市国本・富士浅間宮
W　大須賀町西大渕・三熊野神社

X　浜岡町門屋・高松神明社
Y　相良町蛭ケ谷・蛭児神社
Z　大井川町藤守・八幡宮
α　一宮町一宮・砥鹿神社
β　豊川市財賀・財賀寺
γ　小坂井町小坂井・菟足神社

B　天竜市懐山・新福寺阿弥陀堂
E　引佐町寺野・宝蔵寺観音堂
H　鳳来町門谷・鳳来寺田楽寺堂
K　設楽町田峯・高勝寺

C　引佐町渋川・万福寺薬師堂
F　鳳来町黒沢・峯福寺阿弥陀堂
I　設楽町黒倉・黒倉神社
L　東栄町西薗目・八幡神社

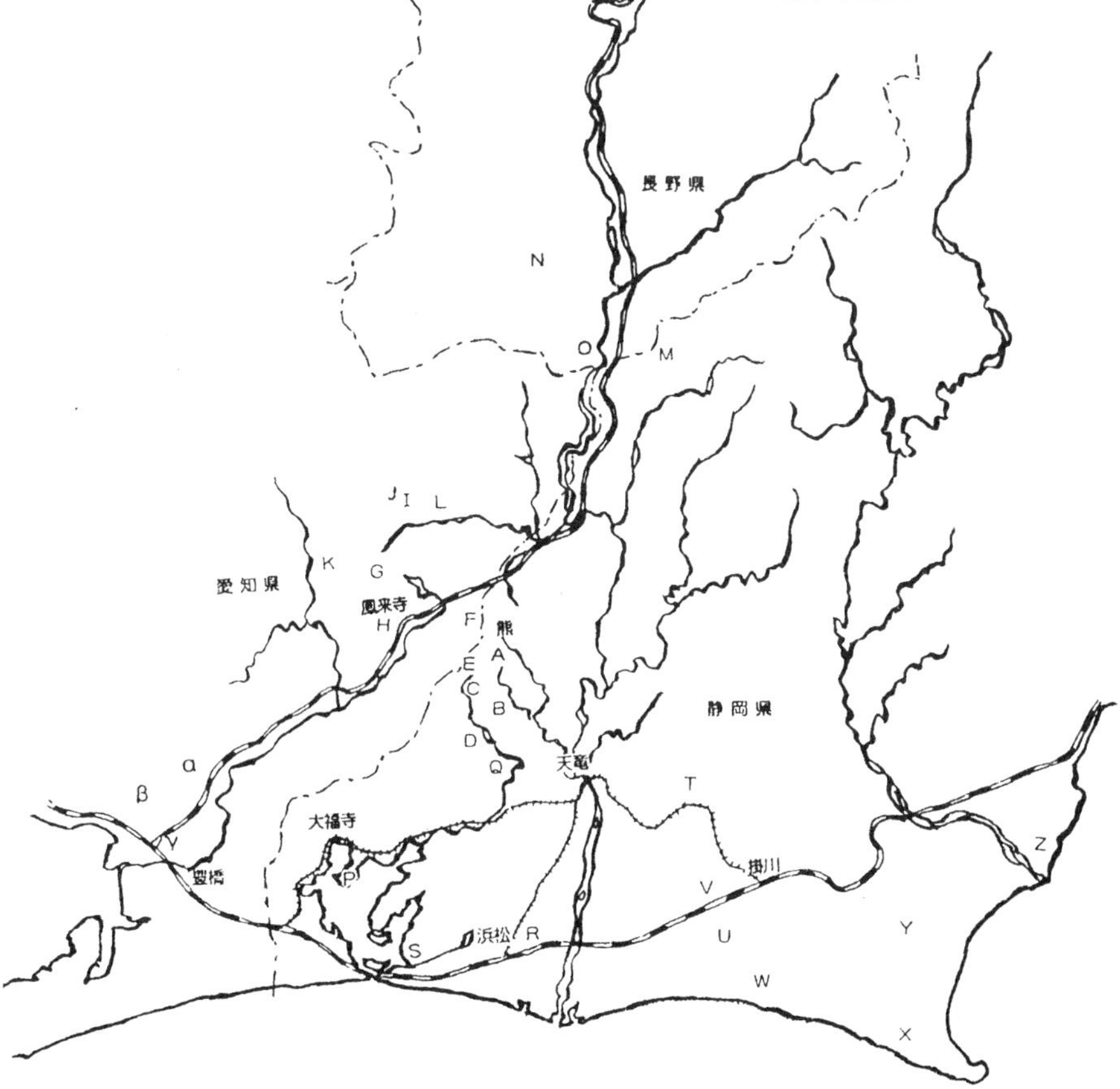

なかその構造が説きがたいのだが、何か芸能のマグマみたいなものがそこにあるのではと、この後戸の究明を心がける研究者が増えている。修正会系の芸能は、このように謎に包まれているところが多い。

修正会は、奈良・平安期のころに始まる、年の初め、正月の吉祥悔過《きちじょうけか》の法要で、修法七日後の結願《けちがん》に芸能が行われた。大寺院だけでなく、山村のお堂などでも、この種の芸能を伝承しているところがある。その名称は「修正会」だけでなく、「田楽」「延年」「鬼祭り」「おこない」などと称して行われている。

有名なものには、大日堂祭堂《ざいどう》（秋田県　一月二日）、毛越寺の延年（岩手県　一月二十日）、雪祭り（長野県　一月十四・十五日）、西浦《にしうれ》の田楽（静岡県　旧一月十八・十九日）、修正鬼会《おにえ》（大分県　旧一月七日または五日）がある。以下にこれら以外のものを含めて二、三の事例を紹介したい。

西浦の田楽は、西浦の観音堂の正月の祭りである。西浦の周辺地域では、阿弥陀堂、薬師堂などといった村のお堂で、「おこない」の名称で同種のことを執り行っている。西浦地区には能衆《のうしゅう》と称される、この祭り執行のための世襲の家々が存在していて、表方、裏方それぞれの役割分担のもとで祭り行事が運営されてきた。全部で四十番の演目があり、内容も五、六種類と異なったものが、観音堂の前庭で、大松明の明かりのもとで繰り広げられる。その一つの種類が、田遊び（御田《おんだ》、御田植え《おたうえ》）である。種まき、田耕、田植え、刈り取りといった稲作農耕の次第が模擬的に進められていき、その結果として大豊作になったことを皆で喜び合うものであるが、田耕では二人が牛役になって代掻きの作業を行う。紙に牛の顔らしいものを描いて、それを頭につけた牛役がただ太鼓の周りを巡ってみせるだけなのである。

三信遠（三遠南信）地域の田遊びでは、概してこのような簡単なシンボリックな動作が多い。たとえば、西浦の西南方にある愛知県の黒沢の田楽の田遊びの次第には、いかにも大量の収穫があったことを表現する興味深いシーンがある。人間一人が、盛り飯の椀を手にして太鼓の上に乗り、最初うずくまった姿勢から徐々に身体を伸

竹崎観世音寺修正会鬼祭の「童子舞」

ばしていき、最後は、盛り飯を持った両手を上に挙げ豊作になったことを示す。ユーモラスな奇抜な表現であるが（写真252ページ参照）、今日の芸能人が、はたしてこのように発想できるものかどうか？

西浦の田楽では、翁の舞いが登場する。翁《おきな》猿楽的演目である。今日の能楽の翁式三番《しきさんば》に対応するものであるが、いかにも土臭い感じがする。また三信遠地域のこの種の翁や三番叟は、自ら来歴語りをし、宝数えなどのめでたいことをして見せるなど、能楽のものとは異なっている。さらに、この西浦の田楽では、田楽躍《おど》りも披露される。この演目や高足《たかあし》という散楽的演目とともに、いずれもかつての田楽の要素であり、ここから西浦の田楽という全体名称が流布したと思われる。当躍りが始まる前と終わった後で、踊り手一同が列になって出・退場するが、「ちりちりちり……」と口ずさみながら前進後退を七度繰り返す。これまたもったいぶったユーモラスな所作である。

修正会は、後に修法の結願の証しとして、追儺会を取り込んだ。その形式を今日に伝え残している一つが、竹崎観世音寺《たけざきかんぜおんじ》修正会鬼祭（佐賀県）である。この寺はかつて、三十三坊を有していたという名刹で、修正会の読経や結願の諸次第——牛王杖《ごおうづえ》配り、初夜《しょや》、後夜《ごや》、日中と三回にわたって儀礼を行ったり、鬼追いを盛大に展開したり等々、修正の定まった形式をきちんと伝承してきた。ここでの特徴の一つは、かつて各地域の祭礼法会執行に深く関与していた若者組の活動が濃厚に存在してきたことである。全国各地で、裸の若者が押し合いへし合いをする行事が、寺院の修正会と結びついて執り行われている。蘇民《そみん》将来《しょうらい》や牛王の護符を奪い合うかたちである。ところが、竹崎のこの祭りでは、悪鬼の入った箱を、褌一つとなって若者一同が追い詰める。それだけではなく、彼らは樹木を切って牛王杖を作ったり、祭り執行の各次第において、子供役者（童子《どうじ》舞）や年配者の世話をこまごまと執り行う。

「鬼の宿」と称される館を根城とした、この若者組の規律はたいへん厳しい。定められた集合時間に遅刻した者がいれば、その者個人だけではなく、同年輩の者一同が頭分格の者からビンタの制裁を受ける。また、芸能の次第として、大きな白い仮面を付けた二人の童子による奇怪な感じの童子舞が数段演じられる。その出所由来は明確にされていないけれども、修正会の芸能の不思議さを示している一伝承と言ってよいのではないか。

シベリア・ハンティ族の熊祭り（熊の霊送り儀礼）の歌と踊り〈ロシア〉

一　現地調査レポート

（1）はじめに

最近シベリアで取材をしたテレビ番組もちょくちょく見受けられるが、エスニック指向の人々の興味が今やこの方向にも向けられているらしい。それと私の興味の持ち方が重なっていたのかどうか。一九九六年に、ロシア語通訳者の某氏から、ロシアの民族（俗）芸術に関する一冊のグラビア写真入の本を贈呈された。ページをパラパラめくっているうちに、目を疑うような写真に遭遇した。仮面の寸劇（仮面といっても白樺の表皮製）が、今まさに演じられている熊の霊送り儀礼の一場面の写真であった。爾来、その実際の祭りの場面を調査したく、ロシア通いをすること数度、ようやく一九九八年の一二月にそれを実現することができた。場所は、ウラル山脈の東側のオビ川の中流域で、ハンティ・マンシィスク自治管区という所である。熊送り儀礼が行われた具体的な場所は、オビ川の支流カズム川流域の、スニンガンと称されるタイガの中の雪原である。石油、天然ガスの町ベロヤルスク（モスクワからこの町まで三時間の飛行行程）から、ヘリコプターに搭乗すること約一八〇キロで目的地に到着した。

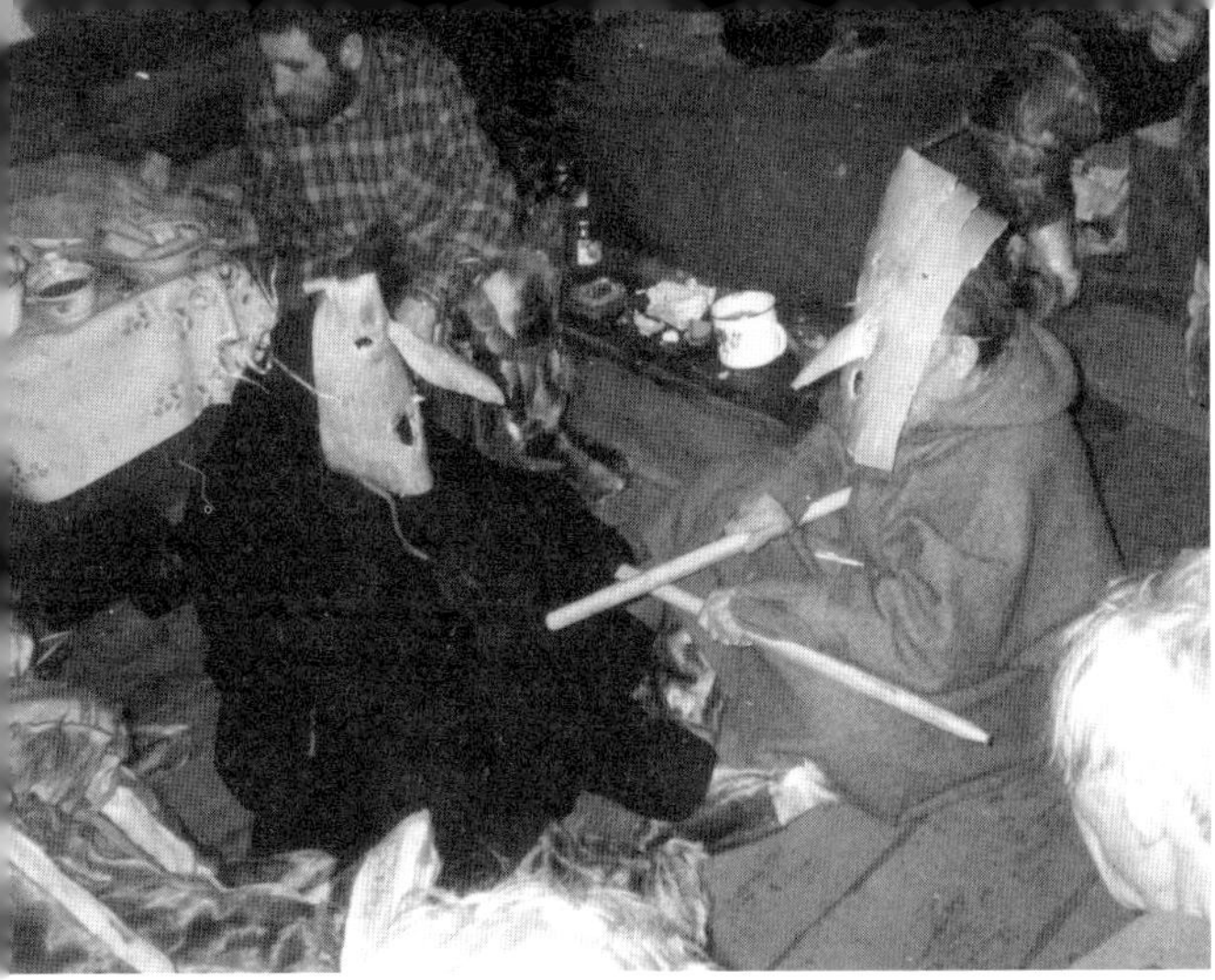

熊祭りの芸能ルンガルトゥプ（仮面の寸劇）

わが国の民俗芸能に相当するものが、ロシアでは、どのような状況にあるのかについての情報は極めて少ない。それを見学に行くためには、どこのどういう窓口に申請したらよいのか解らない。しかも、熊祭りの祭祀は、年中行事として毎年一定の時期に執り行われるものではない。こういった種々の原因から、道草をしてしまった。もっともこの間、色々な資料を入手することができ、その実体が私なりに徐々に見えてきた。熊祭り（霊送り）の儀礼の詳細については、まだまだ不明なところが多いのだが、芸能においては、かなり興味深い点のあることが判明してきた。ハンティ族、マンシィ族などの熊祭り（霊送り）の儀礼については、ヨーロパ諸国では、これまでかなり知られており、研究も積み重ねられているが、こと芸能内容についての言及はあまりなされてこなかったらしい。私の印象としては、芸能の基本的な種類のほとんどが、ここでは執り行われており、ひょっとしたら、日本の芸能にも通ずる古い姿がそこに見られるのではないかと思った。

(2) ハンティ族

モスクワから東の方へ飛行機で三時間飛ぶと、自治管区の政府官庁所在地のハンティ・マンシィスク市に着く。そこは、大河オビと大河イルティシ川の合流地点で、北緯六一度のところにあり、冬は零下四〇、五〇度まで気温が下がる。ハンティ族の人口は二万一〇〇〇人(一九九〇年調査)、言語はウラル語族のフィン・ウゴルの系統。ロシアでもウラル山脈から東の方のシベリアは、その西側がヨーロッパ・ロシアと言われるのに対して、アジア圏域と見なされている。よくウラル・アルタイ語族という言い方がなされるが、アルタイ語族には蒙古語、チュルク語、満州語などのツングース系の言葉が含まれている。ハンティ人の容貌は、やや蒙古人に似ている。背が低く、髪の毛が黒色で直毛、ほお骨が高く、眼が細い。ヤクート人やブリヤート人など、東シベリアの民族ほどではないにしても、モンゴル系の人たちに近いように見え、明らかにスラヴ系民族とは異なっている。

タイガでの狩猟、川筋での漁撈が、ハンティ族の本来の生業であった。後代にはトナカイの飼育など遊牧も行うようになった。一九九八年一二月の熊祭り(霊送り)儀礼の折の五日間、約六〇人のハンティ族と一緒に、零下四〇度のタイガの雪原で寝泊りした。短期間の体験ではあったが、ハンティ人の生活ぶりの一端を垣間見ることができた。

帰国後、周囲の人々から、酷寒の地にて、さぞ辛い日々だったでしょうねと慰められたが、それは全く違って

チュムと呼ばれるテント小屋

いた。彼らには実に豊かな文化が作り上げられていると思った。チュムと称されるテント小屋（これはトナカイ飼育を行うようになってから使用され出したものだが）は、直径四、五メートル、高さ三メートルほどの大きさのものであった。その中に約二十人が雑魚寝できた。テントの中央に暖炉を据えて、薪を焚いて内部を暖め、暖炉の方に一同両脚を投げ出して放射状となり、トナカイの皮を敷き詰めた地面の上で、寝袋にもぐり睡眠をとった。夜更けの冷え込みを感ずることもなく、快く目覚めることができた。もっとも徹夜で暖炉の火を消さないように、当番の誰かが世話をしていた。また、キスィと称される、トナカイの毛皮で作りあげられたロングブーツ（腰まで入るくらい長く、履いたり脱いだりするのに手間どるものだったが）を身に着けていると、どんな雪の中、冷たいところを歩いていても全然寒くなかった。またトナカイの肉は実においしく、大げさに言えば、私の六十余年の生涯の中で食べてきたどの肉よりも美味であった。もっとも、この豊かな印象も、祭りという人々の晴れの場での執り行いであったこと、私達は外国人だから、ハンティ人が大変気をつかってくれたこと、といったことは割り引いて考えねばならないだろう。当時、国の経済が逼迫していて、給料未払いが続くなど、ロシア全域で住民の苦労が絶えない時期だった。滞在中に、ハンティの若者が自殺した話、殺人事件で投獄されているハンティ人の話などを耳にした。

(3) 熊の霊送り儀礼

ハンティ族の熊祭り（霊送り儀礼）は、日本のアイヌのそれ（イオマンテ）と同類の、ユーラシア大陸の北部と、アメリカ大陸の北部にまたがる環北極圏地帯に広く伝承されているものである。その中で、北海道、サハリンおよびアムール・ランドの諸民族の熊祭り（霊送り儀礼）だけが、子熊を生け捕りにしてきて、一定期間（例えば一年とか二年）飼育した後に祭る（殺す）。それ以外の地では、山の巣穴などで熊を捕らえ、それを殺した後、祭りを執り行う（ハンティの場合は後者）。もっとも、熊の肉体を撲殺解体して、肉や毛皮などの恩恵に浴し、熊の霊魂を神の国へ送り返し、そうして、翌年の豊猟を祈るといった趣旨は双方ともに共通している。

この儀礼次第は、熊の殺害、解体作業、頭部の飾り付けと祭壇への安置といった手順で進められるわけだが、一九九八年一二月の熊の霊送り儀礼では、熊の殺害、解体といった場面は、現地へ到着する以前にすでに完了していたために実見できなかった。

手持ちの資料などから推察すると、頭部の装飾（化粧）の仕方は、アイヌの場合とハンティの場合とで大きく異なっているようだ。アイヌの場合には、頭部の毛皮を取り去って頭骨だけにし、目玉や舌、中の脳味噌類までもきれいに取り出す。そうして、空洞となったところに木のけずり屑を束ねたものを詰め込んだりして、新たな熊の顔面を創り出す。動物の肉体としての頭から、抽象的な熊の頭へと転身させる。ところが、ハンティの場合の装飾といえば、ただ首飾りをさげ、両目をコインで蓋をし、前足に指輪をはめなどするという程度で、動物の熊の容貌はそのままである。つまり、アイヌの熊祭りでは、熊を殺し、解体し、それに装飾を施すプロセスに力点が置かれているのに対して、ハンティ族の場合は、そういった点よりも歌や踊りの饗宴のところにウェイトが置かれている。

（4）歌や踊り（芸能）

熊の霊送りでのアイヌの歌や踊りは、ウポポとリムセと動物の模倣の踊りぐらいで、それを何回か繰り返すのみである。時折、カムイノミ（祈りの言葉）が様々に唱えられるばかりである。もっともかつては、英雄ユカㇻの語り歌ばかりでなく、熊の歌（語り）も行われたのではなかったと思われる。ところが、ハンティの場合は、様々な種類の演目が、延々と四日間にわたって展開された（合計九七演目）。アイヌの場合は、本祭りがたった一日、二日であるのに、ハンティの場合は歌や踊りだけで、数日間を費やすのである（オス熊の場合五日間、メス熊の場合四日間）。

ハンティの場合の歌や踊りの内容をチモフェイ・モルダノフ氏（オビ・ウゴール民族復興研究所研究員）の説明を借りて記しておく。一つは、最長六時間余も要する歌があるが、そういった「熊の歌」である。無垢な子熊が天界で誕生し、成長するにつれて凶暴となり、トナカイや食糧貯蔵庫を襲い、墓を荒らしたりするので、結局肉体が破壊されて、天界に送り返されるに至る次第が歌われる。また、それ以外に、ペリム川という地上で熊が誕生したとするもののほか、何番もの熊の歌がある。二つ目は、森、川、湖沼などの精霊が出現して名乗りをし、人々の狩猟と漁撈の豊かなることを祈って踊るものである。三つ目は、白樺の皮で作った仮面をかぶって演ぜられる滑稽な寸劇である。四つ目が、土地の森の神（偉大で恐ろしい）が出現し、人間どもを教え諭したり、罰したりするもの。五つ目が偉大なる神々の出現で、二番目のものと同様の芸態のものだが、この種の上演には、神の出現に先だって祈祷する者が登場して、あたかも日本の能のワキ役のような態で、本体の偉大なる神を呼び出す。見えない存在を目に見える形で、この熊の霊送り儀礼の場に出現させる役目をしているのであろう。

その他に、人形劇などもあって、ちょうど日本の伝統芸能に当てはめてみると、能があり、狂言があり、操り人形劇があり、叙事的な長編歌謡があり、さらに男踊り、女踊りと称される自由な手振りの舞踊もある。実に内容が多彩で豊富なのだ。

最後に直感的な印象を述べてみたい。先述の第五番目の、偉大なる神々の演目の中の一つに、ハンティ族の最高神トルムが、七人の息子とともに天界から降りくだって、熊の魂を神の国へ連れ帰る次第を演ずる演目がある。これは、この儀礼の中で最も重要な次第と認識されているようだ。私はこれは、意味合いとしてはアイヌの熊の霊送り儀礼における頭骨を化粧するくだりに相通ずるところがあるのではないかと感じた。ハンティの場合は、その趣旨を芸能の形で表現しているのではないのか。この世の仮の姿から、本体の姿（神霊など）にガラリと転身してみせる日本の能の夢幻能《むげんのう》の劇構造を見るように。

二　歌と踊りの古層

当ハンティ族の熊祭り（霊送り儀礼）の現場に立ち会ってからもう十年になろうとしているが、この時体験したことは、その後、芸能のことを思索する時には、何かにつけて憶い出されて、あれは一体どういう祭り（芸能）だったのかと、その性格についていつも考えさせられている。それほどに魅きつけるものを有している伝承であったと思う。というよりか、その内容は秘密めいていて、なかなかそれを説明しきれないというのが実情である。ここで、あの時からほぼ十年後の後日談を、つけ足しておきたいと思う。現時点で理解しているその特徴とか、意義とかといったことについてである。

世界の全体のことまでは承知していないが、祭り（芸能）の中で、動物が大きな役割を果たしているものに二種類あると思う。一つが、この熊祭り（正確には熊の霊送り儀礼と呼ぶべきだが）に見られるような、動物が祭りの主役となっている場合である。二つ目は、祭りの主体（神）への生け贄として動物が捧げられる場合である。後者の動物はいわば祭りの脇役的存在だ。この両者の決定的な違いは、後者においては動物が客体化され、専ら、その血や肉等が関心の的とされていて、動物の心（霊魂）のことが一顧だにされていないように思われる。他方前者においては、動物の物質的肉体のことは二の次にされていて、動物の心（霊魂）を祀ることが主眼である。したがって、この祭りを執り行う人々は、動物の霊を丁重に敬い、時にはそれに恐れを抱く。人間側では確かに、その肉を食したりはするものの、同時にその霊に対しては、念の入ったもてなし方をする。その対応ぶりから、歌や踊りも位置づけられているのである。一方、動物が神へのお供えとして供犠《くぎ》される祭りにおいても歌や踊り自体は演ぜられはするが、その霊魂とは一切関わりがない形で存在しているもののようだ。

ところが上記二種類の場合において、祭りにおける動物の役割に共通する部分もあって、双方の動物ともに同じ存在であるかのごとくに従来は扱われることが多かった。つまり、前者における動物とても撲殺されて、祭りを執り行う者たち一同の饗宴のごちそう（食べ物）に供されるのである。この点では、後者の場合となんら差がないように見える。実は、この両者の違いを区別するようになってまだ日が浅いのである。柳田國男は「獅子舞考」の中で、アイヌの熊祭りに、「牲の祭り」といった表記をしていたが、動物は、神とか偉い人への捧げ物という理解であった。ところが昨今のアイヌ研究者間では、熊はそのようなものとして供犠されるのではなくて、その霊を高い山の上とか天界といった、彼岸の本来の世界へ送り帰す儀礼として熊を殺すのであり、イオマンテ（霊送り）と表記すべきだと主張しているのだ。だから、「熊祭り」という表記では、供犠の祭りとこれとが区別がつかなくなるので、その概念は使用しない方がよいと主張している。

熊の霊に対する人々の丁重な態度の表れの端的な例は、「熊の歌」の存在である。そこでは、殺された動物自体が活躍を見せるのであり、しかもこれが、霊送り儀礼の根幹をなしているのである。アイヌのこの儀礼においては、先述のように、この種の歌はうたわれていない。しかしながら、その時の歌であったかと思われる熊の歌が、カムイ・ユカㇻの一部として採録されている。ハンティ族のこの儀礼においては、何日かにわたって、毎夜数番ずつ「熊の歌」が、祭壇に安置された熊頭（撲殺解体され、肉や骨、内臓は取り除かれたもの）に向かってうたわれる。その内容は、自らが誕生し、食料を求めて野山を駆けまわり、虻《あぶ》や蚊に悩まされたりの幾星霜の後、人間に撲殺されるに至る。こういった熊の生涯の一部始終を、一人称語りで物語るものである。ここで注目しなければならない場面があるのだが、それは熊の肉体が撲殺されるくだりである。その際、いかにも超越的にふるまっている熊の心である。殺戮される際の肉体の苦痛の表現が、まるでないのだ。この点は、アイヌのカムイユカㇻの熊の歌も全く同様である。また、熊以外の動物の霊送り儀礼、シマフクロウ、鯨などの場合も同じなのだ。これは何を意味しているのであろうか。おそらく、我々人間が恐れを抱いている肉体的死への恐怖といったものは、ここでは問題にされていないということではないのか。つまり、ここではそんなことは二の次のこととされ、動物の霊魂の、その本来の地（世界）への帰還、動物の心霊の全き霊としての完成、そこに人々は（熊自身としても）心を集中させていたから、こういう表現として形成されたのではないかと推察するのである。そしてここでの全き霊としての完成とは、当該霊送り儀礼の終焉のことであり、それは、熊の生の終焉（すなわち死）ということになる。肉体の撲殺において、熊は肉体的死を体験したのだが、今度はまた、その霊魂の終焉ということで、二度目の死を体験することになるのだと思う。図式的な説明となってしまったが、この一度目の死から二度目の死に至るプロセスこそが、熊の霊送り儀礼ということになるのである。ちなみに、前出のチモフェイ・モルダノフは、ハンティ族のこの熊の霊送りの儀礼の一連の行事次第の最後のくだりの名称として、次のように明示していた（『シベリア・ハンティ族の熊送りと芸能』勉誠出版、二〇〇一年刊）。

「熊を殺す」（祭りの期間中は、熊は生きているものと見なす。この時点で、もうこれ以上は歌をうたってはいけない、笑ってはいけないこととする）。

さらにまた当該儀礼が終了した翌日からのこととして、

「埋葬」（歌をうたってはいけない、笑ってはいけないという期間がその後四、五日間続き、これを葬送の意とする）。

しかもまた、この終焉の次第に対応して、肉体撲殺後の熊をあたかも生きているものであるかのごとく見なしている。そのことを次のように説明している。熊の肉体を殺戮したことなどは、全く眼中にはない感じである。

熊を生け捕りにした時から祭りの終わりまで、朝は「目覚めの歌」、夜は「お休みの歌」を毎日うたう。つまり赤ん坊に接するようにお守りをする。熊を捕らえた猟師は父、妻は母と呼ばれる。

この霊送り儀礼に参列したハンティ人達は、毎日儀礼の場にやって来ると、まずスカーフをめくり、熊の頭にキスをする。またその日の儀礼が終了すると、頭にスカーフをかぶせる。残骸のようになった祭壇上の熊に対して、本当に生きている赤ん坊であるかのように、応対しているのである。

話は変わるが、歌や踊りの始まりは、来訪する神々と、それを迎える人間たちとの饗宴に由来するだろうと折口信夫が語った（『日本藝能史六講』）。大杯になみなみと酒を注ぎ、がぶ飲みする狂言の一場面において、何か肴にひとさし舞い候《そうら》え、などとの督促を受け、相方がひと舞いを見せる。例えばこういった場を思い浮かべると、饗宴において、歌や踊りの欠かせないことがよく解る。しかし、神と人との交歓の饗宴の場にそれが始まったものであると、折口のように言われてみると、そこまでは自信をもって言い切れない、というのが誰しもの心境であろう。それを証明する手立ては、簡単には見当たらないのである。目に見えないはずの神と、人間とが歌や踊りの交歓をしていたと言い切った折口には、ひょっとしたら、神がまぶたに浮かんでいたのかもしれない。そんなことがあるものかと、誰しも疑うところであるが、熊の死骸を、生きた熊の赤ん坊と見立てるハンティ人ならば、あるいはそれが出来るのだろうと思う。人と神霊との倒錯したこの感覚は、折口にもあったのかもしれない。

安置された熊の頭を飾りたてる
（ハンティ族の郷土博物館で）

仮にこの推察が当たっていたとすると、ハンティの熊の霊送り儀礼の世界は、歌と踊りの始源の話の俎板《まないた》にのってくるものではないかと思うのだが、いかがなものであろうか。少なくとも、動物の心（霊魂）のことがヒトカケラたりとも見えない、動物供犠の祭りの歌や踊りなどよりは、古層にあるものだと思われる。動物供犠の祭りにおけるような、絶大な威力を有する抽象的な神の存在は、熊などの動物主体の祭りの時代には、未《いま》だ形成されていなかったのではないかと思われる。

第四章　人はなぜ歌い踊るのか

一　はじめに

数年前、このテーマを書名として自著を刊行したことがあるが、その考えを深めてここに再度筆を執ることにした。

歌や踊りはひとつの行為なのであり、それについてなんだかんだと語ることについてはいささかうしろめたい気がしないでもない。もちろんこういう問題設定をすることに意義があるとは思っていた。これまで、歌や踊りを切り離して云々することの多かった芸能史研究などというのに関わってきていて、これは人文系諸科学の一対象にすぎないのにと内々思っていたからだ。やや哲学的なこういう問いを発するのも悪くはないのではないかと思った次第である。

また、一方で歌や踊りの芸能を云々することが一般化されており、それについて思考することもあえて的外れではないような状況を感ずる。新聞には定期的に劇評や音楽評、舞踊評が掲載され、これら関連情報で構成された芸能欄（文化欄）も専門に設けられている。我々は好むと好まざるとに関わらず歌や踊りの芸能談義に日々つきあわされているのだ。黙って演技・演奏したり、あるいはステージなどに接してただ拍手したり、時にブーイングを浴びせたりして済むということがあっていいのではないかとは思うが。

二　虚と実

スタニスラフスキー・システムなんて、今は誰も歯牙にかけない蜘蛛の巣のかかった倉庫の中のガラクタである。一九六〇年代、学生劇団周辺を徘徊していた頃に知ったものだ。感情移入が多少得意な者なら、誰でもたやすく俳優気取りにさせてくれるようなしろものだった。当時うすうすは気づいていたのだが、この理論は、なんとも思考に決まりのつかない気味の悪さを持っていた。演技するにあたって まるで実生活をしているみたいにやってみろ！ というのだったが、ものすごく矛盾を孕んでいた。実生活はそもそも演技（フリをすること）と次元の異なることであって、もともとできっこないのにそれを追究していたのだ。

このシステムの名優などと賞賛されていた当時の俳優の、どこが優れているのか私には解らなかった。ただ、そのようなことを演劇関係者がこぞって追究していたという現実、そういう時代があったという記憶には間違いはない。このシステムの信奉者達は歌舞伎のことを嘘の演技だとバカにしていた。型（形）からつくっていく歌舞伎のやり方は心がこもっていない、というような言い方をしていた。それはあくまでも相対的な言い方であって、歌舞伎の演技に心が働いていないわけではまるでなかった。逆にスタニスラフスキー・システムの演技だって、フリをしていたのだから、全てが心からの働きだったわけでは決してないのである。実りのある議論だったとは思わない。

ところで、近松門左衛門が「虚にして虚にあらず、実にして実にあらず」と虚実皮膜《きょじつひまく》の論を述べていたが、確かにこれは優れた芸術論だとは思うが、決まりのつかないものの言い方をしていたという点では、スタニスラフスキーの場合にも通じていると思う。江戸時代の、上方町人などの社会状況下にあった時代のものが前者であり、社会主義社会を理想としていた二十世紀の人達の時代のものが後者である。もちろん双方に時代差はあるものの、両者どちらとも現実社会というものを強く意識していたという点において共通する演劇論だったように思う。ここで共通に論理の糸をこんがらがらせているのは虚と実（現実）の文目《あやめ》のところである。この文目にからめとられると、湿地帯に足が吸いこまれて二度と地上に浮かび上がれなくなるような不安を覚える。

しかしながら、ここでは、人間世界の現実以外のこと、いわゆる神や仏、霊の世界のことが排除されていたように思える。というより、当時そういう迷妄な精神世界を乗り越えたぞという自負心が強く押し出されていたのだ。歌や踊りとはおそらく人の始まりとともに存在してきたものであろう。右のような近世以後の概念発想からはこぼれ落ちる何かがあったはずである。

三　シャッターチャンスと記憶

私が盆踊や神楽などといった各地田舎の古い歌や踊りに接するようになったのは、昭和四一年（一九六六）に偶然にも、存続のむずかしくなったそれらの伝承を保護するための役所に勤めてからである。当時、時代の先端にいることを誇っていた学生仲間からは、なんと後ろ向きの職場に就職したものだと白い目で見られたが、三十数年そこに籍をおいた。

折からアマチュアカメラマンによる写真撮影が盛んとなっており、各地方の祭りやそこでの踊りなどは格好の取材対象となっていた。祭り現場では、地元の見物客はカメラマンの垣根にさえぎられて、肝心のパフォーマンスを見ることができない、そういうちょっとした混乱があちこちで起こった。私などもそれら無頼漢の一員となって、面の皮厚く人前に出ることに徐々に恥じらいを感じなくなっていった。この被写体となっている伝承の価値を広く喧伝する仕事や、これらの存続をどのようにして図るかといった仕事が我々の職務であった。私は撮影技術などはおかまいなしに、フィルム代、現像焼付代などに惜しみなく金をつぎ込んで各所でシャッターを切ってきた。多くはピンボケのコマを積み重ねてきたのだが、偶然にも被写体の動態にうまくタイミングが合っていたものがある。こういうコマにぶち当ると芸能の存在意義を確認できたような喜びを覚える。

その二点を紹介しよう。一つは郡上《ぐじょう》踊（岐阜県）の一コマである。この種の地方の芸能は実見しないと、いくら詳細な説明書を読んでも実感できないのであるが、この写真は、郡上踊の現場を一発で伝え得るほど一瞬のチャンスをうまく捉えていたと自己満足しているものである。猫も杓子も皆踊ると言われるように、住民こぞって踊る盆踊の現場とはまさにこういう姿だと言えるのではないか。下駄履きに、人々思い思いの普段着、輪なりの踊手達の身体の揺れ具合や、その姿の背景の町家や路面とでつくり出す構図の妙。こういう瞬間は偶然だ。現場に身を置いて体験していても、言葉にすることのできない動態感覚を、機械の方が勝手に作動して伝えてくれたやにも思われる。私のタイミングが良かったのかどうか、ともかくまたとない瞬間を掴んでいたようだ。

もう一葉は高知県の池川《いけがわ》神楽の一コマである。これまた被写体の動態にうまく食いつくことができた一瞬である。大蛮《だいばん》と称する一種の鬼役が、今しも客席の子供を真上に差し上げているところである。突然神楽殿に闖入した大蛮が人々を威嚇して、客席にころげ込んで、前方の老婆を押しつぶしたりの悪さをする。だが演技終了のところでは、説得されてミカンや飴玉などの宝物を人々に与えて立ち去る。乱暴狼藉ぶりとその変身ぶりが魅了するのである。このストーリーを事前に知っていた地元

「郡上踊り」の一コマ

「池川神楽」の一コマ

の子供達が、大蚕の恩恵にあずからんと、ビニール袋を手にして彼にまとわりついていたところだった。私はそういう段取りを事前には知らなかったので、びっくりして夢中でシャッターを切っていたら偶然にこの一コマが撮れたのである。

私がこういった瞬間を捉えることに腐心しているのは、歌や踊りの刻々と変化する動態の妙の魅力をなんとか他人に伝えたいがためである。こういう至福の一瞬を捉えようとする願望はひとり芸能に対してのみではない。多くのカメラマンが様々な事物を対象に、いわゆる決定的瞬間を追いかけている。ニュース写真などがその最たるものだろう。現代的芸能談義の一つが、カメラなどこういった機械の力を借りたものとしてある、と言ってもいいであろう。

小山内薫が、画家など形ある作品を後世に遺す芸術家に対して、芸能人はその場限りの作品しか遺さず、ただ人々の記憶の中にしか存在しないから不幸であるとも、また逆に幸せであるとも、といった口跡を遺していた。現代はその当時とは様相が変ったと言えるであろう。機械の力で記憶は形あるものに化することができたようである。さらにまた、瞬間ではなく一連の時間的動態をも収録し得る映画、ビデオその他の映像記録機器も出まわり、ますます小山内の感慨は古くなったようにも思われる。

ところで、歌や踊りなどの無形の伝承を後世に存続させようとの文化財保護意識は、世界的な広がりを見せている。第二次大戦前までは、口承で身体から身体への継承が行われてきたのだが、今日では、上記したような機械の力を借りてそれを行うことが一般化している。このことを考えさせるエピソードがひとつあるので紹介してみたい。

チベット族には何十万行にもわたる「ケサル」と称される英雄叙事詩が伝えられている。この語り手がどんどん消滅していることを危惧した中国当局は、数十年前からケサルの収録作業を続けてきている。二年ほど前の朝日新聞が報道していたのだが、十四歳の中学生が夢を見て突然これを語り出したのだという。それまで、彼はひと言もケサルの語りを聞いたこともなければ、誰かの指導を受けたことも全くなかったのだという。奇妙な話なのだ。確かに彼個人のライフヒストリーの中ではケサルの記憶は皆無だったのかと思う。しかし、専門研究者は、英雄叙事詩の伝承形態のひとつとして、師匠から弟子への口承形式などとともに、この中学生の場合のような夢授方式、神授形式もあるのだと記している。

ストーリーや語り方の詳細がどれほど綿密に後世に伝えられるものか心もとない点があるものの、ここには社会的（共同体的）記憶みたいなものの実在を想定していいのかもしれないと思うのである。ともあれ機械的な精密さを求めることが、果たしてどういう意味を持つのか考えさせる話である。

四　芸の永遠性

またこういうエピソードもある。芸は花の如く散るがゆえに美しいといった風な言い方をしていたのが世阿弥である。過去に見た舞台の中で、あれは良かったなあという芸がいくつか脳裏にあるのだが、それが果たして傑作といえる時間だったのかどうかの記憶は心もとない。歌舞伎女方名優の演技しかり、清元《きよもと》の美声の太夫の語りしかり、アングラ女優の名演技しかり、いずれもたゆまぬ稽古、訓練の上に花開いた瞬間に立ち会っていたのだが。

確かに鮮やかにそれらがスナップショットとして私には記憶されている。しかしそれは全動態のほんの一コマにすぎない。もちろん個々の演目の中の一コマだったのだが、またその演技（演奏）者の人生全てにおける一コマなのでもあった。それもまた無形の芸の宿命ということであろう。かつての名優達も晩年には老いた姿を舞台に晒してしまった。ここもまた世阿弥は意を尽くして述べていたのだが、それはそれとして、かつてそういう名人達から次のようなセリフを聞いたことがある。「自分は死ぬまで芸であると思っているから稽古は怠らないようにしている。ひょっとしたら死んでからも芸ですよ！」と。芸とは形ある実在を超えさせる何かを持っているのかもしれないと思った。

五　土地柄が有するエネルギー

中国・雲南省の知人の舞踊研究者から、チベット族の輪踊（「鍋荘」）の中で今最も評判の高い伝承地域があるから見に来ないかと誘われ、四川省境の雲南省のチベット族の村へ赴いたことがある。その迫力のある踊り振りに大変驚いたものだ（一九九九年）。

一同手を繋ぎあって輪となったり、時に蛇行してみたりのこの種の集団の踊りは、地球規模で各地に広がっている。日本ではさしあたりこれが盆踊に比定されるのだが、なぜか、この一同手を連ねあうという動作が、日本ではほとんど見られなくなっている。恥ずかしいのか、子供の遊びみたいだと嫌っているのか、理由はよく解らないが、個々人手ぶらの両手を宙にかざして様々に振りして踊っている。他方、手を繋いでの輪踊は、中国大陸の周縁部に居住する少数民族に、あるいはロシア・ヨーロッパ域の人々に広く見られ、はては中東、アラビア半島の砂漠の民ベドウィンにも踊られている。

このように普遍的に分布する輪踊の中でも、私が採訪したチベット族の踊り振りは出色の豪放さを持っていた。年中陽光を浴びて黒びかりした皮膚の顔、精悍な体躯のチベット族（男性）が、膝まである長い皮靴を踏みしめて踊り跳ねる姿はまことに力動感溢れていた。海抜三、四千メートルもの高地、そこの岩肌の山々や草原、抜けるような青空といった自然環境、あるいは遊牧民の歴史文化、そういった背景がいくばくか、このエネルギッシュな踊りに反映しているのではないかと思った。正確に言えば、そういう風に印象を整理するとおさまりがつくように思われた。

一九八七年、やはり雲南省で、チベット族系統のナシ族の「オルルッ」と称される同種の輪踊に接したことがあったが、これまた印象深いものだった。こちらは踊り振りにではなく、〝オルルッ〟というヨーデル風の甲高い囃子詞《はやしことば》に対してであった。踊りながらのその叫び声は声量が膨大で、周囲の野山を震動させるかと思うほどであった。何が原因でこういうエネルギッシュな形象が生まれるものなのか私には説明できないが、自然風土の違いというのは確かに存在しているのではないかと思う。例えば、差す手引く手の指先に神経を集中させる佐渡おけさ風の日本の盆踊などは、日本独特のスタイルである。右に紹介したチベット族や、ナシ族の輪踊は、日本人の感覚からするとあまりにダイナミックである。

六　酷寒の世界で出会った仮面の寸劇と人々

シベリアの大地は人が住めない所の如く思う人が多い。私もそういう偏見を抱いていたのだが、一九九八年の十二月、厳しい自然や気候を克服しながら育んできた、豊かと称すべき文化がそこには営まれていることを知った。気温が零下四十度以下にも下がる極寒の地であることを知り、事前に東京の登山用具店で、このマイナス温度にも耐えられるという厚底の毛皮入りの靴を買い込み、それを履いて西シベリア、オビ川中流域へ赴いたのだが、それはドタドタと引きずって歩かなければならない重たい代物だった。現地のタイガの雪原のチュムと称するテントに到着した時に、ハンティ族のご婦人がこれに履き替えなさいと勧めてくれたのが、キスィと称するトナカイの毛皮製のロングブーツであった。それは靴というのではなくて、毛皮の股引と言った方がぴったりするようなものであった。実に身軽なもので、雪原の野外をこれで自由に歩きまわれたし、また家の中でもスリッパは不用でそれを履いたまま入れた。薄くてズボン代わりにも使えるのであるが、実に保温能力に秀でていた。登山用具店で買い求めてきたものよりずっと暖かかった。確かその店で聞いた時には、日本の先端的な科学技術をもってしても、零下四十度ほどに耐えられる靴の構造が最高限度だということだった。キスィはそれ以下のマイナス温度にも耐えられる、実にソフトな装着具であった。ハンティ族の人達の方が、日本の高度な技術よりもよりハイレベルの技術を有しているということである。

ほかにも似た話がある。とある民俗資料館で、真裸の嬰児を橇に乗っけて、木の葉や毛皮や様々な自然のものでその赤子をくるみ、寒風吹きすさぶ中を何時間もかけて山越えをしたことがあるという老婦人に出会った。どうしてそんなことができたのか全く不思議であった。

この地を訪れたのは、ここで、四夜五日にわたっての熊祭り（霊送り儀礼）の饗宴が行われたからだ。都合百番近くの諸演目に目を凝らしたのだが、半数ほどが仮面の寸劇であった。そもそも当熊祭り（霊送り儀礼）見学を思い立ったのは、この仮面の写真をロシア出版の本で偶然目にしたのがキッカケであった。

白樺の皮に目と口を刳《く》り貫《ぬ》いただけののっぺらぼうの顔付きの粗末な仮面である。他人をバカにしたような笑みをたたえていて、それを顔にあてて演じられる内容は我々日本人にもおなじみのものだった。オカメ、ヒョットコ面の者のように下卑たことを演じて見せた。武悪《ぶあく》面や三番叟《さんばそう》面といった、我が国の狂言面のような堅牢な作りの仮面ではないが、立派な喜劇的ストーリーを内容としていた。世界の他地域の滑稽寸劇にも劣らないものが、シベリアの大地でも同様に演じられているなんて、全く想像もできなかった。豊かなフォークロア文化がここでも息づいていると言っていいだろう。

しかしながら、ここの住民の心をそう簡単に理解することはできないのではないかということも感じた。熊祭り（霊送り儀礼）を執り行う前夜、祭場にて参加者全員のミーティングが行われた。「今度の熊祭りの熊はいつ、どこで殺したものですか？」とつい不用意に関係者に質問したら私はどやされた。「〝熊〟の一語を使うことは絶対禁句であるから気をつけろ！」と。知識としてはその禁忌のことを知ってはいたが、実際は、右のような配慮の欠けた言葉を口走ってしまったのだ。私に悪気があったわけはないのだが、実際間違いを犯してしまったのである。

また、熊祭りに私達を招待してくれたのに対するお礼の意味も含めて、祭りの組織者チモフェイ・モルダノフ夫妻を日本へ招待したことがある。最初は何の躊躇もなしにこれに応じ来日してくれたのだが、東京の都会の喧噪には辟易していたようだ。「早く別の所へ行こう！」としょっ中言っていたし、「北海道は、広々としていて、閑静で一番印象深かった」というのが帰国間際《まぎわ》の日本に対する感想だった。またこういう反応もあった。大阪難波の地下のショッピング街を散策した時、ここが初めての私達には、同じような感じの縦、横の通路が一度通っただけでは頭にインプットできなかった。ところがチモフェイは一ぺんでそれができた。「シベリアの大地で二千頭のトナカイを飼育しており、一頭一頭の顔全てを覚えているくらいだから、そんなことくらいは朝飯前だよ！」と、訝《いぶか》る私に反論してみせた。

七　融通無碍な此岸と彼岸の物語

実生活上の彼らについてはこの程度の上《うわ》っ面《つら》のことしか知らないが、彼らの叙事詩、語り物もまた奇妙な感覚が付随していることを資料から知ることができる。簡単にそれを表現すると、現実のこの世の社会と神霊界との境目が融通無碍だということである。シャーマンがその境を超える時に神懸りをするが、その折、身体を震わしたり異常な声を発するので周囲の人々は驚く。逆に言うと、一般人には簡単にその境は超えられないということをその狂態は意味しているように思う。死者の世界（地下界）にしても、神霊の世界（天上界）にしてもそれを自分の視野に入れることはできないことだという風に我々は思っている。そんな世界を信じるなんて、迷信だ！と近代西欧合理主義者達が断罪してきたところである。

そんな常識がふっ飛んでしまうようなストーリー展開を見せるのが、ハンティ族の「いとしい勇士＝下界の商人・上界の商人にまつわる聖なる物語」である（千葉大学大学院社会文化科学研究科『ユーラシア諸民族の叙事詩研究（1）』二〇〇一年　所載の斎藤君子「ハンティの叙事詩」）。

毛皮商人夫婦が、一人娘の将来の結婚に備えてせっせと嫁入り道具を調えていたのだが、娘が突然死んでしまう。悲しみに暮れてから三年後、父親（商人）は再び商いのために橇で雪原を行く。すると、毛皮を沢山持っているから我が家に来ないかと誘う男が現れる。この男について行くと、途中死人が三度現れて彼等の行く手を妨害する。それでも、漸く男の家にたどり着いてみると、びっくりしたことには亡くなった娘がその家の嫁となっていた。そこで歓待を受け楽しい日々を過ごし、やがて商人は我が家へもどる。再度、死人が途中で三度現れて、行く手を妨害される困難に出会ったり、様々な奇妙な事件にも遭遇したりする。銅の町、銀の町、金の町の三ヶ所を通過したのだが、いずれの地においても、自分の橇を引くトナカイが粉々に切りさいなまれたりなどの死の危険を体験する。それでもなんとか脱出して我が家に舞いもどる。金の町を通過する際に手渡された手紙を、命令どおりに故郷での祭りの日に開いてみると、自分達夫婦にイルティシュ川河口の聖なる岬を委ねると書いてあった。夫婦はそれを受け入れ、その岬にて幸せに暮らすこととなった。

最後には、このように聖なるもの（神霊）に転じた商人の物語である。こういった物語がハンティ族には多いのだが、何か夢を見ている時のような感覚を我々に憶い出させる。例えば、夢の中で危機をのがれるべく懸命にもがいていて、突然目が醒めてみると、現実にはそんなことはなかったことを知りほっとするということがよくある。また、右にみた商人の物語のストーリーは、まさに此岸と彼岸の間をなんの障害物もなく自由に往来する形で展開している、日本の能の世界（夢幻能と称されている種目）にどこか通じているように思われる。

諸国一見の僧など（脇《ワキ》）が、とある名所旧跡などにたどり着くと、「里の女」とか、「所の者」とかに出会い、ものを尋ねる。そこからドラマが始まる。彼らの登場、存在こそが能のキーポイントである。いかにもありふれた出会いのように述べられているが、実はここに重大なドラマの転機が仕掛けられているのである。後刻彼らは、一介の庶民などではなく、主人公（為手《シテ》）であることが判明する。正確に言えば、彼らは後刻登場する主人公の化身《けしん》である場合が多いのである。彼らは今、罪悪感とか、羞恥心とか、なんらかの過去への後悔の念に苛まれている、そういうモノの現身《うつしみ》の姿なのである。ここに、あの世とこの世との間の自由な往来が表現されていることを知ることができる。

日本からは遠く隔たったシベリアの大地と我が国との間に、このように同じような感覚の物語や世界が存在することを知る人は今のところ皆無に近い。それほどにシベリアのことは我々には解っていない。

八　肉体と心

我々が常識として解らないことの最大の事項は死後の世界である。心臓が止まり肉体死して後の意識がどうなるものなのか、皆目見当がつかないのである。

ところで、動植物といった生ある物の自然に接する我々の対応の仕方に、あの世（彼岸）への理解の仕方の様々が反映されている。人間は自分の食料として動植物を殺生してきたが、動植物の生命に対する二つの違った考え方を「供犠」と「霊送り」という二つの儀礼に見ることができる。牛、豚、山羊、鶏などを殺して祭壇に血を塗りたくる動物供犠は、日本では見ることが少ないが、中国あたりでは大変盛んである。一方、北海道アイヌに継承されてきた、熊祭りとか梟祭りのようなイオマンテ（動物の霊送り儀礼）も同じように動物を殺害する儀礼ではあるが、この両者の背後にある精神構造の相違が近年指摘されてきた。ことに「霊送り」の研究者サイドからその区別が言われている。私もそれは正しいと思う。「供犠」においては人間と神霊との間の隔絶感が大きいのに対して、後者においてはそれが希薄なのではないかと思う。供犠の際、人々は願いごとの実現を期して、神への接待として生き物を殺しそれをお供えするのだとか、人間側の罪咎のあがないものとしてそういうことをするのだとかと説明されているが、ここには人間と神霊のことだけが意識されていて、殺される生き物への配慮はひとかけらも語られていない。他方霊送りの場合は全く逆で、殺される生き物への深い思いやりのようなものがこめられている。しかも、それと同時に、その殺される生ある対象が、実は人間界と神霊界とを堅く結びつけているようにも思われる。ここのところを熊祭り（イオマンテ）の事例で説明してみよう。

　熊を殺してこの儀礼を行う目的は、熊にその本来の世界へお帰りいただくためのもので、それは礼を尽くして行わなければならないというのだ。だからアイヌの人達は、動物愛護主義者などが熊の殺害を怒るのは筋違いだと反論する。そんな想いがカムイ・ユカㇻの一節にうかがえる（一例だが、「山岳を領《うしは》く神（熊）の自叙」久保寺逸彦編著『アイヌ叙事詩　神謡・聖伝の研究』岩波書店　一九七七年　所載）。

　子熊の霊送り儀礼の終りの次第で、沢山の木の実などの食べ物とイナウ（木幣）をお土産として持たせ、その父母の国へ帰してやるが、人間側のこのあまりに丁重なもてなしぶりに感謝して、熊の世界（霊界）において再度、周囲の神々を寄せ集めて飲めや歌えの熊祭り（霊送り儀礼）の饗宴を行うと記してある。これは熊側の喜びようがいかに大きかったかということを示しており、裏返せば、人間側の熊への思いやりがいかに深かったかを表現している。熊祭り（霊送り儀礼）は、シベリアからスカンジナビア半島、北米大陸など北極を取り囲んだ地域一帯に広く分布しているものであり、アイヌの場合と類似の熊の霊送りがそれらの地の諸民族によって執り行われている（井上紘一「北方狩猟民と熊祭り（上）（下）」季刊『どるめん』六号、十一号　ＪＩＣＣ出版局　一九七五、六年）。

六で記した西シベリアのハンティ族の熊祭りにおいても同様の心意が人々に共通に働いている。それと同時にここでは、熊の霊の側（祭壇のところ）に、周辺地域（オビ川流域）の森や湖、川などの種々の神霊（動物霊、土地の精霊、また人間の生命や幸せ・災禍を所管する偉大なる神々など）が沢山馳せ参じて来る。それぞれが、歌（語り）や踊りのパフォーマンスを見せてくれ、それがここでの熊の霊送り行事の中心部分を成しているのだ。あたかもこの場は、人間界と目に見えないはずの神霊界との交歓の場となっているのだ。つまり登場して来るそれらが熊の霊の前で歌い踊るその目的は、狩猟漁撈において豊かな捕獲が得られるようにすること、人々の生命の安寧が得られるようにすることである。つまり人間界の願望がそこに様々に反映されているのである。もちろんここへ馳せ参じて来る神霊達は、熊の霊を拝することがその第一目的ではあったが。

井上紘一が熊祭りにおける熊を「森の王」と位置づけていた（前掲論文）のは、熊を介しての人間界と神霊界の交感の文目《あやめ》が、ここに存在することを意味していたのであったと思う。

ところで熊祭り（熊の霊送り）の主体は熊であり、その熊が自らを述懐するのが「熊の歌」である。ハンティ族のそれにおいては、自らの誕生から、殺害されて、今、祭り（霊送り儀礼）を受けるに至るまでの一部始終が描写されており、ここにおいて、熊が自らの肉体の死をいとも簡単に述べている態度が注目される。

ゆっくりと流れる私達の時間は終わろうとしている。

商いをする氏族の若い神がほらもう現れた。

トナカイの引く橇の軋む音を私達は聞く。

――（略）――

翼のある氏族の一番偉い男の神が。

入り口の（ある）家の（その）入り口をその神は押さえる。

私は牙のある獣、（私は）自由な獣、私は（そいつに）襲いかかる。

――（略）――

ツンドラの獣に（しなければならない）五つの動作、
彼等はそれを五度行った。

たがのはまったミザクラの木の揺りかご、その中に（私は）寝かされる。

（「ポトム川の歌」星野紘、チモフェイ・モルダノフ『シベリア・ハンティ族の熊送りと芸能』勉誠出版　二〇〇一年所載）


これは熊穴で捕獲殺害され、解体され、揺りかごに入れられ橇で運ばれて村へ行き、熊祭りを受けるに至る、そのくだりの一節の引用である。殺害解体される過程では、何の肉体的苦痛も描写されていない。こういう澄んだ感じの雰囲気は、全くこれと同様の表現が、アイヌの熊祭り（イオマンテ）に関わるカムイユカㇻにおいても見られる（同前掲書「山岳を領く神（熊）の自叙」）。

我が足に絡みつき
我が手をとらへて自由を奪ふ
我は神さびて
我は神のごと
どっと斃れ伏しぬ

――――（略）――――

うつらうつら眠りて
ふと眼覚むれば
かくありけり
一本の立樹の上に
手をだらりと下げ
脚をぶらりと下げて
我ありたり

ここでは、山で猟師に殺害された自分の死体が、立樹の上にだらりとぶら下げられている様を述懐しているが、ハンティの場合と同様に、自らの肉体の死を冷静に見つめているもう一人の我（私）の存在が垣間見える。熊に仮に肉体と心があるとしたら、肉体の苦痛を感じたであろう心と、もうひとつそれを客観視する心とがあるということになる。あるいは正確に言えば、肉体の苦痛を感ずる心は無いと言うべきかもしれない。歌という表現においてはともかく、実際のところは解りかねるが。アイヌのイオマンテにおいて、二本の丸太で首を絞められ圧死する熊は、記録映像によれば断末魔の苦痛を感じていたようである。実はここで、またしてもパフォーマンスの虚実の問題に当面するのである。

ともあれ最後のしめくくりをしておこう。

右の二つの熊の歌に見た、肉体の苦痛を感じないと思う心の存在、そういうある種の幻想の中で、ハンティ族の様々な神霊達の歌や踊りのパフォーマンスが繰り広げられていたように思う。これが、なぜ歌や踊りでなければならなかったのかまでは説明できないが、それは、肉体と心の関係をこのように観念していた、そういった心情の中に秘められていたであろうと言うしかない。それにしても今日の我々には解りづらくなっている。先の熊の歌の引用文にたちもどると、そのとどこおる所一つない明鏡止水の心境は、歌い踊る今日の人々の無邪気さに通じるところがなくはない。もっともこういったメルヘンは、もはや凍土の下のマンモスの牙のように日の目を見ることが稀となった。

あとがき

拙著に、愛川―フォール紀子女史（ユネスコ本部文化部顧問）と田中宣一氏（成城大学教授）から序文をいただいたことに、まずもってお礼を申しあげたい。今日、執行段階に入ったユネスコの無形文化遺産条約の成文化・成立に、ユネスコ本部文化局無形文化遺産保護部長としてご尽力された愛川―フォール女史からは、当著の文章中に無形文化遺産条約が規定していることに合致した記述があること、「不易流行」の概念を用いたことなど、筆者の発想に、国際的に通用するところがあることなどのご指摘をいただき過分のご推薦をたまわった。また、「柳田文庫」を所蔵する成城大学の教授として、民俗学研究界をリードしておられる田中先生からは、当著の書名で用いた「村の踊り」の概念の適切性のご指摘をいただき、過疎化その他の中で大きなダメージを受けている民俗伝承に、対応策を模索している筆者の姿勢をお誉めいただいた。いずれも身に余る評価であり、恥しい限りである。

当著全四章の内容の骨格となった文章は、幸いにもここ一年余りの短い期間の中で取りまとめ、発表などができた。そうしたことのための機会を与えてくださった大学などの研究・教育機関や研究者諸氏に、心から感謝を申し述べたい。

第一章「日本の村の踊りと暮らし」の中の「この半世紀の日本の村の踊りと暮らし」は、二〇〇七年の年頭に取りまとめたものであるが、これは、田中宣一教授からのご依頼を受けて出講している成城大学での、四月からの授業の講義ノートである。

第二章「国際的に動き出した無形文化遺産保護の課題」は、二〇〇七年三月に発刊された、神奈川大学日本常民文化研究所長、佐野賢治教授の主宰する比較民俗研究会の『比較民俗研究』第二十一号に掲載させていただいたものである。この一文執筆上で参考としたのが、愛川―フォール女史からのサジェッションで参加した、二〇〇六年四月に台湾で開催された関連フォーラムの折のメモ、それに同年五月に韓国で、韓国民俗学会が開催した関連フォーラムに参加を求められた折のメモである。

第三章「日本・中国・ロシア・中央アジアほかの村の踊りの昔」の中の「アイヌの「ユーカラ」とユーラシアの英雄叙事詩の比較」は、二〇〇六年三月発刊の、中部大学中部高等学術研究所、藤井知昭教授主宰の共同研究会の学術報告書に掲載されたものをリライトしたものである。また同章中の「神懸りと芸」は、京都市立芸術大学日本伝統音楽研究センター所長、吉川周平教授が主宰している神楽研究会の報告書用に、二〇〇六年秋に取りまとめておいたものである。さらに同章の「日本の獅子舞に見る神観念」は、二〇〇七年七月刊行の東北芸術工科大学東北文化研究センター（所長　赤坂憲雄教授）責任編集の『季刊　東北学』第十二号に掲載したものである。

第四章の「人はなぜ歌い踊るのか」は、二〇〇六年六月刊行の、東北芸術工科大学東北文化研究センター責任編集（森繁哉教授）の『舞台評論　3』に掲載したものである。

このあとがきに添えたスナップ写真は、当著の編集にあたってくれた雄山閣中国芸術文化研究室長、金田直次郎さんの発案にもとづくものだが、一緒に作業をすすめるなかで、金田さんには、何度か私の仕事場に来ていただき、古い写真なども見てもらった。そんななかで、「この写真は、すばらしい。中国の〝原風景〟の趣があります」と、いたく気に入っていただいたもので、照れくさいのであるが、今から二十六年前の筆者が写っている思い出深い一点である。名カメラマン芳賀日出男氏が、私のために撮影してくださった。

一九八一年四月、団長、故本田安次氏、秘書長、萩原秀三郎氏で組織された、中国海南島雲南省調査団の一員として参加した折のものである。海南島ミャオ族の村で「三月三《サンユエサン》」(旧暦の三月三日。ミャオ族などの伝統的な祭日)のごちそうをいただいた時のものである。心づくしの「ごちそう」を前に、村の娘さんが今しも私の杯になみなみと「地酒」を注いでくれている。芳賀氏も同調査団に参加しておられ、若年の私のためにシャッターを切ってくださった。実は、この時が、私の海外調査旅行の初回であった。この時にして、もう何年も前からカメラをかついで世界各地の村の踊りを撮り続けてこられていた芳賀氏のお心遣いにあらためて感謝し、そしてその後のいっそう素晴らしいご活躍には心から敬意を表したい。

二〇〇七年八月十日

著者　識

《著者略歴》

星野　紘（ほしの　ひろし）

1940年（昭和15年）、新潟県に生まれる。京都大学文学部卒業。文化庁主任文化財調査官、国立東京文化財研究所芸能部長などを経て、現在、東京文化財研究所（独立行政法人国立文化財機構）名誉研究員、成城大学大学院文学研究科日本常民文化専攻非常勤講師。

［著書］『歌垣と反閇の民族誌』（創樹社）『歌・踊り・祈りのアジア』『シベリア・ハンティ族の熊送りと芸能』『歌い踊る民』『芸能の古層ユーラシア』（以上、勉誠出版）など。

［監修］『日本の祭り文化事典』（東京書籍）。

世《せ》界《かい》遺《い》産《さん》時《じ》代《だい》の村《むら》の踊《おど》り

——無《む》形《けい》の文《ぶん》化《か》財《ざい》を伝《つた》え遺《のこ》す

二〇〇七年九月十日　初版発行　《検印省略》

著　者……星《ほし》野《の》　紘《ひろし》

発行者……宮田哲男

発行所……株式会社　雄山閣

郵便番号　一〇二—〇〇七一

東京都千代田区富士見二—六—九

電　話　〇三—三二六二—三二三一

ＦＡＸ　〇三—三二六二—六九三八

振　替　〇〇一三〇—五—一六八五

組　版……株式会社　富士デザイン

印　刷……有限会社　吉田製本工房

製　本……協栄製本株式会社

ISBN978-4-639-01996-1 C1039

Printed in Japan 2007